WAY of the TURTLE
터틀의 방식

THE WAY OF THE TURTLE
Original Edition Copyright © 2007 by Curtis M. Faith
All rights reserved.

Korean Translation Copyright ⓒ2010 by Iremedia Co. Ltd.
Korean edition is published by arrangement with McGraw Hill LLC
through Imprima Korea Agency

이 책의 한국어판 저작권은 Imprima Korea Agency를 통해
McGraw Hill LLC독점 계약으로 이레미디어에 있습니다.
저작권법에 의해 한국 내에서 보호를 받는 저작물이므로
무단전재와 무단복제를 금합니다.

WAY of the TURTLE
터틀의 방식

커티스 페이스(Curtis M. Faith, 1983년도 터틀 프로그램 원년 멤버) **지음** | 이은주 옮김

| 추천의 글 |

    나의 졸저 『경제적 자유를 위한 나만의 트레이딩 기법Trade Your Way to Financial Freedom』 제 2 개정판의 원고 작업을 막 끝냈을 때 맥그로힐 출판사로부터 신인 저자를 추천해달라는 부탁을 받았다. 부탁을 받자마자 제일 먼저 떠오른 사람이 바로 커티스 페이스였다. 페이스는 가장 큰 성공을 거둔 터틀이었다.

    터틀 프로그램은 트레이딩 기술을 가르칠 수 있느냐를 두고 리처드 데니스와 빌 에크하르트가 내기를 건 데서 비롯됐다. 데니스는 트레이딩 기술은 얼마든지 학습이 가능하다는 쪽에 돈을 걸었다. 이 책에서 저자는 이 내기의 결과에 대한 자신의 의견을 피력하고 있다. 나는 당신이 이 부분을 읽으면서 다음과 같은 사실에 대해서도 한번 생각해보기를 바란다. 즉, 1,000여 명의 응모자 가운데 40명에게만 면접 기회가 제공됐고 또 이 가운데 일부만이 최종 선발자로 낙점됐다는 점이다. 이상의 사실과 저자가 터틀 선발 과정에 대해 언급한 부분을 모두 고려한다면 '트레이딩 기법을 학습할 수 있는가'라는 질문에 대한 해답을 어느 정도 얻을 수 있으리라고 생각한다.

터틀로서의 첫 훈련 과정을 거친 후 가장 큰 실적을 올린 사람이 페이스였다. 《월스트리트저널》의 스탠리 앵그리스트가 말한 바와 같이 페이스는 자신이 터틀로 활동하는 기간 동안 리처드 데니스에게 3,100만 달러 이상의 거액을 안겨주었다. 페이스도 나와 마찬가지로 터틀의 길로 들어선 이후로 별로 한눈을 팔지 않고 그 길로 죽 나아갔고 메인스트리트* 나 월스트리트** 보다는 이 길이 적성에 더 맞는 것처럼 보였다.

맥그로힐 측이 원하는 그런 책을 써줄 사람으로 페이스보다 더 적합한 인물이 있을까? 그 후 이 일에 대해서는 까맣게 잊고 있었는데 어느 날 출판사로부터 신간 서적을 한번 검토해달라는 부탁을 받았다. 그런데 그것이 바로 페이스가 쓴 책이었던 것이다. 나는 그 책을 한 70쪽 정도 읽고 나서 서문이 필요하지 않을까 하는 생각을 했고 할 수만 있다면 그 글을 꼭 내가 쓰고 싶었다. 왜? 이 책이야말로 역대 트레이딩 관련 서적 중 다섯 손가락 안에 꼽힐 만한 명저라는 생각이 들었고 나의 수많은 고객들에게 이 책을 권하고 싶은 마음이 굴뚝같았기 때문이다.

나 역시 원년 터틀에 거의 선정될 뻔했고 그런 인연이 있었기에

***메인스트리트** 실물 경제를 의미함-옮긴이
****월스트리트** 금융 경제를 의미함-옮긴이

터틀의 성공 스토리에 남다른 관심을 가지고 지켜보고 있었다. 나는 1983년 당시 트레이더 훈련 및 양성 관련 사업을 시작했다. 리서치 담당 심리학자로서의 역할을 계속하고 있었기 때문에 이 사업에 전념할 수 없었던지라 두 가지를 병행하는 상황이었다. 그래도 나는 스스로가 꽤 유능한 트레이딩 코치라고 생각하고 있었다. 그즈음 나는 트레이딩 능력을 확인할 수 있는 일종의 검사지를 개발했다. 투자심리 평가지Investment Psychology Inventory로 명명한 이 검사지로 트레이더의 성공 여부를 예측할 수 있다고 보았다. 수많은 트레이더가 이 검사지로 자신의 능력을 테스트해본 결과 검사지가 자신의 약점과 강점을 거의 정확하게 집어내고 있다고 테스트를 해주었다.

 그때쯤 리처드 데니스가 주요 신문에 낸 전면광고를 보게 됐다. 데니스는 십여 명 정도의 트레이더를 선발하여 이들에게 자신의 트레이딩 비법을 전수한 후, 각 트레이더에게 100만 달러의 자금을 지원하여 트레이딩을 하게 할 생각이라는 것이었다. 트레이딩에 관심이 있는 사람이라면 귀가 솔깃해질 만큼 매력적인 제안이었기 때문에 아마도 광고를 보고 응모하는 사람이 수천 명은 족히 될 것 같다는 생각이 들었다. 데니스 측은 수천 명에 달하는 응모자에 대해 선별 작업을 할 것이고 필시 그 작업에 내가 개발한 평가지가 도움이 될 것이라 믿었다. 그래서 나는 시카고에 있는 시앤디 커머더티스C&D Commodities 사무실로 연락을 취한 후 검사지 한 부를 그쪽으로 보냈다. 시앤디의 비즈니스 매니저인 데일 델루트리Dale Dellutri와 리처드 데니스 모두 이 검사지를 받았을 텐데 그 이후 영 소식이 없었다.

그런데 뜻밖에도 그곳에서 나에게 검사지 한 부를 보내왔다. 그 검사지는 O, X 문항 63개와 단답형 문항 11개로 이루어져 있었다. 질문 내용은 대충 이런 식이었다.

T(맞다)/F(아니다) : 대다수 트레이더가 항상 잘못된 판단을 한다.
('항상'이라는 단어가 들어가 있는 문제는 역시 까다롭다.)
리스크가 있는 일을 했다면 어떤 일이었는지, 왜 그 일을 했는지를 설명하라.

이 검사지에 호기심을 느낀 나는 열심히 답을 적어 보냈다. 그런데 얼마 후 터틀 후보자 면접에 응하라는 답신을 받게 되어 깜짝 놀랐다.

면접 과정에서 나는 여러 가지 질문을 받았다. 그 가운데는 이런 것도 있었다. "시장의 움직임이 무작위적이라면 트레이딩으로 어떻게 돈을 벌 수 있습니까?" 그때 이 질문에 대해 어떻게 대답했는지는 잘 기억이 나지 않지만 아마도 지금 내가 생각하고 있는 것과는 다른 대답을 했지 싶다. 면접 당시 총 사십 명 가운데 최종적으로 열 명을 선발한 다음 리처드 데니스와 빌 에크하르트의 지휘 아래 집중적인 트레이딩 훈련이 진행될 것이라고 했다. 그런 다음에 이들과 5년 만기 계약을 체결할 것이며, 실적이 없을 시는 언제라도 계약이 파기된다고 했다.

그런데 나는 최종 열 명에 들어가지 못했고 그 이유도 어느 정도

짐작이 갔다. 사실상 내가 터틀이 되기에는 여러 가지로 어긋나는 부분이 많았다. 무엇보다 내가 처음에 원했던 것은 터틀로 뽑히는 것이 아니라 시앤디 측에 검사지를 제공하는 것이었다. 그리고 내가 살고 있는 곳은 캘리포니아 남부 지역이었고 이곳을 떠나 5년 동안 시카고에서 살아야 하는 것도 영 내키지 않았다. 만에 하나 내가 시카고로 떠나게 되더라도 아마 아내와 아이들은 캘리포니아에 그대로 남겨두었을 것이다. 나는 트레이딩 훈련과 관련한 새 사업이 몹시 마음이 들었으므로, 터틀이 되는 것이 이 일을 하는 데 큰 도움이 된다고 해도 트레이딩 코치 일을 포기하고 싶지는 않았다. 나는 그해 연말연초(크리스마스와 새해 연휴 포함)에 실시된다는 2주일간의 훈련 과정에 참석하고 싶지 않았다. 이러한 나의 속내가 면접 과정에서 그대로 드러났을 터이고 결국 이것 때문에 최종 선발자 명단에 들지 못했으리라 짐작한다.

 그런저런 사정이 있었는데도 나는 터틀에 선발되지 못한 일이 못내 아쉬웠다. 특히나 터틀의 성공 소식이 들려올 때면 더욱더 후회스러웠고 당시 터틀들이 대체 무엇을 배웠을지 늘 궁금했다. 그래서 그 후 수년 동안 터틀 몇몇과 만났고 이 사람들을 통해 핵심적 터틀 트레이딩 기법에 대해 배울 수 있었다.

나는 시스템에 관한 강의를 할 때 터틀이 사용하는 포지션 크기 결정 알고리즘position sizing algorithm*을 일반적인 수준으로 설명했다. 그리고 졸저 『기대수준과 포지션 크기 결정에 관한 안내서The Definitive Guide to Expectancy and Position Sizing』에도 그 내용을 실었다.

내가 보기에 터틀이 사용했던 시스템이 다른 것과 판이하게 다른 어떤 특별한 것은 아니었다. 그런데도 이들이 성공할 수 있었던 근본적인 이유는 이들 특유의 심리학과 포지션 크기 결정 방식에 있다고 본다. 근 10여 년 동안 터틀의 트레이딩 기법은 확실히 베일에 싸여 있었고, 이러한 점 때문에 이들이 무엇을 어떻게 했는지에 관한 궁금증과 호기심의 강도가 더해져왔다. 대부분의 사람들은 터틀이 어떤 마법과 같은 기법을 간직하고 있고 지금까지 그래왔던 것처럼 누구도 그 비법을 다른 사람들에게 알려주려 하지 않을 것이라고 믿는다.

내가 이 책을 두고 지금까지 나온 트레이딩 관련 서적 가운데 다섯 손가락 안에 드는 명저가 될 것이라고 생각한 이유는 바로 그런 이유들과 관련되어 있다.

우선 이 책은 성공적 트레이딩에 필수적인 것이 무엇인지를 설명하고 있다. 저자는 매우 간결하게 이 책은 트레이딩 시스템에 관한 것이 아니라 그 트레이딩 시스템을 실행하는 능력에 관한 것이라고 기술하고 있다. 저자는 최초 훈련 기간 동안 다른 터틀보다 세 배나 많

---

*포지션 크기 결정 알고리즘 매도 및 매수 포지션의 크기를 정하는 방법과 절차—옮긴이

은 수익을 올렸다. 그만이 특별히 다른 내용을 전수받았던 것도 아니고 훈련생 모두가 동일한 것을 배웠는데도 말이다. 십여 명의 훈련생이 고정된 포지션 크기 결정 규칙을 비롯하여 특정 트레이딩 규칙들을 모두 배웠는데도 불구하고 트레이딩 실적이 다르게 나타난 이유는 무엇인가? 저자 본인이 말하기를 훈련생 가운데는 데니스가 페이스에게만 특별히 유용한 정보를 준 것이라고 생각하는 사람도 있었다고 한다. 하지만 저자는 물론이고 나 역시 그처럼 실적에 차이가 난 것은 바로 트레이딩 심리학에서 비롯된 결과라는 사실을 잘 알고 있다.

내가 심리학 공부를 했던 1960년대 말에는 행동주의 심리학이 주류를 이루고 있었다. 그래서 당시 심리학 교과과정은 '특별한 방식으로 누군가를 자극했을 때 그 사람이 어떤 반응을 나타낼 것인가?'와 같은 질문의 해답을 구하는 데 초점이 맞춰져 있었다. 따라서 해답을 얻는 데 필요한 규칙을 만들어내는 것이 중요했다. 그런데 나는 그와 같은 접근법은 별 의미가 없다는 생각이 들었다. 그랬기 때문에 이후 학자들이 리스크 심리학에 관해 연구하기 시작하는 것을 보고 크게 반색하지 않을 수 없었다. 연구의 최종적 결론은 인간은 의사결정을 할 때 손쉬운 방법들을 사용하려 하고, 이 때문에 결국은 비효율적인 의사결정자가 되고 만다는 것이다. 그 연구 결과들에 의해 이후 행동경제학이라는 새로운 학문 분야가 탄생할 수 있었다.

책에 관심이 가는 두 번째 이유는 행동경제학을 트레이딩에 적용하는 방법과 이것이 트레이딩에 미치는 영향을 비교적 이해하기 쉽게 설명하고 있다는 것이다. 저자는 또 대다수 사람들의 이 비효율적인 의사결정이야말로 터틀이 생존할 수 있는 기회이자 이유가 됐다고 설명한다. 이런 관점에서 볼 때도 이 책은 트레이더를 꿈꾸는 모든 이의 필독서라 할 수 있다.

내가 이 책을 강력하게 권하는 세 번째 이유는 저자가 게임 이론에 초점을 맞추고 있다는 점 그리고 게임 이론을 활용하여 트레이더의 사유 방식을 설명하고 있다는 점 때문이다. 예를 들어 저자는 과거와 미래가 아닌 현재의 트레이딩에 집중한다. 그 이유는 무엇인가? 과거 자료를 토대로 한 검증 결과를 놓고 판단하자면 앞으로도 올바른 판단을 내릴 때보다 잘못된 판단을 내릴 때가 더 많겠지만, 현재 트레이딩에 집중하는 것이 실보다는 득이 더 많을 것이라는 사실을 알고 있기 때문이다. 그리고 이러한 사고방식이 긍정적인 기대감으로 이어질 것이기 때문이다. 저자는 터틀 트레이딩 시스템에 대해 알아야 하는 이유 그리고 이 시스템의 가능성에 대해 확신을 가져야 하는 이유를 독자들에게 설명한다. 장기적 관점에서 볼 때 확신이야말로 최종적 승자의 길로 인도하는 결정적 요소다.

이 책에서 다루고 있는 또 다른 주제들을 정리하면 다음과 같다.

∷ 터틀의 훈련 방식과 이들이 실제로 배운 것

∷ 터틀의 '진짜 비밀'(나는 이 부분에 관해 이미 적잖은 단서를 제공했음)

∷ 시스템 개발과 관련된 문제 그리고 사람들이 표집 이론$^{sampling\ theory}$과 관련된 기본 통계 원칙을 이해하지 못한 탓에 시스템을 개발하는 과정에서 실수를 범하는 이유 등에 대한 심도 깊은 논의

∷ 대부분의 시스템이 적절히 실행되지 못하는 이유에 대한 논의. 훌륭한 시스템인데도 심리적인 요인 때문에 잘못된 결과를 도출하는 경우도 꽤 있지만 언뜻 보기에는 훌륭한 시스템으로 여겨지지만 실제로는 부실한 시스템인 경우도 상당히 많다. 실제로는 그렇지 않으면서도 겉으로 보기에 훌륭한 시스템으로 비쳐지는 이유와 그렇게 겉 다르고 속 다른 시스템을 제대로 찾아낼 수 있는 방법을 알고 싶다면 반드시 이 책을 읽어야 할 것이다.

∷ 시스템의 견고함을 측정하는 것에 대한 논의. 이 부분을 확실히 이해할 수 있다면 장기적으로 수익성이 높은 시스템을 직접 설계하는 것도 불가능하지 않을 것이다.

터틀로서, 그리고 트레이더로서 자신의 경험을 종합적으로 다루어 중요한 핵심에 이르게 하는 저자의 탁월한 능력을 감안하건대 트레이더라면 그리고 시장에 자금을 투자할 생각이 있는 사람이라면 반드시 읽어야 할 책이 아닐까 한다.

— 반 타프 박사 $^{Dr.\ Van\ K.\ Tharp}$

반 타프 인스티튜트$^{Van\ Tharp\ Institute}$ 사장, 트레이딩 코치

| 감사의 말 |

지금까지 만났던 모든 사람들이 나에게는 스승과 같은 존재였지만 그중에서도 이 책을 내는 과정에서 큰 도움을 주었던 몇몇 분들에게 특히 감사의 마음을 전하고 싶다.

터틀 트레이딩 원칙을 제안하고 이를 실행에 옮겨볼 수 있는 기회를 제공했던 리처드 데니스Richard Dennis에게 가장 먼저 감사드린다. 데니스는 당시 나를 면접하고 열아홉 살에 불과했던 나의 능력을 믿어주었다. 이 점이 더할 나위 없이 고마울 따름이다. 그는 가장 용기 있고 대범한 인물 가운데 한 사람이며 사려 깊고 정직하며 성실한 사람이다. 나로서는 이런 훌륭한 분을 스승으로 모실 수 있었다는 사실이 영광스럽다.

두 번째로 감사의 뜻을 표하고 싶은 사람은 나에게 처음으로 트레이딩 기법을 전수해주었던 로치 바커Rotchy Barker다. 바커는 나를 믿는다는 이유 하나만으로 나를 집으로 초대해 트레이딩에 관한 모든 것을 가르쳐주었다. 그는 정말로 훌륭한 사람이다. 더할 나위 없이 관대하고 정직한 성품의 소유자인 동시에 뛰어난 트레이더이기도 했다. 누군가 성공을 했다면 그 성공은 다른 사람들의 도움 덕분이라는 말이 진실임을 바커를 보고 절실히 깨달았다. 나 또한 누군가에게 그런 사람이 되고 싶다.

세 번째로 감사를 드리고 싶은 사람은 컴퓨터 프로그래밍이 뭔지도 모르던 열일곱 살짜리 애송이에게 프로그래밍 개념을 주입시키며 할 수 있다는 의지를 불어넣어주었던 조지 아른트George Arndt다. 트레이딩에 대한 자신의 열정을 나에게도 고스란히 전해주었으며, 무엇보다 리처드 데니스가 낸 광고에 응모하라고 권해준 점에 감사드린다.

이 세 사람은 내가 터틀의 길로 들어서는 데 결정적인 역할을 했고 이 책을 출간하는 데 필요한 기본 토대를 마련해주었다.

나의 오랜 친구 달리아 앨오트만Dalia Al-Othman에게도 감사의 말을 전하고 싶다. 서툴기 그지없는 원고를 보기 좋게 가다듬어주었고 내가 의기소침해질 때마다 격려의 말을 아끼지 않았다. 달리아, 정말 고마워!

편집자 진 글래서Jeanne Glasser도 잊을 수 없다. 함께 작업을 하는 내내 정말 즐겁고 행복했다. 진은 나의 원고를 읽기 편하게 손봐주었다. 그녀 덕분에 무의미한 단어의 나열에 불과했던 글이 비로소 하나의 문장이 되고 완전한 이야기 형태를 취할 수 있게 됐다. 그녀가 도와주지 않았다면 이 책이 출간되는 일은 꿈도 꾸지 못했을 것이다. 진, 고마워!

그다음으로 팀 아놀드Tim Arnold에게도 고마움을 표하고 싶다. 팀은 나의 오랜 친구이자 사업 동료이고 지금은 수년 전에 창업한 소프트웨어 회사 트레이딩 블록스Trading Blox, LLC.를 운영하고 있다. 이 책을 준비하던 6개월 동안 사업에 투자해야 할 시간을 많이 빼앗겼는데, 그 부분을 팀이 완벽하게 메워주었다. 그가 버티고 서서 도와주지 않았다면 이 책을 완성하지 못했을 것이다. 고마워, 팀!

또 마크 존슨Mark Johnson도 빼놓을 수 없다. 이 세상에 마크 존슨만큼 트레이딩에 관해 많이 연구한 사람도 또 트레이딩에 관한 자신의 지식을 수많은 사람들과 공유한 사람도 아마 없지 않을까 한다. 엠지제이 캐피털 매니지먼트MGJ Capital Management, LLC.를 운영하고 있는 그는 온라인 토론 그룹과 포럼에 수많은 게시물을 제공했고 그 정보가 나에게 큰 도움이 됐다. 트레이딩에 관한 나의 생각에 많은 변화가 있었던 것도 다 그가 뿌려놓은 씨앗에서 비롯됐다. 이 씨앗은 내가 하고 있던 모든 것들에 물음표를 찍게 만들었다. 나에게 처음으로 $RAR\%$와 R^4에 대해 생각하게 만든 사람도 그였다. 마크는 수년 전에 PGO 시스템을 발표하면서 ATR 채널 돌파 시스템의 기초를 만들었다. 또한 나의 원고를 검토한 후에 독자들이 이해하기 어려워할 만한 부분들을 이것저것 지적하는 등 상세한 피드백을 제공해주었다. 그의 여러 가지 제안 덕분에 이 책의 품질이 더 좋아졌다고 말할 수 있다. 마크, 정말 고마워요!

탐 롤링스Tom Rollings는 몇 년 전 나를 찾아와 트레이딩 방법을 알려달라고 부탁한 사람이다. 나는 훌륭한 트레이더가 되겠다는 의지가 대단한 그에게 깊은 인상을 받았다. 탐이 보여준 굳은 의지와 결단력 그리고 추진력은 나에게 근 15년간 떠나 있던 트레이딩의 길로 다시 돌아올 수 있는 계기를 마련해주었다. 그가 나타나지 않았다면 이 책을 쓸 생각도 못했을 것이다. 그런 점에서 깊은 감사를 전하고 싶다.

그리고 나의 엉성한 초고를 읽고 솔직하게 이런저런 조언과 충고를 해주었던 모든 사람들에게도 감사의 마음을 전한다. 그중에서도 트레이더이자 트레이딩 관련 블로그(http://traderfeed.blogspot.com)를 운영하고 있는 브렛 스틴바거Brett Steenbarger, 블로그(http://taylortree.com)의 운영자 마이크 테일러Mike Taylor, 트레이딩 관련 교육업체 모두스트레이딩(http://www.modustrading.com)을 운영하고 있는 데이비드 브롬리David Bromley, 존 노트John Knott, 앤서니 가너Anthony Garner, 제니퍼 스코필드Jennifer Scofield 등에게 특히 감사드리고 싶다.

마지막으로, 잠재력이 있는 신인 저자를 추천해달라는 맥그로힐 출판사 측에 나를 적극 추천해주었던 반 타프 박사와 멀리타 헌트Melita Hunt에게도 고마움을 표하고 싶다. 그 바쁜 일정을 쪼개 나의 원고를 읽어보고 솔직한 조언을 아끼지 않았으며 영광스럽게도 추천의 글까지 써주었던 반 타프 박사께는 말로는 다할 수 없는 고마움을 느낀다.

나에게 이보다 더 힘이 나는 일도 없을 것이다. 이 자리를 빌려 두 분께 다시 한 번 고마움을 전한다.

— 커티스 페이스 Curtis M. Faith

| 프롤로그 |

    지금으로부터 약 20여 년 전에 나는 트레이더와 투자자들 사이에 아직도 전설처럼 회자되고 있는 한 실험의 참가자였다. 흔히 '터틀'로 알려진 이 대규모 실험은 당시 유명한 트레이더이면서 친구 사이이기도 했던 리처드 데니스와 빌 에크하르트가 어떤 문제를 놓고 내기를 건 데서 비롯됐다.

    이 책은 당시의 나에 관한 이야기이고 또 그 이후 내가 배웠던 것에 관한 이야기이기도 하다. 나는 이 기간 동안에 있었던 일을 보다 포괄적인 관점에서 상세히 설명해줄 또 다른 터틀이 나타나기를 바라는 마음 굴뚝같다. 당시 열아홉 살에 불과했던 나는 트레이딩에 문외한이었던지라 터틀이라는 집단의 경험을 상세히 다루는 일에 능숙하지 못할 수도 있다. 또 너무 어렸기 때문에 터틀이라는 집단 내에서 끝까지 살아남기 위해 서로 경쟁하는 과정에서 진행됐던 구성원들 간의 사회적 상호작용을 제대로 이해하고 평가할 수 있는 능력이 없었다.

그와 같은 한계는 있지만 나는 터틀로서 경험했던 것 그리고 배웠던 것을 기술하고자 한다. 이 책에서는 실험의 전체 과정에 대해 설명할 것이다. 여기에는 우리가 터틀 훈련 과정에서 배웠던 모든 것과 트레이딩 방법을 정확하게 기술하는 것이 포함돼 있다. 우리가 수행했던 성공적 트레이딩 사례 몇 가지를 상세히 설명하면서 타이밍 원칙이라든가 시장에서 큰돈을 버는 방법 등을 제시할 생각이다. 나에게 이 책은 트레이딩에 관한 이야기인 동시에 인생에 관한 이야기이기도 하다. 일종의 인생 이야기라는 관점에서 출발한 만큼, 훌륭한 트레이더로서의 인생이 당신에게 폭넓은 경험을 제공하는 한편 후회는 줄이고 기쁨은 늘리는 인생을 살아갈 수 있는 방법을 제시해줄 것으로 기대한다.

본문에서 중점적으로 다룬 내용은 다음과 같다.

- 터틀이 돈을 벌었던 방법: 터틀 프로그램이 진행되던 4년여 동안 내가 연평균 100%의 수익을 올리는 데 결정적 역할을 했던 터틀 트레이딩 방식의 핵심
- 터틀 중에 다른 동료보다 돈을 더 많이 번 사람이 있는 이유 : 똑같은 정보와 지식을 가지고 있는데도 어떤 사람은 돈을 잃고 또 어떤 사람은 돈을 버는 이유
- 터틀 트레이딩 방식을 주식시장과 외환시장에 적용하는 방법 : 트레이딩의 기본 원칙을 확장하여 트레이딩이 가능한 모든 시장에서 활용할 수 있는 핵심 전략을 찾아내는 방법
- 터틀 방식을 트레이딩은 물론이고 자신의 인생에 적용하는 방법

| 차례 |

추천의 글　04
감사의 말　13
프롤로그　18
들어가며 '피트의 왕자'와 만나던 날　26

01 … 리스크는 수익 기회다

트레이더는 리스크를 거래한다　45
트레이더, 투기자, 스캘퍼　47
피트에서의 공황　50

02 … 트레이더와 기법, 그리고 시장

트레이더의 감정과 인지적 편향　59
트레이딩 기법들　69
추세와 변동성으로 보는 시장 상태　73

03 ··· 처음 200만 달러를 벌기가 가장 어렵다

터틀 훈련을 시작하다　80
파산 확률에 대한 고려　81
과학적인 리스크 관리의 중요성　82
터틀의 우위성　84
기댓값과 장기적 성공에 대한 확신　87
터틀 방식 트레이딩　89
실전 트레이딩에 투입되다　92
첫 번째 트레이딩의 성적표　98

04 ··· 터틀 마인드

누가 옳았느냐가 중요한 것이 아니다　103
과거에 얽매이지 말라　105
미래를 예측하지 말라　108
확률이라는 관점에서 생각하라　110
특별한 혜택이나 비법 같은 것은 없다　119
자신의 트레이딩 결과에 책임을 져라　120

05 ··· 우위가 있는 트레이딩

우위를 만드는 요소　125
좋은 가격 변동 vs. 나쁜 가격 변동　126
우위 비율(E-비율)　129
추세 포트폴리오 필터　133
청산의 우위성　135

06 ⋯ 우위성을 찾아서

지지와 저항은 왜 생기는가?　141
추세추종이 지지와 저항에서 우위를 갖는 이유　144
매수, 매도세의 격전지에 우위가 존재한다　149

07 ⋯ 리스크와 보상에 대하여

리스크의 네 가지 유형　156
리스크를 측정하는 네 가지 척도　169
보상을 측정하는 세 가지 척도　170
리스크/보상 비율을 측정하는 대표적 지수　172
트레이딩 전략의 효력 상실 리스크　178
보편적인 척도란 존재할 수 없다　180

08 ⋯ 리스크와 자금 관리

감내할 수 있는 리스크 수준을 설정하라　185
트레이딩은 단순하긴 하지만 쉽지는 않다　190
터틀식 자금 관리: 게임판을 이탈하지 말라　193
터틀식 리스크 관리: 막차를 타지 않으려면 규칙을 지켜라　195
과거의 가격 쇼크를 떠올려보라　198

09 ⋯ 터틀 트레이딩의 기초

터틀 프로그램의 기본 도구들　203
그리고 그 외의 사항들　209

10 ⋯ 터틀 트레이딩 시스템

우리에게 유일한 정보는 과거의 데이터다　213
시스템의 기본 요소들　217
터틀 트레이딩 시스템　219
각 시스템의 성과 비교　226
잠깐, 손실제한 규칙에 대하여　228
각 시스템의 성과에 생긴 변화　231

11 ⋯ 거짓말, 빌어먹을 속임수 그리고 사후검증

트레이더 효과　238
무작위 효과　245
최적화 패러독스　252
과잉최적화 혹은 곡선맞춤　263

⑫ … 견고한 토대

검증의 통계적 기초 273
기존의 척도는 견고하지 않다 276
로버스트 성과 척도 278
회귀연평균수익률, RAR% 280
R^t: 새로운 리스크/보상 척도 283
로버스트 샤프지수 284
표본의 대표성 288
표본의 크기 290
과거로부터 미래 들여다보기 292
몬테카를로 시뮬레이션 297
사후검증의 한계 304

⑬ … 완벽한 시스템

미래를 예측한다는 것 310
로버스트 트레이딩 311
로버스트 시스템 313
시장의 분산 315
시스템의 분산 323
한계의 극복 325

14 ··· 터틀이 성공한 심리적인 이유

자존심에 살고 자존심에 죽고 330
트레이더에게 가장 유익한 자세는 바로 겸손 336
단순하지만 가장 중요한 요소, 일관성 338

15 ··· 모두가 선택한 길 그리고 내가 선택한 길

열아홉에 백만장자의 꿈을 가졌다 345
시도하지 않으면 성공은 절대 불가능하다 347
학습에는 실패가 필요하다 349
길을 잘못 들었다는 생각이 든다면 351
돈과 꿈에 대해 생각한다 352

부록 : 터틀의 트레이딩 규칙

완벽한 트레이딩 시스템이 결정해야 하는 사항들 358
시장 : 터틀이 선택한 시장 363
포지션 크기 결정 365
시장 진입 규칙 372
손실제한 규칙 376
청산 규칙 382
전술 : 수익률을 좌우하는 세부적인 사항들 384

에필로그 390
참고 문헌 394

| 들어가며 |

'피트의 왕자'와
만나던 날

　살아가다 보면 자신의 인생에서 결정적으로 중요한 순간이 올 때가 있고 또 사람들은 누구나 자신에게 그런 날이 올 것이라고 기대한다. 나는 열아홉 살 때 하루에 두 번이나 그런 결정적인 순간을 맞이했다. 하나는 생전 처음 아르데코 양식으로 건축된 시카고상품거래소 CBOT; Chicago Board Of Trade 건물을 본 일이고 또 하나는 전설적인 선물 트레이더 리처드 데니스를 만난 일이다.

　CBOT는 시카고의 명소이기도 하다. 웨스트잭슨 대로 141번지에 가면 꼭대기에 농업의 여신 케레스 상이 새겨져 있는 건물이 눈에 뜨인다. 45층짜리 건물 주변으로는 다른 고층 건물들이 빽빽이 들어차 있지만 그 가운데 이 건물이 우뚝 솟아나와 상품거래소 본연의 위용을 자랑한다. 안으로 들어서면 곡물과 육류, 외국환 등을 초 단위로 거래하는 트레이더들의 알쏭달쏭한 수신호와 고함이 난무하는 아수라장이 눈에 들어온다. 매년 이곳을 방문하는 수천 명의 외부인들에게는 이처럼 혼란스런 광경이 범접하기 힘든 장소라는 인상을 줄 것이다. 하지만 트레이더에게는 이곳이 동경의 장소다.

건물 엘리베이터 안으로 발을 들여놓자 손에 땀이 흥건히 배기 시작했다. 터틀 선발 과정에는 시앤디 커머더티스에서 받았던 지필 검사지 평가와 면접이 병행됐다. 당시 열아홉 살이었던 나는 면접을 보기 위해 세계적으로 유명한 상품 트레이더 가운데 한 사람인 리처드 데니스와 곧 만날 참이었다. 이른바 터틀 실험이 일반에 알려지기 전부터 데니스는 이미 선물거래 분야에서 상당한 인지도를 가진 인물이었다. '피트pit*의 왕자'라는 별칭에서도 알 수 있듯이 30대 중반에 수천 달러를 순식간에 수억 달러로 불려냈던 인물로 그의 실력은 업계에서도 인정하고 있었다.

그때 그 엘리베이터에 오를 수 있었던 것이 얼마나 큰 행운이었는지를 나는 나중에야 알게 됐다. 천 명이 넘는 사람들이 터틀에 응모했고 이 가운데 단 사십 명에게만 데니스와 만날 자격이 주어졌다. 그리고 최종적으로 선발된 인원은 열세 명에 불과했다(100대 1에 가까운 경쟁률이었던 셈).

도널드 트럼프Donald Trump가 제작, 진행하는 리얼리티 TV 프로그램 〈백수탈출 성공기The Apprentice〉를 비롯하여 콘테스트 방식의 프로그램들이 유행하기 훨씬 전에, 데니스는 절친한 친구이자 역시 유명

---

*피트 선물거래소 내 트레이딩 장소 혹은 거래대-옮긴이

한 트레이더였던 빌 에크하르트와의 논쟁을 계기로 나름의 경쟁 선발 방식을 만들어낸 것이다. 이미 언급한 바와 같이 그 논쟁이란 바로 훌륭한 트레이더가 될 자질은 타고나는 것이냐 아니면 만들어지는 것이냐에 관한 것이다.

데니스는 누구든 학습을 통해 유능한 트레이더가 될 수 있다는 입장이었던 반면 에크하르트는 트레이더의 자질은 후천적인 것이 아니라 선천적인 것이라고 믿는 입장이었다. 데니스는 자신의 주장을 입으로만 떠드는 것이 아니라 그 사실을 기꺼이 입증하려 했고 결국 둘은 누구의 생각이 맞는지 실험을 통해 확인해보기로 했다.

그래서 두 사람은 《월스트리트저널》과 《배런스》 그리고 《뉴욕타임스》에 대대적으로 광고를 냈다. 트레이딩 훈련에 관심이 있는 사람들을 훈련생으로 받아들이겠다는 내용이었다. 또 이렇게 선발한 훈련 집단에 자신만의 트레이딩 방법을 전수할 것이고 각 훈련생에게 100만 달러의 계정을 배정할 것이라는 내용도 포함돼 있었다.

나는 당시에 이 광고가 얼마나 중요한 것인지 미처 깨닫지 못하고 있었다. 데니스는 친구와 내기를 하고 그 내용을 진행시키는 과정에서 정말로 과감한 베팅을 한 셈이었다. 데니스는 자신이 트레이더로서 성공을 거둘 수 있었던 이유를 자기 자신이 잘 알고 있다고 생각했다. 그래서 다른 사람을 유능한 트레이더로 키워내는 일이 가능하다고 믿었다. 비록 그 사람이 트레이딩 경험이 전혀 없는 사람이라도 상관이 없었다. 그리고 수백만 달러를 잃을 수 있는 리스크도 기꺼이 감수하면서까지 자신의 주장을 증명하려 할 정도로 자신의 생각에 확신을 가지고 있다.

데니스 휘하의 훈련생들이 거둔 성공이 트레이딩 업계의 전설로 회자된 이후 이들은 '터틀'로 불리기 시작했다. 터틀은 4년 6개월 정도의 기간 동안 연평균 80% 이상의 수익률을 기록했다. 그런데 이들을 왜 하필 터틀이라고 부르는 것일까? 데니스와 에크하르트가 트레이더 기질을 타고나는 것이냐 아니면 후천적으로 학습할 수 있느냐에 관해 열띤 논쟁을 벌이던 곳이 마침 싱가포르의 터틀(거북이) 농장 근처였다. 농장 쪽으로 점점 다가가던 데니스가 불쑥 이런 말을 꺼냈다. "농장에서 거북이를 키우는 것처럼 우리도 트레이더를 키워낼 수 있단 말이지."

이렇게 해서 나는 열아홉이라는 어린 나이에 땀이 흥건히 밴 손을 꼭 움켜쥔 채 '피트의 왕자'를 만나려는 순간을 앞두고 있었다. 복도를 걸어 내려가면서 실용성 위주의 사무실 외관을 보고도 크게 놀라지는 않았다. 웅장한 입구도 호화로운 로비도 없었다. 고객이나 브로커, 기타 유명 인사들에게 특별한 인상을 남기려고 노력했다는 흔적은 어디에서도 찾아볼 수 없었다. 데니스가 겉치레 따위에 돈을 낭비하는 사람이 아니라는 것은 이미 잘 알려진 사실이다. 그래서 사무실 건물을 그렇게 평범하게 꾸며놓았다는 사실이 크게 이상하지는 않았다. 그렇지만 기대했던 것보다 훨씬 더 수수해서 좀 의외라는 생각은 들었다. 모든 것이 다 내가 상상했던 것보다 작게 느껴졌다.

어쨌거나 나는 '시앤디 커머더티스'라는 명패가 달린 문을 발견하고 그 문을 열었다.

데니스의 비즈니스 매니저인 델루트리가 문 앞에서 나를 맞으며 다른 응모자와의 면접이 얼추 마무리되고 있다고 알려주었다. 나는 이미 여러 기사에 실린 사진을 통해 데니스의 얼굴은 알고 있었지만 그 사람의 성격이 어떤지에 관해서는 확실히 아는 바가 없었기 때문에 좀 불안해하면서 면접 차례를 기다렸다. 그동안 면접 준비를 하면서 데니스와 관련이 있는 것들은 모조리 읽고 어떤 성격일까를 예상해보지 않은 것은 아니지만 첫 만남의 순간이 다가오니 역시 부족하다는 생각이 들었다. 하지만 40개 문항으로 된 데니스의 질문지를 작성했기 때문에 데니스가 트레이더의 자격 혹은 능력과 관련하여 무엇을 중요하게 생각하는지는 짐작할 수 있었다.

마침내 데니스의 방문이 열리자 약간 흥분한 듯한 피면접자 한 명이 나오더니 면접 내용을 살짝 귀띔하면서 나에게 행운을 빈다고 말해주었다. 아마도 이 사람은 면접에서 꽤 점수를 딴 모양이었다. 아니나다를까 몇 주 후에 있었던 첫 훈련 때 그를 다시 만날 수 있었다. 나는 방으로 들어가 데니스와 에크하르트를 만났다. 나중에는 이 두 사람을 그냥 리치와 빌로 불렀는데 지금도 이 친근한 이름으로 생각이 난다. 데니스는 몸집이 컸고 친근한 인상에 차분한 태도를 지닌 사람이었다. 에크하르트는 보통 키에 좀 마른 편이었다. 옷매무새로 보나 외양으로 보나 시카고대학에서 응용 수학을 가르치는 교수라고 하면 딱 알맞을 법한 인상이었다.

데니스는 선물시장에 관한 나의 이론에 관심을 보였고 내가 트레이딩을 통해 돈을 벌 수 있다고 생각하는 이유가 무엇인지 궁금해했다. 그리고 두 사람 모두 나의 특이한 이력에 관심이 많았다. 이제 와서 돌이켜보면 그때까지는 물론 이후로도 나는 확실히 평범한 일상을 살지는 않은 것 같다. 열아홉 살 때 나와 같은 특이한 경험을 한 사람은 지금도 찾아보기 힘들 것이다. 적어도 나중에 내가 배웠던 트레이딩 방법에 관한 한은 말이다.

1983년 가을경만 해도 개인용 컴퓨터(PC)를 가지고 있는 사람이 극히 드물었다. 그 무렵 PC가 막 개발된 상태였으니까 어찌 보면 그것이 당연한 일이었다. 그런데 나는 이미 2년 전부터 애플 II 컴퓨터를 이용하여 프로그래밍 작업을 해왔다. 방과 후에 시간제로 짬짬이 일을 한 것이다. 그때 트레이딩 시스템을 분석하는 프로그램을 만들었는데 이 시스템은 가격 변동 추이를 토대로 주식이나 상품을 거래할 정확한 시간을 알아내는 데 필요한 특수한 규칙들로 구성되어 있었다. 시스템을 다양한 시장에서 사용했을 때 돈을 얼마나 벌 수 있는지를 알아내기 위해, 축적된 과거 자료를 활용하여 트레이딩 시스템을 검증하는 프로그램을 30개에서 40개 정도 만들었다. 나는 이것이 1983년 당시로서는 최첨단에 속하는 연구 작업이었다는 사실을 전혀 몰랐다.

그런데 방과 후에 재미삼아 했던 이 일에 완전히 빠져버리고 말았다. 그래서 하버드 인베스트먼트 서비스Harvard Investment Service라고 하는 회사에서 일을 하게 됐다. 회사라고 해봐야 보스턴에서 서쪽으로 약 64킬로미터 떨어진 하버드 타운에 위치한, 한 작은 주택의 주방에다 차린 작업실 수준의 공간이 고작이었다. 하버드 타운은 사과 과수원과 작은 도서관, 마을 회관, 광장 등으로 구성된 뉴잉글랜드 지역의 전형적인 작은 마을이다. 또 직원이라고 해봐야 조지 아른트George Arndt(이 '주방'과 회사의 소유자로서 우리들에게 이런저런 할 일을 지시했음)와 나 그리고 나의 친구 팀 아놀드, 이렇게 세 명이 전부였다.

아른트는 나에게 트레이딩에 관심을 갖게 만든 최초의 인물이었다. 자신이 가지고 있던 책 『어느 투자자의 회상Reminiscences of a Stock Operator』을 나에게 빌려준 사람도 아른트였다. 이 책은 에드윈 르페브르Edwin Lefèvre가 전설적인 투기자 제시 리버모어Jesse Livermore의 일대기를 소설화한 작품이다. 저자인 르페브르가 그냥 꾸며낸 이야기인지 리버모어의 인생에 더 살을 붙여 만들어낸 이야기인지는 잘 모르겠지만 책을 읽고 난 후 이 이야기에 흠뻑 빠져들고 말았다. 그래서 나 역시 트레이더가 되고 싶어졌다. 그리고 훌륭한 트레이더가 될 수 있고 또 반드시 그렇게 될 것이라고 믿었다. 겨우 열아홉 살밖에 되지 않았던 나였지만 이러한 확신과 믿음이 두 거물들과의 면접 상황에서도 그대로 드러난 모양이었다.

트레이딩 시스템을 분석해왔던 나의 그간 작업이 면접 상황이나 훈련 상황에 크게 도움이 됐다. 특이한 경력 때문에 다른 훈련생보다 더 빠르게 그리고 더 강한 확신을 가지고 두 거물이 사용했던 트레이딩 방법을 받아들였고 궁극적으로는 그 누구보다 이들의 접근법과 체계적인 트레이딩 개념에 더 확신을 가질 수 있었다.

데니스가 나에게 트레이더로서의 잠재력이 있고 앞으로 이 분야에서 크게 성공할 수 있을 것이라고 믿었던 데에는 나의 믿음과 확신이 결정적인 역할을 했다. 나의 특이한 경력은 다른 터틀에게는 불가능했던 일도 할 수 있게 만들어주었다. 즉, 2주일간의 훈련 기간 동안에 제시된 간단한 트레이딩 규칙을 아무 거부감 없이 그대로 따를 수 있었다. 다른 터틀 훈련생들은 처음에 이 규칙을 준수하지 않았는데 나로서는 그것이 오히려 이상하게 생각됐다. 하지만 이 부분에 관한 이야기는 나중에 다시 하기로 하겠다.

처음에는 트레이딩 경험이 전혀 없다는 사실이 나에게 불리하게 작용하지 않을까 걱정이 됐다. 시스템을 분석하고 검증하는 작업을 해왔다는 사실로 불리함이 어느 정도 상쇄될 것이라고 믿었지만, 역시 경험이 부족하다는 부분은 여전히 신경이 쓰였다. 두 면접관의 질문 내용을 들으면서 이들이 터틀 후보자들의 지력과 논리력을 평가하고 있는 것이 확실하다는 생각을 했다. 면접 전에 실시한 예비검사지 문항 중에 SAT^{Scholatic Aptitude Test} 점수를 묻는 것이 있었고 후보들의

---

*SAT 미국 대학수학능력시험-옮긴이

지적 능력을 알아내기 위한 문항이 많았기 때문에 면접에 이러한 내용이 포함되었다는 사실이 별로 놀랍지는 않았다. 정작 놀란 부분은 따로 있었다. 이 두 면접관은 내가 평소에 트레이딩과 관련이 있다고 생각했던 부분에도 물론 관심이 있었지만 트레이딩과는 전혀 관련이 없다고 생각했던 부분에까지 지대한 관심을 보였다는 사실이다.

면접이 진행되는 도중에 내가 터틀로 선발될 것 같다는 확신이 들었던 순간이 기억난다. 두 면접관과 나는 미래의 시장을 정확하게 예측할 수 있게 만들어주는 '현자의 돌 secret philosopher's stone'* 같은 것이 존재한다고 믿는 사람들이 상당히 많다는 이야기에 관해 각자의 의견을 내놓고 있었다. 물론 나는 그런 현자의 돌 따위는 존재하지 않는다는 축이었다. 밀이나 금의 가격을 예측한다는 것은 관련된 변수들이 너무 많고 매우 복잡한 작업인 만큼 안이하게 현자의 돌 따위를 찾는 사람들은 결국 실망할 수밖에 없다는 것이 나의 생각이다.

일례로 아른트가 해주었던 유리판 이야기가 생각나 이들에게 들려주었다. 직선과 곡선이 빽빽이 그려져 있는 유리 원판을 시세표 위에 올려놓으면 마치 해당 시장이 뭔가 비밀스러운 규칙에 반응하기라도 하듯 최고가와 최저가가 불쑥 튀어 오른다는 식의 허무맹랑한 이야기였다. 두 면접관도 이 이야기에 흥미를 느끼는 것 같았고 그들의 반응을 본 나는 '아, 이제 됐구나' 하는 생각이 들었던 것이다.

***현자의 돌** 신비스러운 힘을 지닌 미신적인 돌―옮긴이

적어도 한두 가지 정도는 나의 생각이 들어맞았다. 내가 결국 최종 선발자 명단에 포함됐다는 것도 그렇고 두 면접관이 후보자들의 지적 능력과 태도를 평가하고 있었다는 추측도 들어맞았다. 이들은 성공적인 트레이딩에 필요한 자질을 갖춘 사람들을 원하고 있었다. 또한 이들은 훌륭한 과학자로서의 면모도 보여주었다. 매우 다양한 배경과 경력을 지닌 후보자들로 터틀 집단을 구성하여 실험에 임하는 치밀함을 갖췄던 것이다. 이 집단에는 다음과 같은 사람들이 포함됐다.

:: 게임에 아주 관심이 많았던 사람. 이 사람은 1980년대 초에 선풍적인 인기를 끌었던 롤플레잉 게임 '던전앤드래곤'용 던전 마스터즈 매뉴얼을 만들기도 했다.
:: 시카고대학에서 언어학을 전공한 박사
:: 카길^{Cargill}*을 대표하여 곡물거래를 해왔던 사람. 학창시절에는 매사추세츠 주 체스 챔피언이기도 했다.
:: 트레이딩 경험이 있는 일부 사람들
:: 회계사
:: 블랙잭**과 백개먼*** 전문가

---

*카길 세계적인 미국 곡물회사 — 옮긴이
**블랙잭 카드 게임의 일종 — 옮긴이
***백개먼 서양 주사위 게임의 일종 — 옮긴이

그때까지 만났던 사람 중에 가장 똑똑한 사람은 다 여기 모여 있는 것 같았다. 데니스와 에크하르트는 수학적 능력과 분석적 능력에 특히 주안점을 두어 지적 능력이 뛰어난 사람들을 선발한 것이 틀림없었다. 데니스는 면접 과정에서, 터틀 후보에 응모한 사람들이 상당히 많았고 그래서 선발 과정이 까다로울 수밖에 없기 때문에 응모자 가운데 되도록 '머리가 뛰어나게 좋은' 사람들을 중심으로 터틀 후보자를 찾고 있다고 말했다. 전부 그런 것은 아니었지만 터틀 중에 이런 특성을 지닌, 즉 머리가 굉장히 좋은 사람들이 많았다. 그렇지만 나는 머리가 좋고 나쁨이 트레이더로서의 성공과 실패를 좌우한다고는 생각하지 않는다. 터틀 선발 과정에서 중요시한 또 다른 특성은 바로 게임 이론이나 전략과 관련한 배경 그리고 확률 이론에 대한 지식이었다. 이것들이 왜 중요한지는 차차 알게 될 것이다.

면접이 끝나고 나서 몇 주일 후에 데니스가 전화를 걸어 트레이더 훈련 프로그램에 참석하라고 알려주었다. 그 전화를 받고도 나는 별로 흥분하지 않았던 것 같다. 나중에 데니스가 최종적으로 터틀에 선발됐다는 소식을 듣고도 그렇게 덤덤하게 반응한 사람은 나밖에 없었다고 말했을 정도다. 그래서 그는 내가 프로그램에 참석할지 여부를 확신할 수 없었다고 한다.

데니스는 연말의 마지막 2주일 동안 훈련을 실시할 예정이며 이 기간이 끝나면 각 터틀에게 소액 계정을 터주어 실전 트레이딩에 나설 수 있게 하겠다고 말했다. 그리고 트레이딩 실습 기간 동안 소액 계정으로 실적을 올리는 데 성공한다면 그다음에는 100만 달러의 계정을 할당해주겠다는 약속을 했다.

데니스가 단 2주일 만에 훈련생들을 유능한 트레이더로 키워낼 수 있다고 생각한다는 자체가 놀랍다는 사람도 있을 것이다. 후에 알게 됐지만 사실 데니스는 그 2주일도 너무 긴 시간이라고 생각했다. 실제로 그다음 해에 실시한 2기 터틀 훈련생에 대해서는 훈련 기간을 단 1주일로 단축했다. 트레이딩의 어려움은 그 개념의 난이도에 있는 것이 아니라 응용 능력에 있는 것이다. 트레이딩 훈련 과정에서 구체적으로 무엇을 해야 하는지를 배우는 일은 비교적 쉽다. 정작 어려운 것은 이렇게 배운 것들을 실제 트레이딩 환경에서 적절히 써먹는 일이다.

이후 약 한 달 동안 트레이딩 실습이 진행됐고, 실습이 끝나갈 무렵에 데니스는 각 터틀의 실적을 평가했다. 그 기간 동안 100만 달러 계정을 운용한 사람도 있고 이보다 액수가 좀 작은 계정을 운용한 사람도 있다. 그리고 개중에는 최초에 할당받은 소액 계정의 범주에서 아직 벗어나지 못한 사람도 있었다. 데니스는 나에게 200만 달러 계정을 배정해주었고 터틀 프로그램이 진행되는 기간 동안 계속해서 터틀 중에 가장 큰 액수로 트레이딩할 수 있도록 해주었다.

이 책에서 나는 데니스가 겨우 한 달 후에 터틀의 상대적 실적을 평가할 수 있었던 이유, 데니스가 찾고 있었던 것, 다른 터틀보다 나에게 더 많은 투자 자금을 할당해주었던 이유 등을 설명할 것이다. 데니스는, 처음에는 나에게서 그리고 결국에 가서는 다른 많은 터틀에게서 이 능력을 발견했다. 그 능력이라는 것이 바로 내가 '터틀의 방식way of the Turtle'이라고 명명한 것과 직접적인 관련이 있다.

터틀 트레이딩 기법의 세부 사항에 들어가기 전에 우선 트레이딩의 일반 원칙과 개념에 관해 살펴보고 심리학적 측면에서 터틀이 고수익을 낼 수 있었던 이유와 유능한 트레이더들이 큰돈을 벌 수 있는 이유에 대해 설명하고자 한다. 처음 두 개 장에서는 트레이딩의 일반 원칙과 개념을 다루고 이후 3장부터 터틀 및 터틀의 트레이딩 기법에 관해 본격적으로 설명할 예정이다.

트레이더는 기업과 같은 물리적인 어떤 것을 사는 사람들이 아니다. 이들은 곡물이나 금 혹은 은을 사들이지도 않는다. 트레이더가 사는 것은 바로 주식, 선물계약, 옵션 등이다. 이들은 기업의 경영진이라든가 상대적으로 날씨가 추운 북동 지역에서의 석유 소비에 대한 전망, 세계 커피 생산량 등에 대해서는 크게 신경 쓰지 않는다. 트레이더가 신경을 쓰는 부분은 오직 가격뿐이다. 트레이더가 사고파는 대상의 본질은 바로 리스크다.

chapter 01
리스크는 수익 기회다

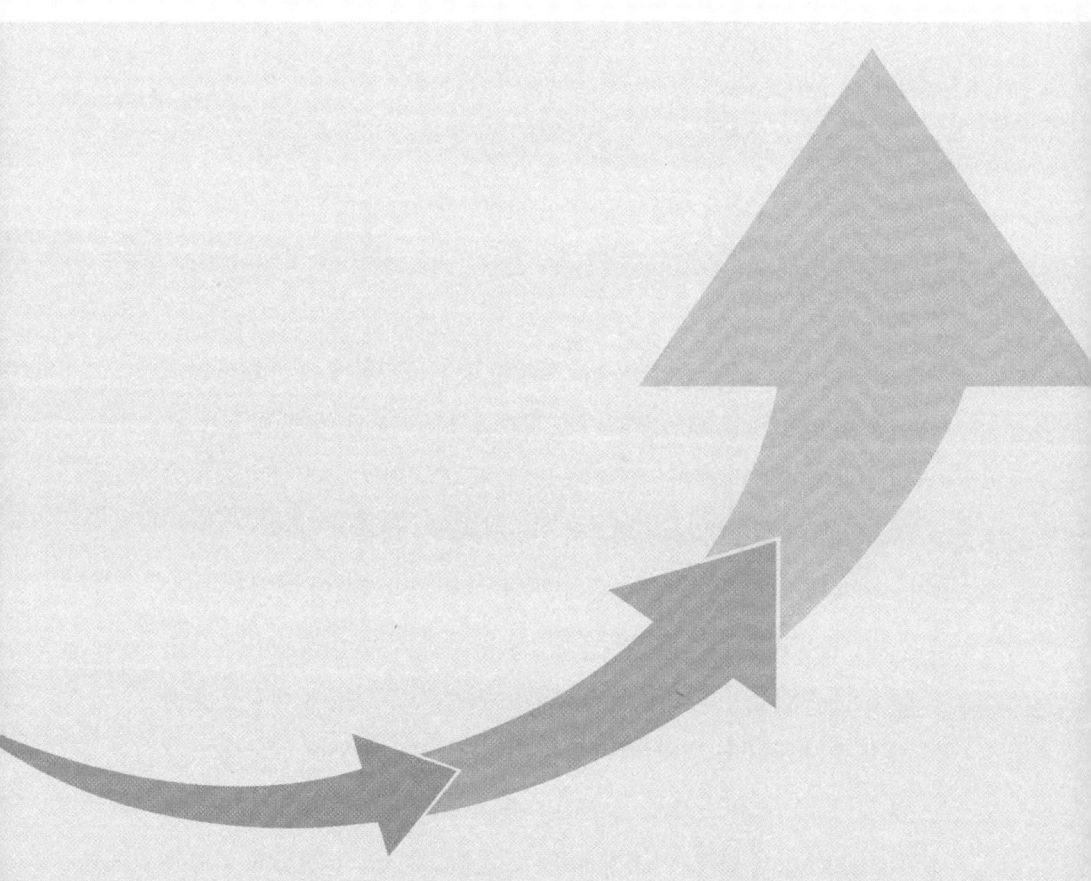

제1장
리스크는 수익 기회다

리스크가 크면 보상도 크다. - 터틀 프로그램을 시작하기 전에 친구에게 했던 말

사람들은 거래(트레이딩)와 투자라는 말을 정확하게 구별하지 않고 사용하곤 한다. 스스로를 가리켜 투자자라고 하는데 실제 행동을 보면 트레이더에 더 가까운 경우가 많다. 둘 사이의 차이를 알지 못하기 때문인데 여기에 대해 내 생각을 설명해본다면 다음과 같다.

투자자란 오랜 시간(보통은 수년간)이 지나면 자신이 투자한 대상물의 가치가 올라갈 것이라는 기대를 품고 장기적 관점에서 '무언가'를 사는 사람들이다. 이들은 실재하는 어떤 것을 사는데 대표적인 예가 워런 버핏이다. 버핏은 '기업'을 사는 것이지 절대 주식을 사는 것이 아니다. 즉 기업 자체, 경영진, 제품, 시장 진출 등 주식에 표창돼 있는 어떤 것을 산다. 버핏에게 주식시장이 그 기업의 '진정한' 가치를 반영하지 못할 수 있다는 사실은 중요하지 않다. 한 기업의 가치가 주

식시장에서 평가한 가치보다 훨씬 높다고 생각될 때 그 기업을 사는 것이고 주식시장이 평가하는 가치보다 훨씬 낮다고 생각될 때 내다 파는 것이다. 버핏은 여기에 매우 능했기 때문에 이런 방식으로 큰돈을 벌었다.

트레이더는 기업과 같은 물리적인 어떤 것을 사는 사람들이 아니다. 이들은 곡물이나 금 혹은 은을 사들이지도 않는다. 트레이더가 사는 것은 바로 주식, 선물계약, 옵션 등이다. 이들은 기업의 경영진이라든가 상대적으로 날씨가 추운 북동 지역에서의 석유 소비에 대한 전망, 세계 커피 생산량 등에 대해서는 크게 신경 쓰지 않는다. 트레이더가 신경을 쓰는 부분은 오직 가격뿐이다. 트레이더가 사고파는 대상의 본질은 바로 리스크다.

피터 번스타인Peter Bernstein은 독자들의 이목을 확 잡아끄는 매우 유익한 책 『리스크Against the Gods』에서 리스크가 한 곳에서 다른 곳으로 이전될 수 있는 방향으로 시장이 발전해왔다고 설명한 바 있다. 이것이야말로 진정한 의미로서 금융시장의 창조 이유이자 작용 기제라 할 수 있다.

현대 시장에서는 기업들이 통화 가격의 변동에서 오는 리스크 요소를 제거하고자 통화 선물계약 자체를 매수하는 것이 가능하다. 또한 원유나 구리, 알루미늄 등과 같은 원자재의 가격 상승에 따른 리스크를 회피하고자 이들 상품에 대한 선물계약을 매수할 수도 있다.

원자재의 가격 변동 혹은 환율 변동으로 인한 리스크를 상쇄시키기 위해 선물계약을 사고파는 행위를 흔히 헤징hedging이라고 한다. 원유와 같은 원자재 관련 비용에 민감한 기업으로서는 적절한 헤징에서 큰 도움을 얻을 수 있다. 예를 들어 연료 사용량이 많은 항공사의 경우 원유 가격에 대해 민감하게 반응하지 않을 수 없다. 원유 가격이 상승하면 항공사는 어떤 조치를 취하더라도 수익 감소가 불가피하다. 원유 가격 상승으로 비용이 증가하기 때문에 항공료를 그대로 유지하면 수익이 감소하며, 인상하더라도 항공권의 판매가 줄어들어 수익이 감소된다.

이러한 문제를 해결할 수 있는 방법이 원유시장에서의 헤징이다. 사우스웨스트 항공Southwest airlines은 수년간 이런 방법을 사용했다. 원유 가격이 배럴당 25달러에서 60달러 이상으로 올랐는데도 이 항공사의 비용은 이와 동일한 비율로 증가하지 않았다. 실제로 적절한 헤징을 통해 원유 가격이 오른 후에도 필요한 원유의 85%를 배럴당 26달러 가격에 구입할 수 있었다.

지난 몇 년 동안 사우스웨스트 항공이 수익성 좋은 항공사로 기록될 수 있었던 것은 결코 우연은 아니다. 사우스웨스트의 경영진은 항공 사업의 본질은 유가 변동에 전전긍긍하는 것이 아니라 승객을 원하는 곳으로 수송하는 것이라는 사실을 일찍이 통감하고 있었다. 그래서 금융시장을 최대한 활용하여 유가 변동 리스크가 이윤에 악영향을 미치지 못하도록 적절한 대비를 했다. 한마디로 사우스웨스트 경영진은 똑똑했다.

사우스웨스트처럼 영업상의 리스크를 회피하고 싶어하는 기업들을 위해 선물계약을 매수하는 일을 하는 사람은 누구인가? 바로 트레이더다.

트레이더는 리스크를 거래한다

트레이더는 한마디로 리스크를 거래하는 사람들이다. 리스크에는 다양한 유형이 있으며 각각의 유형마다 이에 상응하는 트레이더가 존재한다. 각종의 리스크는 크게 두 가지 범주로 구분할 수 있다. 하나는 유동성liquidity 리스크이고 나머지 하나는 가격 리스크다.

수많은 트레이더(거의 대부분의 트레이더)가 유동성 리스크를 거래하는 이른바 초단기 트레이더다. 유동성 리스크란 트레이더가 사거나 팔 수 없는 상황을 의미한다. 즉, 특정 자산을 팔려고 하는데 이를 살 사람이 없거나 자산을 사려고 하는데 팔 사람이 없는 경우를 가리킨다. 대부분의 사람들은 유동자산liquid asset이라는 맥락에서 유동성 개념을 이해하고 있다. 유동자산이란 쉽게 그리고 빨리 현금화할 수 있는 자산을 말한다. 은행에 예치된 현금은 절대적 유동성을 지닌 자산이고 활발하게 거래되고 있는 기업의 주식은 상대적 유동성을 지닌 자산이라 할 수 있다. 반면에 토지와 같은 부동산은 유동성이 낮은 자산이다.

주식 XYZ를 사려고 하는데 이 주식의 최종 거래 가격이 28.50달러라고 하자. XYZ의 시세표를 보면 두 가지 가격이 나와 있다. 하나는 매수호가bid price이고 또 하나는 매도호가ask price다. 예를 들어 매수호가가 28.50달러이고 매도호가가 28.55달러라고 하자. 이는 이 주식을 살 때는 28.55달러를 지불해야 하고 팔 때는 28.50달러를 수령한다는 것을 의미한다. 이 두 가격의 차이를 스프레드spread 혹은 매수매도 호가차이라고 한다.

이에 따른 트레이딩 기법이 약간 변형된 것이 바로 차익거래arbitrage다. 즉, 차익거래란 서로 다른 시장 유동성 간의 거래를 통해 수익을 내는 방식이다. 차익거래를 주로 하는 트레이더는 런던 시장에서 원유를 사서 뉴욕 시장에서 팔 수 있다. 또 특정 주식 바스켓을 산 다음에 이와 유사한 주식 바스켓을 기초자산으로 하는 주가지수선물을 팔 수도 있다.

가격 리스크는 가격이 급격히 상승하거나 하락할 가능성을 의미한다. 유가가 상승하면 비료 값과 트랙터 연료비가 상승하기 때문에 농부들은 유가가 오를까 봐 항상 전전긍긍이다. 또 농작물(밀, 옥수수, 콩 등)의 가격이 너무 낮으면 수확한 작물을 내다 팔아도 크게 이익을 내지 못하기 때문에 이런 부분에도 늘 신경을 쓴다. 항공사 경영진은 유가가 상승하고 금리가 인상되면 자금 조달 비용이 증가하기 때문에 이 부분에 신경을 쓴다.

헤저hedger는 가격 리스크를 거래 대상으로 하는 트레이더에게 전가하는 방법으로 리스크를 없애는 데 주안점을 둔다. 이처럼 가격 리스크에 초점을 맞추는 트레이더를 통상 투기자speculator 혹은 포지션 트레이더position trader라고 한다. 투기자는 일단 사두었다가 나중에 가격이 오른 후에 팔거나 아니면 먼저 판 다음 나중에 가격이 떨어질 때 다시 사들이는 방식으로 수익을 낸다. 후자의 경우를 공매도short라고 한다.

🌐 트레이더, 투기자, 스캘퍼

트레이더의 다양한 트레이딩 행위가 결집된 곳이 바로 시장이다. 트레이더 중에는 근소한 호가 차이에서 발생하는 수익을 노리고 수차례에 걸친 단기 거래에 치중하는 이른바 '스캘퍼scalper'도 있고 가격 변동에서 수익을 내는 '투기자'도 있으며 리스크 헤지에 주력하는 사람도 있다. 각 트레이더 범주에는 경험이 많아서 자신이 하고 있는 일을 충분히 이해하고 있는 사람도 있고 풋내기에 불과한 이들도 있다. 각 유형에 속한 트레이더 간에 어떤 차이가 있는지 살펴보도록 하자.

애크미 코퍼레이션ACME Corporation이 영국에 소재한 연구소의 비용 상승 리스크를 방지하기 위해 시카고상업거래소CME; Chicago Mercantile Exchange에서 영국 파운드화선물을 매수하는 경우를 생각해보자.

미 달러화 대비 영국 파운드화의 가격이 상승하고 있었고 영국 연구소에서 발생한 비용은 파운드화로 지불하므로 애크미로서는 이런 부분에서 리스크에 노출돼 있다. 환율이 상승하면 영국 연구소의 비용 부담도 증가한다. 따라서 영국 파운드화선물을 매수함으로써 리스크를 방지하면 환율 상승으로 인한 리스크에서 벗어날 수 있다. 환율 변동으로 인한 비용 상승 부분이 선물계약에서 발생한 이익으로 상쇄되기 때문이다. 애크미는 시카고상업거래소에서 활동하는 스캘퍼 샘한테서 1.8452달러에 선물 10계약을 매수한다.

실제 트레이딩은 애크미의 브로커인 맨 파이낸셜MAN Financial 소속 직원이 담당한다. 이들 직원 가운데 일부는 트레이딩 플로어(트레이딩 입회장) 데스크의 전화 담당자이고 일부는 맨 파이낸셜을 대신해 영국 파운드화의 트레이딩 피트에서 직접 거래를 담당하는 트레이더다. 거래소 내 주문원runner이 전화 담당자한테 주문서를 받아 피트에 있는 트레이더에게 전달하면 트레이더가 주문에 따라 샘과 트레이딩을 한다. 대량 주문이거나 급속시장fast market*에서 이루어지는 트레이딩인 경우 거래소에서 맨 파이낸셜 측 트레이더가 수신호를 사용하여 전화 담당자로부터 매수 및 매도 주문을 받을 수도 있다.

선물계약에 대해서는 해당 거래소가 계약 명세서contract specification에 그 내용을 명시한다. 이 서류에는 계약물의 수량, 유형 그리고 경우에 따라 특정 상품의 품질 등이 명시돼 있다. 과거에는 철도 화차 1량에 해당하는 수량을 기준으로 계약의 크기가 정해졌다. 이때 곡물은 5,000부셸, 설탕 11만 2,000파운드, 원유 1,000배럴 등이 화차 1량분에 해당한다. 이러한 연유로 선물계약 단위와 화차의 수를 같은 의미로 사용할 때가 있다.

선물계약은 단위제로 트레이딩이 이루어진다. 즉, 1계약 이하의 단위로는 트레이딩이 불가하다. 또한 거래소의 계약 명세서에는 최소한의 가격변동폭이 명시돼 있다. 업계 용어로 이를 틱tick 혹은 최소 가격변동폭minimum tick이라고 한다.

시카고상업거래소의 계약 명세서에는 영국 파운드화선물 1계약의 규모는 6만 2,500파운드이고 최소 가격변동폭, 즉 틱은 100분의 1센트(0.0001달러)로 명시돼 있다. 따라서 1틱은 6.25달러가 된다. 샘이 10계약을 매도했으므로 스프레드(매수, 매도 호가의 차이)상의 틱은

---

*급속시장 매입자와 매도자들의 주문 건수가 왕성하여 가격 수준을 충분히 인지할 수 없을 만큼 가격변동이 급속히 이루어지는 시장―옮긴이

62.50달러라는 의미다. 샘이 애크미에 10계약을 매도했을 당시 매수호가는 1.8450이고 매도호가는 1.8452달러로서 스프레드는 0.0002달러, 즉 2틱이었다.

샘은 10계약을 매도함과 동시에 1.8450달러에 10계약을 매수하려고 할 것이다. 샘이 1.8450달러에 10계약을 매수하는 데 성공한다면 여기서 2틱(100달러 이상)의 수익이 발생하는 셈이다. 샘은 향후의 가격 하락을 기대하며 매도 포지션을 늘려가고 있는 아이스라는 투기자 한테서 10계약을 매수한다. 한편 아이스는 선물계약 매수 이후 시장의 가격 변동 추이를 주시하면서 이 계약물을 10일 혹은 10개월까지도 보유할 수 있다.

이상과 같은 트레이딩 행위에는 세 가지 유형의 트레이더가 관련돼 있다.

헤저 애크미 코퍼레이션 헤징 부서 소속 트레이더. 통화 가치의 변동으로 인한 가격 리스크를 제거하기 위해 헤징을 통해 리스크를 상쇄시키려고 한다.

스캘퍼 거래소 내 트레이더 샘. 유동성 리스크를 트레이딩한 후 스프레드를 노려 곧바로 헤저와 트레이딩한다.

투기자 아이스 같은 유형의 트레이더. 애크미 사가 제거하고자 하는 가격 리스크를 최종적으로 취하는 인물. 이후 며칠 혹은 몇 주일의 가격 하락에 베팅을 한다.

피트에서의 공황

이제 가격 변동 기제에 초점을 맞춰 시나리오를 약간 수정해보도록 하자. 샘이 재매수를 통해 자신의 10계약 매도 포지션을 청산할 수 있는 기회가 오기 전에 칼리옹 파이낸셜Calyon Financial 측 브로커가 매도호가 1.8452달러 수준에서 이 계약을 사들이기 시작한다고 가정해보자. 이 브로커가 다량의 계약을 매수하자 장내 트레이더들은 신경이 곤두서기 시작한다.

장내 트레이더 가운데 일부는 매수 포지션을 유지하고 있을 수도 있지만 이 가운데 대다수는 이미 10계약이나 20계약 혹은 100계약에 대해 매도 포지션을 취하고 있을 수도 있다. 이 경우 가격이 오를수록 손실 규모는 더 커지게 된다. 칼리옹은 수많은 대형 투기자와 헤지펀드로 대표되는 조직이므로 칼리옹의 대량 매수는 특히나 우려스러운 상황을 야기할 수밖에 없다. 장내 스캘퍼들 사이에 이런 질문들이 오간다.

"대체 칼리옹은 계약을 얼마나 더 사들이려는 걸까?"

"이 주문의 배후는 누구야?"

"이후 더 대규모의 주문으로 이어지는 것은 아닐까?"

당신이 만약 이미 20계약을 공매도한 장내 트레이더라면 이러한 상황에 점점 더 신경이 쓰일 것이다. 칼리옹이 500계약 혹은 1,000계약을 매수한다고 가정하자. 이렇게 되면 선물계약 가격이 1.8460달러 혹은 1.8470달러까지 상승할 수도 있다. 이런 상황이 되면 누구도 이 계약을 1.8452에 팔려고 하지는 않을 것이다. 아마도 1.8453달러나

1.8455달러에 매도하려고 생각할 것이다. 공매도자들은 이전의 매도 가격인 1.8452달러에 이 계약을 다시 사거나 약간의 손실을 각오하고 1.8453달러나 1.8454달러에 환매하여 이 계약에 대한 자신의 포지션을 청산하려 할 것이다.

매수호가가 1.8450달러이고 매도호가는 1.8455달러로 스프레드가 벌어져 있는 상태에서 공매자들이 다급하게 환매를 시도하면 트레이딩 호가가 동반 상승하는 경우도 생긴다. 즉, 1.8452달러에서 공매도를 했던 스캘퍼들이 같은 가격에서라도 자신의 포지션을 청산하기 위해 매수호가를 1.8452달러로 제시할 것이기 때문이다.

대체 시장에 어떤 변화가 생긴 것인가? 가격이 상승한 이유는 무엇인가? 가격 변동은 시장에서 활동하는 매수자와 매도자의 집단 인식과 상관관계가 있다. 이미 언급한 바와 같이 시장에는 다양한 유형의 트레이더가 존재하며 이들 모두 각각의 유형에 맞는 트레이딩 활동에 참여한다. 하루에도 수차례에 걸쳐 약간의 틱만 존재해도 트레이딩에 나서는 초단기 트레이더가 있고, 일중 약간의 가격 변동이 발생하면 여기서 차익을 노리려는 트레이더가 있고, 몇 주일 혹은 몇 달간의 기간을 두고 가격 변동의 폭이 조금 더 커지기를 기다려 거래에 나서는 트레이더가 있고, 리스크 방지를 목적으로 하는 헤저도 있다.

이처럼 다양한 트레이더 집단의 결합된 인식에 변화가 있으면 가격에도 변화가 생기는 것이다. 이유야 어떻든 간에 매도자가 더 이상 현재 가격으로 매도하려 하지 않으면서 현재가보다 더 높은 가격을 요구하고, 매수자는 그 높은 가격에라도 매수할 의향이 있다면 당연히 가격은 오른다. 또 어떤 이유에서건 매수자가 더 이상 현재 가격으로 매수할 의사가 없는 상태에서 현재가보다 더 낮은 가격을 요구하고 또 매도자는 그 낮은 가격에라도 매도할 의사가 있는 경우에 가격은 떨어진다.

집단적 인식 자체가 가격 변동의 동인이 될 수도 있다. 매도 포지션을 유지하고 있는 장내 트레이더들이 적지 않은 상황에서 대량 매수 주문이 들어오면 트레이더들 사이에는 공포감이 조성된다. 대형 매수자가 가격을 끌어 올려 시장 내 다른 매수 주문까지 촉발하는 상황이 되면 가격 변동 추세가 더욱 격화된다. 이 때문에 경험이 많은 스캘퍼는 신속하게 자신의 매도 포지션을 털고 나온다. 그리고 가격이 상승하기 시작할 때 매수 부문buying side에서만 차익을 내는 접근법을 취한다.

앞서 언급한 사례에서 신속하게 행동하지 못한 장내 트레이더들은 계약당 적게는 10틱에서 20틱 많게는 50틱까지 손실을 보게 된다. 50계약을 유지하고 있는 상태에서 50틱의 손실을 본다면 총 손실액은 1만 5,625달러(50×50×6.25)가 되며 이는 1주일 혹은 한 달 동안의 트레이딩에서 발생할 수 있는 손실액을 넘는 수준이다. 이런 상황에 이르면 대다수 스캘퍼의 경우 어마어마한 금액이 눈앞에서 증발해버리는 것을 지켜보는 일이 너무 고통스럽기 때문에 거의 공황 상태에 빠진다. 그래서 어떤 가격이 제시되든 매수해야 한다는 강박관념에 시달리게 된다. 급속시장에서는 이러한 일이 단 1, 2분 새에 일어날 수 있고 저속시장의 경우는 10분에서 15분 정도가 걸릴 수 있다.

경험이 많은 트레이더는 일찌감치 매도 포지션을 청산하고 매수를 할 뿐 아니라 가격이 상승할 때 이익을 좀더 많이 내기 위해 매수 계약의 수를 조금 더 늘리는 경향이 있다. 반면에 경험이 별로 없는 미숙한 트레이더는 공황에 빠져 있다가 뒤늦게 매수에 나서기 시작한다. 이때면 경험 많은 노련한 트레이더는 다시 계약을 매도하는 방법으로 방금 전의 매수 포지션을 청산하여 또 한 번의 수익 기회를 창출한다.

피트의 운명

우리가 터틀로서 트레이딩에 임할 당시에는 선물계약은 주로 상업거래소의 트레이딩 피트에서 이루어졌다. 트레이더들끼리 얼굴을 맞대고 수신호를 사용하거나 고함을 질러가며 트레이딩 행위를 하는 것이 일반적이었다. 외부인들이 보기에는 아마도 정신 나간 사람들의 기묘한 행동쯤으로 비쳐졌을 것이다.

그런데 이 피트가 점점 사라지고 있다. 거의 모든 시장에서 전자 거래가 피트에서의 트레이딩을 대체하고 있다. 전자 거래의 장점은 여러 가지 있지만 트레이딩 비용이 적게 든다는 점, 트레이딩이 신속히 이루어진다는 점, 트레이더가 트레이딩 결정을 내리는 시간이 분 단위에서 1,000분의 1초 단위까지로 단축된다는 점 등이 두드러진다. 이러한 장점으로 인해 피트가 점점 고사당하고 있다. 거의 모든 시장에서 전자 거래와 피트 트레이딩이 공존하고 있지만 전자 거래의 거래량이 점점 늘고 있는 형편이다. 어쩌면 이 책이 출간되기도 전에 이미 피트에서는 더 이상 선물계약이 이루어지지 않게 될지도 모를 일이다.

전자 거래 방식이 등장하기 이전부터 트레이딩에 참여했던 우리 같은 사람들은 피트가 사라진다는 사실이 상당히 아쉽고 서글프다. 리처드 데니스는 노동자 출신으로서 피트에서 수백만 달러를 주무를 정도로 크게 성공한 인물이었다. 시카고에는 이와 비슷한 트레이더의 성공 사례가 참 많다. 능력 있는 트레이더에게는 피트가 더 맞춤하다. 피트에서는 트레이더끼리 얼굴을 맞대고 트레이딩을 하기 때문에 심리적 요인을 확인하기가 더 용이하다. 스크린상에 나타나는 숫자만으로는 이러한 유형의 정보는 얻을 수가 없다. 트레이더 중에는 주문원부터 시작해서 경력을 쌓아간 사람들이 많다. 주문원은 주변을 가득 메우고 있는 전화로 주문을 받아 이를 피트로 전달해주는 역할을 해왔는데 이제 이 일이 사라지고 있다.

우리 같은 사람들은 피트에 대한 향수에 젖어 이것이 사라져가는 현실을 못내 아쉬워하고 있기는 하지만 전자시장이 새롭게 등장하면서 이에 따라 새로운 기회가 창출된 것도 사실임을 알고 있다. 트레이딩 비용이 줄어들었기 때문에 트레이딩 횟수를 더 늘리는 방법으로 또 다른 수익 기회를 도모할 수 있다. 일부 전자시장의 경우는 거래량이 워낙 많아서 수백만 달러어치의 선물계약을 트레이딩해도 가격에 별다른 영향을 미치지 않는다.

사실 이 책에서 말하는 트레이더는 피트에서 트레이딩을 하는 사람들을 의미한다. 현재와 같은 시장에서는 이러한 유형의 트레이더가 많지 않다는 사실을 기억하기 바란다. 하지만 전자시장에서든 피트에서든 트레이더의 행동 방식에 본질적인 차이가 있는 것은 아니다. 손실 트레이딩의 경험은 전자 거래를 하는 경우나 전화상으로 브로커에게 주문을 내고 피트에서 실거래가 이루어지는 경우나 똑같이 괴로운 일이다. 스크린 뒤에 숨어 있어 보이지는 않지만 그곳에는 여전히 헤저와 스캘퍼, 투기자가 존재하며 잠시라도 한눈을 팔다가는 이들에게 산 채로 먹히는 것은 일도 아니다.

다음 장에서는 손실 트레이딩을 유발하는 미숙한 트레이더와 유능한 트레이더를 구분하는 데 결정적 역할을 하는 심리적 편향들에 관해 살펴볼 것이다. 또한 다양한 트레이딩 유형과 각 유형이 선호하는 시장 상태에 관해서도 상세히 분석할 것이다. 이후 장에서는 단 몇 주일 만에 미숙한 트레이더들을 이익 트레이딩에 능한 유능한 트레이더로 변화시켜준 데니스의 훈련 방법에 관해서 살펴볼 것이다.

WAY of the TURTLE

성공적인 트레이딩을 하고 싶다면 인간의 마음을 제대로 이해해야 한다. 시장은 수많은 개개 인간들로 구성돼 있으며 이 개인들의 마음속은 희망, 걱정, 결점 등으로 가득 차 있다. 트레이더라면 이렇듯 다양한 감정에서 창출된 기회를 포착할 수 있어야 한다. 터틀은 절대 시장 추세의 방향을 예측하려고 하지는 않는다. 다만 시장이 특정 상태에 있을 때 그것이 의미하는 것이 무엇인지를 찾아내려 할 뿐이다. 이는 매우 중요한 개념이다. 훌륭한 트레이더는 시장이 앞으로 어떻게 될지를 예측하려 하지 않는다. 대신 현 시장의 상태가 의미하는 것이 무엇인지에 관심을 갖는다.

chapter 02

트레이더와 기법, 그리고 시장

제2장
트레이더와 기법, 그리고 시장

인간의 감정은 트레이딩 기회의 원천인 동시에 트레이딩의 가장 큰 장애물이다. 감정을 다스려라. 그러면 성공할 것이다. 감정을 방치하라. 그러면 필히 곤경에 처할 것이다.

성공적인 트레이딩을 하고 싶다면 인간의 마음을 제대로 이해해야 한다. 시장은 수많은 개개 인간들로 구성돼 있으며 이 개인들의 마음속은 희망, 걱정, 결점 등으로 가득 차 있다. 트레이더라면 이렇듯 다양한 감정에서 창출된 기회를 포착할 수 있어야 한다. 다행스럽게도 매우 뛰어난 사람들, 즉 행동경제학을 창시한 학자들이 인간의 감정이 의사결정 과정에 어떤 식으로 영향을 미치는지를 규명해놓았다. 행동경제학 분야는 로버트 쉴러Robert Shiller의 흥미로운 저서 『비이성적 과열Irrational Exuberance』이 출간되면서 세간의 이목을 끌었으며 이후 허쉬 세프린Hersh Shefrin이 자신의 저서 『탐욕과 공포를 넘어서Beyond Greed and Fear』를 통해 이 분야를 상세히 다룬 바 있다. 행동경제학은 시장이 작동하는 방식과 이유를 이해하고자 하는 거래자와 투자자들에게 큰 도움이 된다.

　가격을 상승시키거나 하락시키는 요인은 무엇인가? (가격 변동은 평소에 냉혹한 태도를 지녔던 사람들로 하여금 어처구니없는 실수를 저지르게 만들 수 있다.) 행동경제학으로 시장 현상과 가격 움직임을 설명할 수 있다. 매수 및 매도 결정에 영향을 미치는 인지적 및 심리적 요인에 초점을 맞추는 방법이 여기에 사용된다. 이러한 접근법을 통해 사람들은 불확실한 환경하에서 체계적인 실수를 범하는 경향이 높다는 사실을 알 수 있었다.

　사람들은 강압적 환경에 노출돼 있을 때 리스크나 이변 가능성에 대한 판단에서 착오를 일으키는 일이 많다. 돈을 잃거나 버는 상황보다 사람들을 더 심하게 압박하는 경우가 어디 있겠는가? 행동경제학적 측면에서 볼 때 사람들은 이와 같은 시나리오에 노출돼 있을 때는 이성적인 결정을 내리는 경우가 극히 드물다. 성공적인 트레이더는 이러한 경향을 간파하고 이를 도리어 자신에게 유리하게끔 활용한다. 이들은 다른 누군가의 실수나 판단 착오는 곧 자신에게는 기회라는 사실을 잘 알고 있으며 유능한 트레이더는 이러한 실수가 가격 움직임에서 어떤 식으로 나타나는지에 관해서도 잘 알고 있다. 터틀이 알고 있는 부분이 바로 이런 것이다.

트레이더의 감정과 인지적 편향

　아주 오랫동안 경제 및 금융 이론은 합리적 행위자rational actor 이론에 그 바탕을 두어왔다. 이 이론에서는 사람들은 의사결정 과정에서 가용한 정보를 모두 고려한 후 합리적으로 행동한다고 본다. 그러나 트레이더들은 이것이 완전히 허튼소리라는 것을 익히 알고 있다. 이익을 내는 트레이더는 다른 트레이더가 일관되게 보여주는 비합리적 행동 패턴 덕분에 돈을 번다. 학자들도 대다수 사람들이 그처럼 합리적으로 행동하지 않는다는 사실을 뒷받침할 수 있는 증거를 수도 없이 많이 발견했다. 판단 과정에서 반복적으로 나타나는 실수와 비합리적인 행동 범주에 관한 연구 사례도 적지 않다. 트레이더로서는 다른 사람들이 왜 그런 사실을 모르고 있는지 의아할 뿐이다.

모든 사람들에게는 체계적이고 반복적인 비합리성이 내재돼 있고, 터틀은 여기서 비롯된 시장 변동을 토대로 트레이딩을 하기 때문에 성공하는 것이다.

트레이딩을 하는 동안 사람들은 아래와 같은 감정을 수도 없이 경험한다.

> **희망** 매수했으니 곧바로 가격이 상승할 것이라고 확신한다.
> **걱정** 더 이상의 손실은 볼 수 없다. 이 포지션을 계속 유지할 생각이다.
> **탐욕** 지금 이 포지션으로 큰돈을 벌고 있다. 포지션 크기를 두 배로 늘려야겠다.
> **절망** 이 트레이딩 시스템은 적절치가 않다. 계속 손실을 내고 있다.

터틀 방식은 이와 같은 일관된 기질이나 성향에서 수익 기회가 창출된다고 보는 입장이다. 이번 장에서는 적절한 사례를 통해 인간의 감정과 비합리적 사고 유형이 트레이더에게 유리한 시장 패턴을 어떻게 창출하는지를 보여줄 것이다.

사람들은 세상을 바라보는 특정한 방식을 만들어왔고 보다 원시적인 환경에서는 곧잘 들어맞는다. 그러나 트레이딩 분야로 넘어오면 이러한 인식은 방해만 될 뿐이다. 학자들은 사람들이 현실을 지각하는 방법상의 오류 혹은 왜곡 현상을 인지적 편향cognitive bias이라고 부른다. 트레이딩에 영향을 미치는 인지적 편향 몇 가지를 소개하자면 다음과 같다.

> **손실 회피**(loss aversion) 이익을 얻는 것보다 손실을 피하는 것을 더 선호하는 경향
>
> **매몰비용 효과**(sunk cost effect) 장래에 지출할 수도 있는 비용보다 이미 지출한 비용을 더 중요하게 생각하는 경향
>
> **처분 효과**(disposition effect) 현재의 이익을 보전하는 데 급급해하는 반면 손실은 방치하는 경향
>
> **결과 편향**(outcome bias) 의사결정이 이뤄질 당시 결정의 질보다 그 결과를 기준으로 판단하는 경향
>
> **최신 편향**(recency bias) 과거의 자료나 경험보다 최근 자료나 경험에 더 큰 비중을 두는 경향
>
> **닻내리기**(anchoring) 손쉽게 입수할 수 있는 정보에 과도하게 집중하는 경향
>
> **밴드왜건 효과**(bandwagon effect) 다른 사람들이 믿는다는 이유로 같이 그것을 믿는 경향

> **소수의 법칙에 대한 믿음**(law of small numbers) 극히 적은 정보를 바탕으로 타당성이 없는 결론을 도출하는 경향

이상에 열거한 것이 심리적 왜곡의 전부는 아니지만 트레이딩과 가격에 영향을 미치는 가장 강력한 인지적 왜곡의 상당수가 여기에 포함돼 있다. 이제 각각의 인지적 편향에 대해 좀더 상세하게 살펴보도록 하자.

손실 회피 경향이 강한 사람들은 이익을 얻는 것보다 손실을 피하는 것을 절대적으로 선호한다. 대다수 사람들에게 100달러를 잃는 것과 100달러를 벌지 못하는 것은 결코 동일한 사건이 아니다. 그러나 합리적 관점에서 보자면 이 두 가지는 같은 것이다. 이 두 가지 모두 부정적 의미에서 100달러에 변화가 생기는 것이다. 연구 결과 손실은 심리적으로 이익의 두 배에 해당하는 힘을 지니는 것으로 나타났다.

트레이딩과 관련하여 손실 회피는 기계적 트레이딩 시스템을 따르는 능력에 영향을 미친다. 시스템을 따르는 과정에서 발생한 손실은 시스템을 사용하면서 얻은 이익보다 더 큰 영향력을 지니기 때문이다. 사람들은 특정 시스템의 규칙을 무시하거나 기회를 제대로 포착하지 않은 데서 손실이 발생했을 때보다 시스템을 따랐을 때 발생한 손실을 더 뼈아프게 느끼는 경향이 있다. 따라서 규칙을 따랐을 때 발생한 1만 달러의 손실은, 규칙을 무시했을 때 발생한 2만 달러의 손실과 같은 무게감으로 다가온다.

매몰비용 효과란 의사결정을 내릴 때 매몰비용, 즉 이미 지출한 비용의 크기에 초점을 맞추는 경향을 말한다. 매몰비용이란 이미 발생

한 비용으로서 회복이 불가능할 수 있는 비용을 말한다. 예를 들어 신기술 개발비로 이미 지출한 비용이 이에 해당한다.

애크미 사가 랩톱 디스플레이 구축을 위한 신기술을 개발하는 데 1억 달러를 지출했다고 하자. 공교롭게도 이 비용을 지출하고 난 후에 대안 기술이 등장했는데 이것이 이전 기술보다 더 좋고 특정 기간 내에 훨씬 나은 결과를 도출할 가능성도 더 높다는 사실이 확실하다고 하자. 순수하게 합리적인 관점에서 생각하자면 이미 지출한 비용이 얼마가 됐든 그 부분은 무시하고, 이미 개발된 기술을 계속 사용할 때 발생할 수 있는 미래 지출 비용 대신 신기술을 채택할 때 발생할 수 있는 미래 비용에 비중을 두고 미래의 이득과 비용을 기준으로 의사결정을 내리는 것이 타당하다.

그러나 매몰비용 효과는 이 결정을 내려야 할 당사자로 하여금 이전에 지출한 비용에만 초점을 맞추게 하여 만약 다른 기술을 채택한다면 1억 달러를 손해 보는 것이라고 생각하게 만든다. 그래서 향후 두 배 혹은 세 배의 비용을 더 지출할 수 있는데도 불구하고 이전의 결정 내용을 그대로 밀고 나간다. 매몰비용 효과는 잘못된 의사결정으로 귀결되는 경우가 있으며, 집단적 의사결정 상황에서 종종 볼 수 있는 현상이기도 하다.

이러한 현상은 어떤 방식으로 트레이딩에 영향을 미치는가? 한 신참 트레이더를 예로 들어보자. 이 트레이더는 처음 트레이딩에 나서면서 2,000달러를 벌어들이는 것을 목표로 삼고, 1,000달러의 손실이 발생하는 시점이 되면 바로 그 포지션을 청산하기로 결정하고 매수했다. 며칠 후에 이 트레이더는 500달러의 손실을 냈다. 그리고 또 며칠

이 지나자 손실 규모가 1,000달러에 이르렀다. 이는 총 계정의 10%를 넘는 수준으로, 처음에 1만 달러였던 계정의 가치는 9,000달러 미만으로 떨어졌다. 애초에 이 트레이더가 청산 시점으로 정한 수준에 이미 도달한 셈이다.

이 트레이더는 1,000달러를 손해 보는 선에서 손 털고 나갈 것인가 아니면 그 포지션을 그대로 유지할 것인지를 결정해야 한다. 이 시점에서 인지적 편향이 어떤 식으로 영향을 미치는지 생각해보자.

손실 회피 경향이 강한 사람들에게는 이 포지션을 청산하는 일이 훨씬 고통스럽게 다가온다. 이때의 포지션 청산은 영구적 손실을 의미하는 것이기 때문이다. 손 털지 않고 그 포지션을 그대로 유지하고 있는 한 시장이 다시 회복되어 손실이 이익으로 전환될 수 있는 기회가 남아 있다고 믿는다. 매몰비용 효과의 경우 트레이더로 하여금 미래 시장 동향에 대한 결정을 내리게 하는 것이 아니라 이미 지출한 비용 1,000달러를 허비하지 않을 수 있는 방법을 찾는 데 초점을 맞추게 한다. 따라서 신참 트레이더는 시장의 미래 동향에 대한 어떤 확신 때문이 아니라 1,000달러의 손실금을 그냥 날려버리고 싶지 않아서 현재 포지션을 그대로 유지하는 쪽을 선택한다. 그런데 가격이 더 떨어지고 손실액이 2,000달러로 불어나면 어떻게 할 것인가? 합리적인 사고를 하는 트레이더라면 당연히 이 시점에서 손절매(損切賣)*를 해야 한다. 포지션 진입 초기에 시장에 대해 어떤 가정을 했는지에 상관없이 이제 시장은 그 가정과 판단이 잘못됐다는 사실을 분명히 보여주

---

*손절매 앞으로 주가가 더 하락할 것으로 예상하여 손해를 감수하고 보유 주식을 매도하는 것 — 옮긴이

고 있다. 처음에 포지션 청산 한계로 정했던 그 지점에 벌써 한참 전에 도달했기 때문이다. 그런데 안타깝게도 이 두 가지 인지적 편향은 이 시점에서 더욱 강력한 힘을 발휘한다. 회피하고자 했던 손실 규모는 더욱 커지고 포지션 청산은 더욱 꺼려지는 상황에 놓이게 된다. 이러한 유형의 행동 패턴을 지닌 트레이더는 결국 가진 돈을 모두 잃거나 애초 계획했던 손실 규모의 세 배에서 다섯 배나 되는 손실 규모, 즉 계정의 30%에서 50%의 손실을 발생시키고서야 완전히 공황 상태에 빠진 채 울며 겨자 먹기로 포지션을 청산하는 지경에 이르게 된다.

나는 인터넷 열풍이 최고조에 달했던 시절에 실리콘밸리에서 근무한 적이 있고 이때 첨단기술업체 엔지니어와 마케터로 일하는 친구들을 많이 만났다. 이들 중에는 최근에 공개된 회사의 주식 수백만 달러어치에 대한 스톡옵션을 보유한 사람들이 있었다. 1999년 말부터 2000년 초까지는 이들이 보유한 주식의 가격이 하루가 다르게 오르는 모습을 흐뭇하게 지켜봤다. 그러다가 2000년에 주가가 하락하기 시작하자 나는 이들에게 주식을 파는 것이 좋겠다고 충고했다. 그런데 이들의 반응은 대체로 이랬다. "주가가 다시 X달러까지 오르면 그때 가서 팔 거야."

그러나 이들이 팔겠다고 내세운 가격 수준은 당시의 시장 가격을 훨씬 웃도는 수준이었다. 이렇게 나의 충고를 귓등으로 들었던 친구들 대부분은 애초 주가의 10분의 1, 심지어 100분의 1까지 떨어지는 모습을 눈물을 머금은 채 지켜봐야 했다. 가격이 떨어질수록 포지션을 청산하지 못하고 계속 기다리려는 성향은 더욱 강해진다. 이들은 아마 이렇게 말하며 자신의 행동을 정당화할 것이다. "벌써 200만 달러나 손실을 봤는데 앞으로 몇십만 달러 손실이 더 난다고 해서 무슨 대수겠는가?"

처분 효과는 가격이 오르고 있는 주식은 팔려고 하고, 가격이 하락한 주식은 보유하고 싶어하는 심리를 가리킨다. 혹자는 이것이 매몰비용 효과와 관련이 있다고 말한다. 이 두 가지 모두 이전에 한 결정이 옳지 않았다는 사실이 드러났는데도 그 사실을 인정하려 하지 않은 채 이전의 결정에 계속 발목이 잡혀 있는 사람들의 심리를 나타내기 때문이다. 이와 마찬가지로 이익을 빨리 확정시키고 싶어하는 경향은 손실을 피하고 싶다는 심리에서 비롯된다. 이러한 경향을 가진 트레이더는 이익을 낼 수 있는 거래에서 빠져나오는 시점을 너무 일찍 잡아버리기 때문에 손실 트레이딩에서 발생하는 많은 손실액을 메울 수가 없다.

결과 편향은 어떤 결정의 좋고 나쁨을 판단하는 데 어떤 시점에 어떻게 결정을 내렸는가가 아니라 그것이 가져온 결과를 기준으로 판단을 내리는 경향을 말한다. 우리네 인생은 불확실성으로 가득 차 있다. 리스크나 불확실성과 관련된 숱한 질문들에 대한 정답은 없다. 때문에 사람들은 스스로 합리적이라 생각되는 기준에 따라 판단을 내린다. 그 판단이 옳은 것으로 판명되는 일도 종종 있지만 예측 불가능한 상황 요소 때문에 바람직한 결과를 도출하지 못할 수도 있다.

결과 편향에 빠진 사람들은 의사결정 자체의 품질보다는 실제로 발생한 일에 훨씬 더 큰 비중을 둔다. 트레이딩의 경우 올바른 접근법이라 하더라도 이것이 손실 트레이딩으로 이어질 수 있고, 게다가 그러한 결과가 연속적으로 나타날 수도 있다. 이에 따라 트레이더는 자기 자신은 물론이고 자신의 의사결정 과정을 불신하게 되며, 결국 자신이 사용했던 접근법의 결과가 부정적이었다는 이유로 그 접근법 자체를 부정적으로 평가한다. 다음에 설명할 최신 편향은 이 문제를 더욱 심각하게 만든다.

최신 편향은 가장 최근의 자료와 정보를 더 중요시하는 경향을 말한다. 즉, 지난주 혹은 지난해에 이루어진 트레이딩보다는 어제 이루어진 트레이딩에 더 비중을 둔다. 같은 맥락에서 6개월 전의 이익 트레이딩보다는 2개월 전의 손실 트레이딩이 더 큰 비중을 차지한다. 따라서 최근에 이루어진 일련의 트레이딩 결과는 대다수 트레이더에게 트레이딩 방법과 의사결정 과정에 대한 판단 기준이 된다.

닻내리기는 불확실성과 관련하여 어떤 의사결정을 내려야 할 때 손쉽게 입수할 수 있는 정보에 의존하는 경향이다. 사람들은 최근 가격을 의식에 각인해놓고(닻내리기) 현재 가격이 이것과 어떤 관계가 있는지에 따라 의사결정을 한다. 인터넷 관련주를 보유하고 있던 나의 친구들이 보유 주식을 팔기 어려웠던 이유도 바로 여기에 있다. 이들은 최근의 고가를 의식하면서 현재 가격과 비교했다. 그 결과 현재 가격이 턱없이 낮아 보였던 것이다.

밴드왜건 효과는 다른 많은 사람들이 어떤 것을 믿는다는 이유로 자신도 똑같이 그것을 믿어버리는 현상을 말한다. 떼거리 효과[herd effect]라고도 한다. 거품 가격 막바지에도 가격 상승세가 영원히 멈추지 않을 것처럼 보이는 이유도 밴드왜건 효과와 무관하지 않다.

소수의 법칙에 매몰돼 있는 사람들은 소규모 표본이, 이 표본이 추출된 대상인 모집단과 유사하다고 믿는 경향이 있다. 소수의 법칙이라는 말은 통계학에서 말하는 '대수의 법칙'에서 따온 것이다. 대수의 법칙이란 모집단에서 추출한 표본의 크기가 클수록 그 표본이 모집단의 특성을 훨씬 잘 대표한다는 것이다. 대수의 법칙은 모든 여론조사의 근거가 된다. 모집단에서 무작위로 추출한 표본 500명이 2억 명 이상의 인구를 대표하기도 한다.

이와는 대조적으로 표본 크기가 아주 작으면 모집단을 제대로 대표할 수가 없다. 예를 들어 총 여섯 번 중에서 네 번을 성공한 트레이딩 전략이 있다면 이것이 정말 좋은 전략인지를 입증할 만한 통계학적 증거가 충분치 않다고 볼 수 있다. 그런데도 대다수 사람들은 그저 결과만 보고 매우 좋은 전략이라고 생각하게 된다.

어떤 뮤추얼펀드 매니저가 3년 연속으로 주가지수를 상회하는 실적을 올린다면 아마도 업계에서 이 사람은 영웅 대접을 받을 것이다. 그러나 단기간의 실적만으로는 장기간의 실적 전망치를 정확히 예측하기가 어렵다. 소수의 법칙에 사로잡혀 있는 사람들은 어떤 것을 과도하게 믿었다가도 그것에 대한 믿음 또한 너무 빨리 놓아버리는 경향이 강하다. 최신 편향 및 결과 편향과 함께 이 소수의 법칙까지 신봉하는 트레이더의 경우, 유효한 접근법을 갖고 있다 하더라도 그것이 효과를 발휘하기 전에 포기해버리기 쉽다.

인지적 편향은 트레이더에게 상당히 중요한 의미가 있다. 인지적 편향의 영향을 받지 않는 트레이더가 있다면 그에게는 큰돈을 벌 기회가 생기기 때문이다. 이후 장에서는 터틀 트레이딩 기법의 특성을 상세히 설명하는 한편 트레이딩에서 우위를 점할 수 있도록 위와 같은 다양한 인지적 편향들을 극복할 수 있는 방법을 제시할 것이다.

트레이딩 기법들

지금까지는 트레이더가 갖춰야 할 마음가짐에 대해 논했다. 이제부터는 효과적인 트레이딩 기법에 관해 살펴보도록 하겠다. 사람들마다 각기 선호하는 트레이딩 전략이랄까 트레이딩 스타일이라는 것이 있다. 실제로 일부 트레이더는 대다수 트레이더가 별로 신통치 않다고 생각하는 트레이딩 스타일을 지나치다 싶을 정도로 선호하기도 한다. 하지만 나는 그런 부류는 아니다. 대부분의 다른 사람들이 버린 카드를 끈질기게 붙잡는 것은 어리석은 행동이다. 그래서 여기서는 현재 가장 많이 사용되고 있는 트레이딩 기법 몇 가지를 소개하고자 한다. 그 가운데 첫 번째가 바로 추세추종 기법이다.

추세추종

추세추종trend following 기법을 활용하는 트레이더는 수개월 동안 주가 변동 추이를 지켜보면서 가격 변동이 클 때 이를 수익의 기회로 이용한다. 추세추종자들은 시장이 신고가 혹은 신저가를 기록할 때 트레이딩에 나서고 시장 추세가 반전되거나 몇 주 동안 추세가 그대로 유지될 때 시장에서 손을 털고 나온다.

트레이더들은 추세가 언제 시작됐고 또 언제 끝났는지를 정확하게 알아낼 수 있는 방법을 개발하는 데 많은 시간을 할애한다. 그런데 효율성이 인정된 접근법들 모두가 거의 동일한 특성을 지닌다. 추세추종 전략은 매우 뛰어난 성과, 특히 선물계약에 관한 한 꾸준히 좋은 성과를 냈었다. 하지만 몇 가지 이유 때문에 추세추종은 대다수 사람들이 일반적으로 사용하기에는 버거운 전략이기도 하다.

첫째, 눈에 띄게 큰 추세(대세)는 그리 자주 나타나는 것이 아니다. 일반적으로 추세추종 전략은 이익 트레이딩보다는 손실 트레이딩으로 귀결될 가능성이 더 크다. 전형적인 추세추종 시스템을 따를 경우 손실 트레이딩으로 이어질 확률이 약 65%에서 70%나 된다.

둘째, 추세 변동이 없을 때 손실을 보는 것 외에 추세가 반전될 때도 손실 트레이딩으로 이어진다. 터틀이나 다른 추세추종자들은 이를 두고 흔히 이렇게들 표현한다. "추세는 당신의 친구! 적어도 반전이 일어나기 전까지는 말이지." 추세 반전은 트레이더에게 금전적으로나 심적으로 치명상을 안겨주는 사건이 될 수 있다. 트레이더들은 이처럼 손실이 나는 기간을 자본감소drawdown 기간이라고 말한다. 자본감소 기간은 대개 한 추세가 끝난 후에 시작되지만 방향성이 없는 시장 상태가 수개월 동안 지속될 수도 있다. 따라서 이 기간 동안 추세추종 전략을 따른다면 손실 트레이딩이 계속된다.

일반적으로 자본감소의 규모는 그것이 계속되는 기간(일수 또는 월 수)과 하락폭(보통은 백분율로 표시됨)이라는 두 가지 수치로 나타난다. 원칙적으로 추세추종 시스템에서 자본감소는 수익률 수준에 근접한 정도로 상정할 수밖에 없다. 즉 연간 30%의 수익을 기대하는 추세추종 시스템에서는 어쨌든 정점에서의 계정 30%가 줄어드는 손실 기간이 올 것이라고 각오해야 한다.

셋째, 시장 진입 가격과 손절 가격(트레이딩 결과가 만족스럽지 않을 때 손을 털고 나가는 시점의 가격) 사이의 격차가 너무 큰 관계로 합리적인 수준의 리스크 한도를 사용하여 트레이딩을 해야 하기 때문에 추세추종 전략을 사용할 때는 비교적 많은 돈이 들어간다.

추세추종 전략을 사용하려 할 때 자금 규모가 너무 작으면 실패할 확률이 훨씬 높아진다. 이 문제는 8장 '리스크 및 자금 관리' 부분에서 중점적으로 다룰 예정이다.

역추세

역추세countertrend 기법은 추세추종과 반대되는 전략으로서 시장이 현 추세를 거스를 때 기회를 포착하는 접근법이다. 역추세 기법을 사용하는 트레이더는 대부분의 신고가 돌파 상황이 추세 형성과는 무관하다고 전제한다. 그래서 신고가가 형성됐을 때 매수를 하는 것이 아니라 그 신고가에 근접한 가격 수준에서 공매도를 한다. 역추세 트레이딩의 수익원이라 할 수 있는 시장 기제, 즉 지지와 저항 부분에 관해서는 6장에서 보다 자세히 살펴볼 것이다.

스윙 트레이딩

스윙swing 트레이딩은 단기간의 가격 변동을 노린다는 점을 제외하고는 추세추종과 본질적으로 동일하다. 일반적으로 스윙 트레이딩은 몇 개월이 아니라 보통 3~4일 단위로 이루어진다. 스윙 트레이딩을 주로 하는 트레이더는 상승이든 하락이든 간에 단기적으로 볼 때 가격 변동이 커질 가능성이 높은 데서 수익의 기회를 노린다.

스윙 트레이더는 단기 차트를 활용하는 경향이 있는데 이 차트는 5분, 15분 혹은 1시간 단위로 가격 봉이 표시된다. 이와 같은 초단기 봉차트상에서의 3일 혹은 4일간의 가격 변동 추세는 일일 봉차트상에서 3개월 혹은 6개월의 가격 변동 추세와 거의 동일한 의미를 지닌다.

데이 트레이딩

데이day 트레이딩은 트레이딩의 한 유형이라기보다는 초단기 트레이딩을 통칭하는 용어라고 보는 편이 더 적합하다. 진정한 데이 트레이더는 당일 중으로 트레이딩을 마쳐 포지션을 취하지 않은 상태로 장을 마감한다. 이렇게 하면 밤사이 등장한 새로운 소식으로 인해 추세가 급반전하는 데서 오는 리스크를 떠안지 않을 수 있다.

일반적으로 데이 트레이더는 포지션 트레이딩, 스캘핑scalping, 차익거래 등 세 가지 트레이딩 스타일 가운데 하나를 사용한다. 대체로 추세추종이나 역추세 기법과 같은 트레이딩 스타일을 채택하지만 그 기간이 매우 짧다는 특징이 있다. 트레이딩이 며칠 혹은 몇 달이 아니라 몇 시간 단위로 이루어진다.

스캘핑은 한때 상품거래소의 장내 트레이더가 전문적으로 사용했던 트레이딩 방식이다. 스캘퍼는 스프레드, 즉 매수호가와 매도호가의 차익을 노리는 트레이더다. 예를 들어 금의 매수호가가 550달러이고 매도호가가 551달러라면 스캘퍼는 550달러에 사서 551달러에 매도하려고 할 것이다. 스캘퍼는 호가상의 차익을 노리고 매수와 매도를 함으로써 유동성을 창출하는 역할을 한다.

차익거래는 동일한 시장 내 혹은 성격이 유사한 시장 간의 가격 차이를 이용하는 트레이딩 유형이다. 서로 다른 거래소에서 트레이딩이 이루어지는 일도 종종 있다. 예를 들어 차익거래자는 초단기적 가격 차이를 노려 뉴욕상품거래소에서 550달러에 금을 매입한 후 시카고

상품거래소 글로벡스*를 통해 555달러에 매도한다.

🌀 추세와 변동성으로 보는 시장 상태

이상 소개한 각 전략들마다 특히 잘 먹히는 시점이라든가 상황이 있다. 즉, 시장의 가격 변동 추이가 특정한 방향으로 진행되는 경우나 시장의 특정 상태에서 특정 전략이 더 잘 먹히는 경우가 있다.

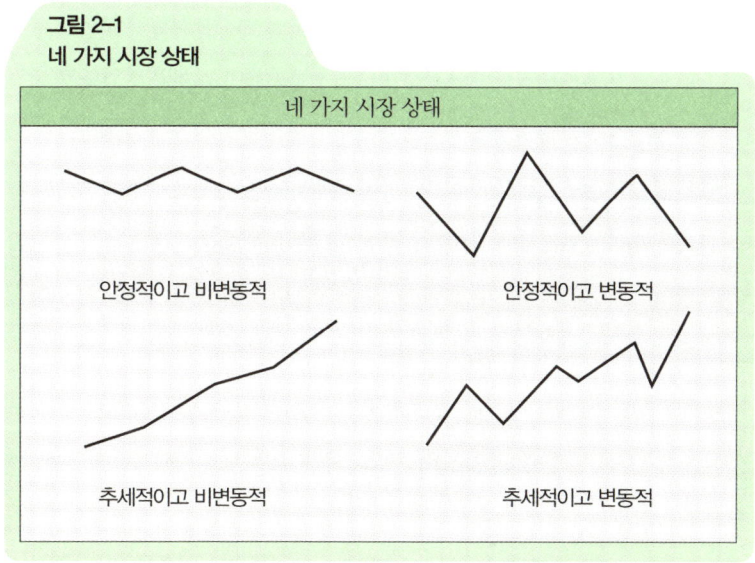

그림 2-1
네 가지 시장 상태

*글로벡스 온라인 트레이딩 시스템-옮긴이

그림 2-1에서 볼 수 있는 바와 같이 투기적 시장은 다음과 같은 네 가지 상태가 있다.

> **안정적이고 비변동적** 가격이 비교적 작은 범위 내에서 움직이고, 가격 변동폭을 거의 벗어나지 않는다.
> **안정적이고 변동적** 일일 혹은 주 단위로는 가격 변동이 있으나 몇 개월을 단위로 했을 때는 가격 변동폭이 크지 않은 상태를 말한다.
> **추세적이고 비변동적** 몇 개월을 단위로 했을 때 천천히 가격이 변동하는 경향이 있고 급작스런 추세 반전이나 심각한 수준의 가격 되돌림 현상이 존재하지 않는다.
> **추세적이고 변동적** 특정 방향으로 향하는 큰 가격 움직임이 보이는 동시에 단기적 추세 반전이 발생하여 가격 변동폭이 크게 나타난다.

추세추종자들은 추세적이며 비변동적인 시장을 선호하는데 가격이 반대방향으로 크게 움직이지 않기 때문에 돈을 벌 수 있다. 이러한 시장 유형의 경우 트레이딩 기간 동안 이익이 손실로 전환되는 일이 드물기 때문에 비교적 장기간 트레이딩 포지션을 유지하기가 쉽다. 이들이 가장 꺼리는 시장은 변동폭이 큰 시장이다. 오랫동안 특정 포지션을 유지하기가 어려워지며 며칠 혹은 몇 주 만에 이익이 사라져 버릴 수도 있다.

역추세 전략을 구사하는 트레이더는 안정적이고 변동적인 시장을 좋아한다. 이러한 유형의 시장은 비교적 가격 변동폭은 크지만 변동 범위는 그다지 넓지가 않다. 스윙 트레이더는 추세적이든 아니든 상관없이 변동적인 시장을 선호한다. 이들은 단기적 가격 변동에서 이익을 내는 부류이므로 변동적인 시장에서 더 많은 기회를 포착할 수 있다. 단기적 가격 변동이야말로 변동적 시장의 대표적인 특성이다.

현재 시장이 앞의 네 가지 중 어떤 상태에 있는지를 알아내는 일은 어렵지 않지만 추세와 변동성의 정도는 때에 따라 다르게 나타난다. 다시 말해 동시에 두 가지 시장 상태를 나타내는 경우도 많다는 말이다. 한 가지 시장의 특성이 나타나는 듯했지만 다른 특성의 모습을 드러내기도 한다. 예를 들어 처음에는 추세적이며 비변동적인 상태였다가 추세가 점점 진행되면서 변동성이 증가하는 경우가 있다. 이때 추세적이고 비변동적인 시장에서 추세적이고 변동적인 시장으로 전환되면서 가격 변동이 생기는 것이다.

터틀은 절대 시장 추세의 방향을 예측하려고 하지는 않는다. 다만 시장이 특정 상태에 있을 때 그것이 의미하는 것이 무엇인지를 찾아내려 할 뿐이다. 이는 매우 중요한 개념이다. 훌륭한 트레이더는 시장이 앞으로 어떻게 될지를 예측하려 하지 않는다. 대신 현 시장의 상태가 의미하는 것이 무엇인지에 관심을 갖는다.

WAY of the TURTLE

2주간에 걸친 훈련 과정이 끝나자 훈련생들은 모두 실전 트레이딩에 나서고 싶어 안달이 날 지경이었다. 새해 연휴를 즐기고 나서 다시 시카고로 돌아온 훈련생들에게 책상이 하나씩 배정됐다. 사무실은 잭슨 대로에 있는 시카고상품거래소 바로 옆 보험상품거래소 건물에 마련됐다. 책상은 모두 여섯 쌍으로 배열돼 있었고 각 책상은 약 180센티미터 높이의 칸막이로 구분됐다. 훈련생은 각기 자신이 사용할 책상을 선택할 수 있었다. 다시 말해 옆자리에 앉을 동료를 선택할 수 있다는 의미였다. 그리고 각 책상마다 전용 전화기가 한 대씩 비치됐다.

chapter 03

처음 200만 달러를 벌기가 가장 어렵다

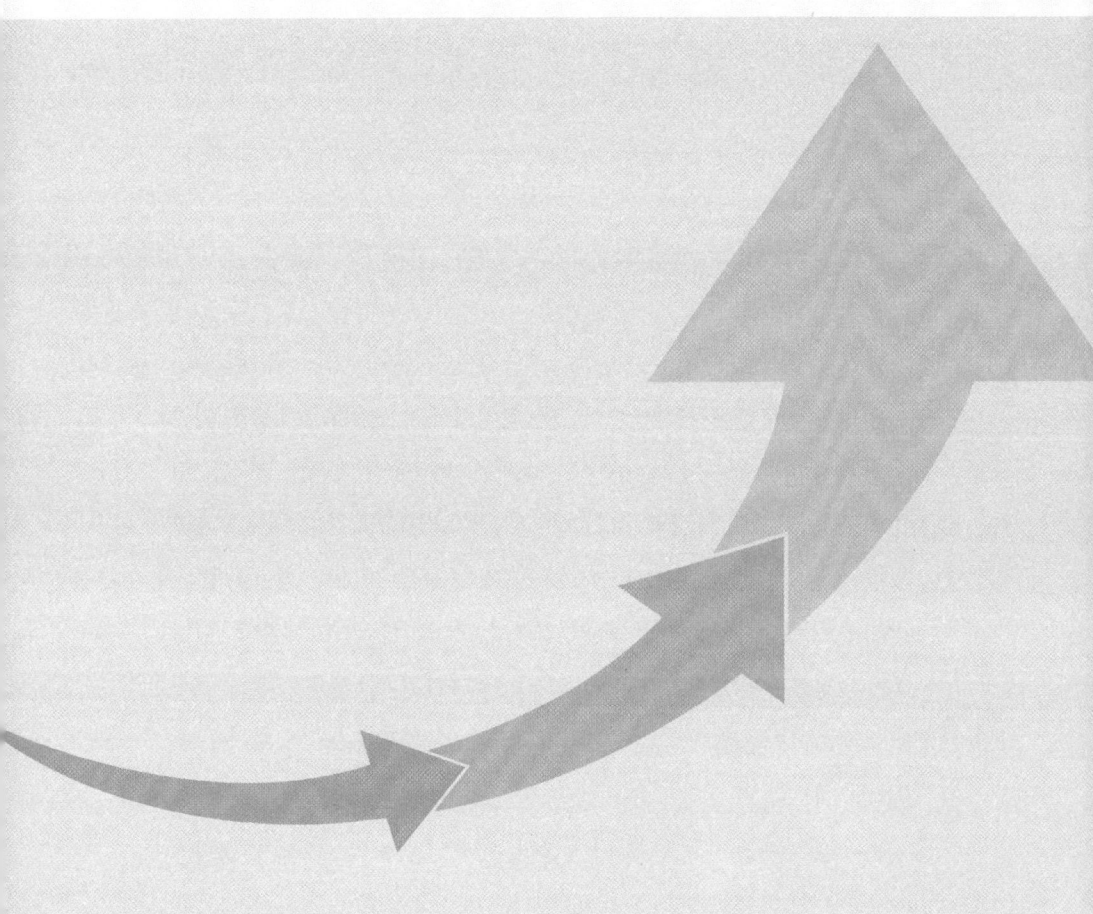

제3장
처음 200만 달러를 벌기가 가장 어렵다

자신에게 유리한 트레이딩을 하고, 리스크를 관리하고, 일관성과 단순성을 유지하라. 터틀 훈련의 핵심이자 성공 트레이딩의 기초는 이 원칙들로 깔끔하게 정리된다.

터틀 훈련은 시카고상품거래소CBOT에서 두 블록 정도 떨어져 있는 유니언리그 클럽Union League Club 내 회의실에서 진행됐다. 처음 이곳에 발을 들여놓던 그 순간부터 여러 가지 모순된 상황에 어리둥절한 기분이었다. 예를 들자면 이런 것이다. 유니언리그 클럽에는 고유한 복장 규정이 있었기 때문에 이곳에 올 때는 항상 재킷을 걸쳐야 했다. 그런데 이러한 방식은 데니스의 성격과 전혀 어울리지 않았다. 데니스는 특정한 복장 규정 따위를 요구하는 사람이 아니었다. 우리가 어떻게 해서 이 특별한 공간에 자리 잡게 된 건지는 잘 모르겠으나 훈련 장소로 이보다 안 어울리는 곳은 아마 없을 것이다.

유니언리그 클럽은 전형적인 남성 사교 클럽이다. 초창기 회원에는 육가공업자 필립 댄포스 아머Philip Danforth Armour와 초호화 침대차를 개발한 조지 풀만George Pullman 그리고 마셜 필드Marshall Field와 존 디어John Deere 등 시카고 지역의 유명 인사들이 다수 포함돼 있다. 담배 연기 자욱한 공간을 한번 그려보라. 그곳이 바로 유니언리그 클럽의 모습이었다. 뭔가 통제된 듯한 시앤디 커머더티스 사무실과는 거리가 멀어도 한참 먼 분위기였다.

1기 터틀 훈련생은 총 열세 명으로 구성돼 있었다. 이 가운데 남자가 열한 명이고 여자가 두 명이었다. 훈련생 대다수가 트레이딩 경험이 있었지만 경험이 전혀 없는 완전 초보자도 여럿 있었으며, 훈련생 가운데 내가 가장 어렸다. 20대 중반쯤으로 보이는 훈련생이 두 명 있었지만 대부분이 30대였던 것으로 기억한다. 당시 나의 나이는 열아홉 살에 불과했지만 훈련생 전원이 동료로 느껴졌고 나이나 경험 측면에서 한참 위였던 다른 훈련생들도 나를 만만히 보고 무시하거나 하는 행동은 절대 하지 않았다.

우리가 이곳에서 어떤 훈련을 받았는지를 상세히 설명하기 전에 우선 나 자신에 관한 이야기부터 몇 가지 하고 넘어가는 편이 좋을 듯하다. 이렇게 하면 나의 성격이나 관점이 터틀 훈련 과정에 어떤 영향을 미쳤는지를 독자들이 이해하는 데 도움이 될 것이다.

나는 개념을 단순하게 정리하는 것을 좋아하고 문제의 본질 혹은 핵심을 간파하는 데 능한 편이다. 그래서 훈련 기간 내내 강의 내용을 일일이 필기할 필요가 없었다. 강사가 하는 이야기를 들으면서 핵심만 쏙쏙 뽑아 기억했기 때문이다.

나는 강사가 무슨 말을 하는지 그리고 왜 그런 말을 하는지를 이해하려고 노력했다. 트레이딩 실습 첫 달에 매우 좋은 실적을 올릴 수 있었던 것도 데니스의 강의 내용 중에서 핵심적 개념을 골라낼 수 있는 능력이 있었기 때문이라고 생각한다.

터틀 훈련을 시작하다

데니스와 에크하르트가 강사로 나섰는데 이들의 혁신적 관점이 처음부터 나의 마음을 사로잡았다. 이 두 사람은 시장 자체를 상당히 과학적인 관점에서 접근했고 이들의 성공은 시장 원리를 정확히 간파한 데서 비롯된 듯싶었다. 데니스와 에크하르트는 직감에 의지하는 사람들이 아니었다. 이들의 방법론은 실험과 조사에 기초를 둔 것이었다. 일화적 증거에 의존하지 않고 통계적 분석을 토대로 어떤 접근법이 먹히는지 또 안 먹히는지를 판단했다. 이와 같은 과학적 접근 방식 덕분에 이 두 사람의 성공에 절대적인 역할을 했던 특별한 트레이딩 기법에 대한 확신이 굳어진 것이라고도 볼 수 있겠다. (이 부분에 대한 확신이 있었기에 일단의 풋내기 트레이더를 훈련시킨다는 모험적 시도에 큰돈을 걸 수 있었던 것이리라.)

두 사람은 우리 훈련생들에게 맨 먼저 게임과 확률 이론의 기초를 가르쳤다. 나는 고등학교 때 확률과 통계를 배운 적이 있기 때문에 이 부분이 그렇게 어렵지는 않았다. 자금 관리의 수학적 기초, 파산 확률, 기댓값 등의 개념으로 도박에서 자주 사용되는 것들이다. 터틀 가운데는 프로 도박사도 끼어 있었는데 이들에게는 매우 익숙한 개념들이었다. 이 부분에 관해서는 이후 장에서 더 자세히 다룰 예정이다.

여기서는 터틀 훈련 시간에 배웠던 내용을 간단히 소개하는 선에서 그치도록 하겠다.

파산 확률에 대한 고려

인터넷을 통해 파산 확률risk of ruin을 검색해보면 도박이나 블랙잭과 연관된 용어들이 많이 나온다. 이 개념 자체가 트레이딩보다는 도박에서 더 자주 사용되기 때문이다. 하지만 트레이더들도 특정 시점에 특정 시장에서 몇 개의 계약 혹은 몇 주의 주식을 트레이딩해야 하는지를 결정할 때 반드시 고려해야 할 개념이다.

도박에서 파산 확률이란 연속적인 손실로 인해 가지고 있던 돈이 바닥날 확률을 의미한다. 예를 들어 주사위를 한 번 굴릴 때마다 1달러씩 베팅하는데 4, 5, 6이 나오면 베팅 금액에 2달러를 더해 받게 된다고 하자. 물론 4, 5, 6이 나오지 않으면 베팅 금액을 잃게 된다.

유리한 게임이기 때문에 아마도 가능한 한 많은 돈을 걸려고 할 것이다. 주사위의 면은 모두 6개이므로 4, 5, 6이 나올 확률은 50%다. 이 가운데 하나만 나오면 1달러당 2달러가 추가로 지불될 것이다. 50%의 확률이라면 주사위를 총 4회 굴렸을 때 2회는 돈을 따고 2회는 돈을 잃는다는 의미다. 주사위를 굴릴 때마다 100달러를 베팅한다고 하자. 이때 2회는 이기고 2회는 진다면 총 4회 시도에서의 순이익은 200달러가 된다(+200+200-100-100).

현재 1,000달러를 가지고 있다고 하면 베팅 액수를 얼마로 해야 할까? 1,000달러? 500달러? 아니면 100달러? 게임이 자신에게 유리하더라도 돈을 몽땅 잃을 가능성은 여전히 남아 있기 때문에 이 부분이 문제가 된다. 베팅 액수가 너무 컸는데 여러 번 연속해서 진다면 가진 돈 전부를 잃어 더 이상 그 게임에 참가할 수 없는 지경에까지 이를 수 있다. 500달러를 베팅했는데 연속으로 두 번 지게 되면 자금이 바닥나는 상황이 된다. 처음에 주사위를 2회 굴렸을 때 연속해서 두 번 질 확률은 25%다. 따라서 500달러를 베팅한다면 단 2회의 시도에서 파산 확률은 25%가 된다.

파산 확률 개념에서 가장 중요한 부분은 베팅 규모가 커질수록 이 확률이 기하급수적으로 증가한다는 점이다. 베팅 규모가 2배로 증가한다고 파산 확률 역시 2배로 증가하는 것이 아니라 접근법에 따라 3배, 4배 혹은 5배까지 늘어날 수 있다.

과학적인 리스크 관리의 중요성

트레이딩을 하다 보면 시장 경기가 좋지 않을 때가 반드시 있게 마련이다. 자금 관리 money management 란 이러한 시기에도 꾸준히 트레이딩에 임할 수 있도록 시장 리스크의 크기를 관리하는 것을 의미한다. 자금 관리는 수익 가능성은 최대한 높이는 한편 파산 확률이 수용 가능한 수준을 넘지 않도록 하기 위한 과학적 접근법이라고 할 수 있다.

터틀은 두 가지 접근법을 사용하여 자금을 관리했다. 첫째, 포지션을 작은 단위로 나누어 운용했다. 데니스와 에크하르트는 이 포지션

조각을 포지션 단위unit라고 명명했다. 이런 방법을 사용하면 손실 트레이딩이 됐을 때에도 전체 포지션의 일정 부분에 대해서만 손실을 보면 된다.

둘째는 각 시장에 적절한 포지션 규모를 결정하는 것이었는데 터틀은 여기서 데니스와 에크하르트가 고안한 혁신적인 방법을 사용했다. 이 방법은 매일 시장의 상하 움직임을 기준으로 한다. 두 사람은 각 상품의 움직임에 따라 금액 기준으로 거의 동일한 액수가 되도록 시장별로 계약의 수를 결정했다. 그들은 이 변동성 지표를 N이라 불렀는데(이후 설명) 지금은 평균 실질가격변동폭ATR; Average True Range이 더 일반적인 용어가 됐다. ATR은 웰레스 와일더J. Welles Wilder가 자신의 저서 『기술적 트레이딩 시스템의 새로운 개념New Concepts in Technical Trading Systems』에서 처음 사용했다.

우리들이 각 시장에서 트레이딩한 계약의 수는 변동성 지표 N에 따라 조정됐기 때문에 어떤 트레이딩이든 간에 일일 가격 변동량이 모두 유사해지는 경향이 있었다. 포지션 규모를 변동성 지표로 조정한다는 개념에 대해서 이러저러한 출간물이 있는데 그중 가장 유명한 것이 1998년에 출판된 반 타프의 저서 『경제적 자유를 위한 나만의 트레이딩 기법』이다(매우 혁신적이라는 평가를 받았으며, 2007년도에 이 책의 제2 개정판이 출간됐다). 터틀로서 훈련을 받던 1983년 당시에는 대다수 트레이더들이 주관적인 준거 혹은 증권회사의 증거금margin requirement을 기준으로 포지션 크기를 조정하는 수준이었다.

터틀의 우위성

터틀 훈련생 가운데 몇몇은 트레이딩 경험이 전혀 없었기 때문에 주문을 내는 방법이라든가 트레이딩의 전반적 기제를 이해하는 데 시간이 많이 걸렸다. 데니스가 훈련생에게 약속한 투자 계정의 자금 규모가 워낙 크다 보니 경험이 있는 트레이더라 해도 반드시 새겨들어야 할 중요한 개념들이 있었고 데니스와 에크하르트는 이러한 개념들도 함께 설명해주었다. 우선 트레이딩 계정의 규모가 크다는 사실 자체에 트레이딩을 어렵게 하는 요소가 내포돼 있다. 주문의 크기가 시장 변동의 원인이 되어 트레이딩 비용을 상승시키는 결과를 낳을 수 있기 때문이다. 그렇기 때문에 이를 최소화하기 위해서는 주문을 효과적으로 관리하는 것이 중요하다.

터틀은 당시 일반적으로 통용되던 시장가 주문market order이 아니라 지정가 주문limit order 방식을 이용하여 매수하는 방법을 배웠다. 매수를 성사시키는 것이 가장 큰 목적인 시장가 주문은 수량은 지정하되 가격을 지정하지 않음으로써 시장에 접수된 시점에서 매수 가능한 가장 유리한 가격에 매매가 성립된다. 때문에 대량 시장가 주문은 필연적으로 가격 상승을 유발하게 마련이다. 지정가 주문은 특정한 가격 혹은 그 이상의 가격으로 매수할 것을 지시하는 주문이다. 예를 들어 금을 사려고 하는데 현재 금 가격이 540이고 앞선 10분 동안 538과 542 사이에서 가격이 변동했다면 '지정가 539'에 금을 매수하는 주문을 낼 수 있다. 만약 지정가가 아니라 시장가로 주문을 냈다면 이보다 높은 541 혹은 542 가격에 체결됐을 가능성이 높다. 당장은 미미해

보이지만 시간이 흐르면 이 작은 차이가 눈덩이처럼 커지는 법이다.

우리 터틀은 장기적인 관점에서 트레이딩에 임하는 방법을 배웠고 또 우리에게 유리한 트레이딩 시스템까지 사용할 수 있었다. 이것이야말로 터틀 트레이딩 기법의 가장 중요한 요소이자 이익을 내는 트레이더와 손실을 내는 트레이더의 결정적인 차이라고 할 수 있다.

특정 트레이딩 기법이 장기적으로 효과를 나타낸다는 것은 도박에서 우세한 입장에 있다는 것과 같은 의미다. 또한 이것은 상대방에 비해 체계적으로 이점을 지닌다는 것을 나타낸다. 카지노와 손님(플레이어)을 놓고 볼 때 거의 카지노 측에 유리하게 돼 있다. 물론 일부 게임의 경우 플레이어가 유리한 경우도 있기는 하다. 블랙잭의 경우 아주 노련한 플레이어가 로우 카드가 계속 나온다는 사실을 눈치 채는 순간 카지노에 대해 일시적으로 우위를 점할 수 있다.

로우 카드가 계속 나온다는 것은 남아 있는 카드에서 뽑은 것이 하이 카드일 확률이 높다는 의미다. 카드의 숫자 조합이 21을 넘으면 딜러(카지노)가 지는 것이기 때문에 카드 덱에 하이 카드가 많이 남아 있다면 여기서 하나를 뽑았을 때 딜러가 패할 확률이 더 높아진다. 따라서 경험이 많은 플레이어는 딜러가 우위를 점하고 있는 동안에는 소액을 베팅하는 노련함을 보인다. 그러면서 자신이 유리해지는 순간이 올 때까지 기다린다. 그리고 그 순간이 오면 고액을 베팅하는 것으로 딜러를 압박한다. 말하자면 플레이어로서는 상황을 봐가며 계속해서 최소액을 베팅하다가 자신에게 유리한 시점이 왔을 때 갑자기 최고액을 베팅하는 것이 딜러를 이기는 가장 확실한 방법인 것이다.

하지만 실전에서는 플레이어가 딜러를 이기는 것이 말처럼 쉽지는 않다. 유명한 도박사들 가운데 팀을 꾸려 움직이는 사람들이 많은 이유가 바로 여기에 있다. 팀원 가운데 한 명이 딜러와 게임을 하는 동안 다른 팀원이 나서서 딜러를 이길 수 있는 확률이 높아지는 시점이 언제인지를 알려준다. 그러다 또 다른 팀원이 새로운 플레이어로 등장하여 처음부터 훨씬 높은 수준에서 베팅을 시작한다. 그리고 게임이 끝난 후에 팀원들끼리 정산을 하여 각자의 몫을 챙긴다. 이처럼 전문 도박사들은 승산이 있는 게임 시스템을 보유하고 있기 때문에 이길 수 있는 것이다.

데니스와 에크하르트한테서 배운 또 한 가지는 기댓값이라는 개념이다. 이로써 터틀 트레이딩 전략을 사용하는 동안 설사 손실이 발생하는 시기가 있더라도 이에 굴하지 않고 꿋꿋이 그 전략을 밀고 나가는 데 필요한 이론적 토대가 확실히 마련된 셈이다. 훈련 기간 동안 우리가 알게 된 트레이딩 시스템은 당시 시장에서 사용되던 타 시스템과 비교할 때 월등히 우위를 점하고 있었다. 이 또한 결과 편향을 피할 수 있는 이론적 토대가 돼주었다.

이 시점에서 결과 편향을 상기해볼 필요가 있다. 이미 언급한 바와 같이 결과 편향이란 의사결정을 내릴 당시 결정의 질보다 결과에 치중하는 경향을 말한다. 훈련 과정에서 우리는 결과 편향을 피하기 위한 훈련을 철저히 받았다. 요컨대 특정한 트레이딩의 개별적 결과들은 무시하고 트레이딩의 기댓값에 초점을 맞추려고 했다.

기댓값과 장기적 성공에 대한 확신

기댓값이라는 용어 역시 도박 이론에서 파생된 개념이며 '특정 행위를 계속했을 때 어떤 결과가 나타나는지를 수량화하여 이를 하나의 수치로 표시한 것'이라고 보면 된다. 양(+)의 기댓값을 갖는다는 것은 이길 가능성이 있다는 의미다. 앞서 예로 든 블랙잭처럼 플레이어가 카드 카운팅을 하는 게임은 양의 기댓값을 갖는 게임이다. 한편 카지노 측이 유리하고 게임이 진행될수록 플레이어가 질 확률이 높은 룰렛이나 크랩은 기댓값이 음(−)인 게임에 해당한다.

카지노 소유자들은 기댓값 개념을 정확히 이해하고 있다. 단 몇 퍼센트 포인트일지라도 카지노 측이 양의 기댓값을 갖는 게임을 손님들에게 제공해야 자신들이 큰돈을 벌 가능성이 높아진다는 사실도 잘 알고 있다. 당장은 손실을 볼지 몰라도 손님들이 많이 붙을수록 그리고 게임의 횟수가 늘어갈수록 카지노 측에 유리해진다는 사실을 말이다. 그렇기 때문에 카지노 소유자들은 처음에 얼마간 손실이 발생하더라도 별로 신경을 쓰지 않는다. 이때 발생하는 손실은 손님들을 더 많이 끌어 모으기 위한 하나의 밑밥 역할을 한다. 손실은 일종의 영업비용이라고 할 수 있으며 장기적으로 보면 결국 유리한 쪽은 카지노 측이라는 사실 또한 이들은 너무도 잘 알고 있다.

터틀 트레이딩을 신뢰하는 사람들이 손실을 바라보는 태도와 카지노 소유자들이 손실을 바라보는 태도는 본질적으로 동일하다. 즉, 터틀은 트레이딩에서 발생한 손실을 트레이딩의 잘못이라거나 판단 착오에서 온 결과라고 보기보다는 일종의 영업비용 관점에서 이해한다.

손실을 이처럼 덤덤하게 받아들일 수 있으려면 손실을 발생시킨 그 방법이 장기적으로는 자신에게 이득이 될 것이라는 사실에 대한 확신이 있어야 한다. 같은 맥락에서 터틀은 양의 기댓값을 갖는 트레이딩이 장기적으로 성공을 거둘 것이라는 사실을 확실히 믿고 있었다.

데니스와 에크하르트의 설명을 빌자면 어떤 시스템의 기댓값이 0.2라고 하면 이 시스템을 기반으로 한 트레이딩에서 궁극적으로 1달러당 20센트의 수익을 낼 수 있다는 의미가 된다. 트레이딩 시스템의 기댓값은 해당 시스템의 과거 트레이딩 실적을 분석하여 결정하는데 트레이딩당 평균 수익(달러)을 평균 리스크의 크기로 나누어 계산한다. 여기서 리스크의 크기는 진입 가격과 손절매를 해야 하는 가격의 차이에 트레이딩한 계약의 수를 곱한 후, 여기에 계약의 규모를 곱하여 계산한다.

금 트레이딩을 예로 들어 리스크의 크기를 측정하는 방법을 설명하자면 다음과 같다. 350달러에 10계약을 매입했고 손절 가격은 320달러이며 총 계약의 규모는 100온스라고 하자. 두 가격의 차이인 30달러에 계약의 수(포지션 크기) 10을 곱한 다음 계약 규모 100온스를 곱하면 3만 달러가 나온다. 이것이 바로 우리가 구하고자 하는 리스크의 크기다.

우리는 이러한 트레이딩 접근법을 사용했을 때 발생할 수 있는 손실 부분은 무시하고 오직 이 접근법의 장기적 결과에 대해서만 초점을 맞추도록 훈련을 받았다. 실제로 우리는 일정 기간 손실 트레이딩이라는 쓴맛을 보고 난 연후에야 비로소 이익 트레이딩의 단맛을 볼 수 있다는 사실을 배웠다. 이와 같은 훈련은 성공 가능성을 높여준다는 측면에서도 그렇고 비록 손실이 나더라도 이에 굴하지 않고 자신이 믿고 있는 시스템과 트레이딩 규칙에 따라 묵묵히 트레이딩에 임하는 능력을 배양하는 데도 중요한 역할을 한다.

터틀 마인드

- 장기적인 안목을 가지고 트레이딩에 임하라.
- 결과 편향을 피하라.
- 양의 기댓값을 갖는 트레이딩의 효과를 신뢰하라.

 터틀 방식 트레이딩

추세란 몇 주 혹은 몇 달간 지속성을 나타내는 가격 움직임을 말한다. 추세추종의 기본 논리는 가격 상승 추세가 시작되자마자 매수하고 그 추세가 끝나자마자 매도한다는 것이다. 일반적으로 시장은 상승, 하락, 횡보 등 크게 세 가지 유형의 추세를 형성한다. 터틀은 시장이 횡보세에서 상승 추세를 형성할 때 매수를 하고 각 추세가 종료되고 나서, 즉 상승 혹은 하락 추세에서 다시 횡보세로 바뀐 후에 다시 하락 추세가 시작될 때 공매도를 해야 한다고 배웠다.

나는 터틀 트레이딩 '비법'에 관한 이런저런 말들이 오가고 심지어 이 비법을 전수한답시고 소정의 수수료까지 받아 챙기는 사람들까지 등장하는 광경을 보면서 내심 우습기도 하고 어이없다는 생각이 절로 들곤 했다. 사실 우리가 사용했던 특정한 규칙이나 비법들은 터틀의 성공담에서 그다지 큰 비중을 차지하지 않는다. 우리가 사용했던 추세추종 기법만 해도 그렇다. 같은 추세추종의 범주에 속해 있으면서 터틀의 추세추종 기법에 버금가는 효과를 내는 것들도 많이 있고 개중에는 우리가 사용했던 것보다 훨씬 좋은 기법들도 분명 있을 것이다. 사실 우리가 그 시스템을 사용했던 당시에는 그 방법이 세상에 더 잘 알려져 있었던 것뿐이다.

트레이딩 비법이랄까 터틀의 성공 비결은 다름 아니라 이미 잘 알려져 있어서 꽤 오랫동안 사용해왔던 트레이딩 규칙이나 개념 속에 모두 들어 있다. 다만 터틀은 그것들을 '일관되게, 꾸준히' 따랐다는 사실이다.

우리가 주로 사용했던 개념이 바로 '돌파'였다. 돌파는 리처드 돈키언Richard Donchian이 트레이딩 기법에 사용하면서 널리 알려진 개념으로서 돈키언의 이름을 따서 '돈키언 채널 돌파'라고도 한다. 기본 논리는 특정한 기간 동안 가격이 최고가를 경신할 때, 즉 이전의 가격 수준이 돌파될 때 매수에 나서라는 것이다.

고점과 저점을 결정하는 기간으로는 시스템 1과 시스템 2 등 두 가지 유형이 있다. 이 중 시스템 1은 중기 시스템으로 20일(4주)을 기준으로 하고 시스템 2는 이보다 기간이 좀더 긴 시스템으로 60일(12주)을 기준으로 한다. 매일 시장이 마감되는 시점에 각 시스템의 최고가와 최저가를 결정하는데, 그날의 가격 추이를 보면서 고점으로 보이는 가격 한두 가지를 골라내는 정도의 작업이라고 보면 된다. 고점은 대개 일정 기간 그대로 유지되며 이럴 때는 행동에 나설 이유가 없다.

각 시스템의 포지션 청산 유형으로는 크게 두 가지가 있다. 첫 번째가 바로 손절에 의한 청산이다. 진입 가격으로부터 최대 2N(여기서 N은 가격 변동성 지표로서 ATR을 의미함)의 이격이 있는 지점에 이르면 손실을 감수하고 포지션을 청산한다. 2N은 또한 계정 총액의 2%와 같다. 왜냐하면 터틀은 각 시장별로 트레이딩할 계약의 수를 N을 기준으로 결정하기 때문이다. 즉, 두 번째 청산 방법은 ATR이 자본계정의 2% 수준에 다다랐을 때다.

터틀 훈련 과정에서 배운 내용은 크게 네 가지로 정리할 수 있다.

1. **승산이 있는 트레이딩에 임하라** 양의 기댓값을 지니고 있어 장기적 관점에서 수익을 낼 수 있는 트레이딩 전략을 찾아내야 한다.
2. **리스크를 관리하라** 계속해서 트레이딩에 참여할 수 있도록 리스크를 관리해야 한다. 그렇지 않으면 양의 기댓값을 갖는 시스템의 이점을 온전히 누릴 수 없다.
3. **일관성 있는 태도를 유지하라** 양의 기댓값이 실현될 수 있도록 자신의 시스템을 일관되게 실행해야 한다.
4. **단순성에 초점을 맞춰라** 터틀 트레이딩의 핵심은 바로 단순성이다. 즉, 모든 추세를 놓치지 말라는 것이다. 이렇게만 한다면 단 두 차례 혹은 세 차례의 트레이딩만으로도 게임이 끝날 수 있다. 물론 트레이더에게 승리를 안기며 말이다. 그러므로 눈앞의 추세를 놓쳐서는 안 된다. 그렇지 않으면 손실만 안은 채 한 해의 투자 농사를 완전히 망칠지도 모른다. 물론 아주 단순한 개념이라 머리로 이해하기는 쉽지만 실천하기는 어렵다.

다음에 이어지는 트레이딩 실전에서 확인할 수 있겠지만 이 가운데 뒤의 두 항목이 가장 중요하다. 사실 처음 트레이딩에 나설 때 우리가 사용하는 접근법의 세부적인 내용은 그다지 중요하지 않았다. 이보다는 오히려 추세를 놓치지 않으면서 일관성 있게 트레이딩 작업에 임하는 것이 훨씬 중요했다. 그런데도 막상 실제로 돈이 오가는 실전에서는 이 단순한 사실을 망각하기 일쑤였다.

실전 트레이딩에 투입되다

2주간에 걸친 훈련 과정이 끝나자 훈련생들은 모두 실전 트레이딩에 나서고 싶어 안달이 날 지경이었다. 새해 연휴를 즐기고 나서 다시 시카고로 돌아온 훈련생들에게 책상이 하나씩 배정됐다. 사무실은 잭슨 대로에 있는 시카고상품거래소 바로 옆 보험상품거래소 건물에 마련됐다.

책상은 모두 여섯 쌍으로 배열돼 있었고 각 책상은 약 180센티미터 높이의 칸막이로 구분됐다. 훈련생은 각기 자신이 사용할 책상을 선택할 수 있었다. 다시 말해 옆자리에 앉을 동료를 선택할 수 있다는 의미였다. 그리고 각 책상마다 전용 전화기가 한 대씩 비치됐다.

터틀에게는 일주일에 한 번씩, 각 시장별로 100만 달러 계정으로 트레이딩을 할 수 있는 계약의 수가 적힌 목록표가 배포됐다. 하지만 실전 트레이딩 과정을 보다 단순화하기 위해 각 시장별로 3계약을 1단위로 거래하라는 지시를 받았다. 어떤 상품을 거래하더라도 우리들이 보유할 수 있는 계약은 최대 4단위, 즉 12계약이 한도였다. 트레이딩 계정을 기준으로 말하자면 이는 대략 5만 달러에서 10만 달러에 해당하는 규모였다.

터틀에게는 계정 운영에 관한 전권이 부여됐고 트레이딩의 이유가 확실하고 터틀 트레이딩 시스템의 핵심 원칙을 준수하는 한 자신이 원하는 트레이딩에 자유롭게 임할 수 있었다. 첫 한 달 동안은 트레이딩에 나설 때마다 그 행위의 이유를 일지에 적어놓았다. 나는 대개 다음과 같은 판단 과정을 통해 시장에 진입했다. "60일 돌파 발생. 시스템 2 규칙에 따라 400.00달러에 롱 포지션 진입."

새해가 밝은 후 며칠이 지나자 난방유 2월물의 가격이 0.80달러에서 0.84달러로 올랐다. 그래서 나는 시스템 2 규칙을 준수하여 3계약을 매수했다. 이 트레이딩에서 곧바로 수익이 발생했고 단 며칠 만에 최대 12계약을 매수했다. 이후 며칠 동안 우리 트레이딩 룸은 주문을 내느라 정신이 없었고 일주일도 못 돼 난방유의 가격이 0.98달러를 넘어서면서 즉각적으로 수익이 나자 한껏 고무된 분위기였다.

당시는 컴퓨터가 자동으로 차트를 인쇄하던 그런 시절이 아니었다. 그래서 우리는 월중 가장 활발히 트레이딩된 선물계약들의 차트가 실려 있는 타블로이드판 신문《상품 전망Commodities Perspective》지에서 나온 차트를 이용했다. 이 차트는 일주일에 한 번씩 업데이트를 하기 때문에 매일 장이 마감되고 나면 새로운 가격 수치를 차트 위에 덧붙여 기록해야 했다.

그런데 난방유의 경우 2주일 후면 선물계약이 만료되기 때문에《상품 전망》에서도 2월물 계약에 관한 부분은 더 이상 싣지 않았다. 결국 우리는 구 차트를 이용할 수밖에 없었는데 이 차트에는 지난해의 최고가 0.89달러에서 겨우 0.01달러 상승한 0.90달러까지밖에 표시가 돼 있지 않았다. 말 그대로 가격을 '측정할 수 없는' 상황이 된 것이다. 이 문제를 해결하기 위해 우리는 가격 표시가 돼 있지 않은 이전 주 차트 부분을 오려내 구 차트의 맨 윗부분에다 올려붙였다. 이렇게 해서 원 차트의 가격 표시분이 30센티미터 이상 늘어났다.

이러한 작업을 하는 동안 이상한 부분이 나의 눈에 띄었다. 사실 원래 있었던 부분이지만 그제야 갑자기 나의 눈에 들어온 것이라는 표현이 더 맞을 듯싶다. 그것은 바로 터틀 훈련생 가운데 나만이 풀 포지션을 취했다는 사실이다. 다른 사람들은 나로서는 이해하기 힘든 묘한 이유를 들어 데니스와 에크하르크가 제시한 트레이딩 시스템을 따르지 않았다.

난방유의 2월물 계약이 몇 주 이내에 만료될 것이기 때문에 트레이딩에 나서자마자 바로 손실이 발생할 리스크가 있다는 생각에 몸을 사린 것인지 아니면 단순히 보다 전형적인(보수적인) 트레이딩 스타일을 선호해서 그런 것인지 그 이유를 정확히 알 수는 없지만, 똑같이 훈련을 받고도 나 외에 난방유 2월물에 대해 풀 매수 포지션을 취한 사람이 아무도 없다는 사실이 도무지 이해가 가지 않았다. (여기서 풀 포지션이라는 표현은 허용된 최대 포지션 단위인 4단위, 즉 12계약을 꽉 채웠다는 의미다.)

우리는 절대로 추세를 놓쳐서는 안 된다는 말을 귀가 따갑도록 들어왔다. 그리고 불과 몇 주일 후에 이와 같은 사실의 중요성이 여실히 드러났다. 매우 의미 있는 추세가 눈앞에서 진행되고 있는데도 대다수 터틀들은 이를 알아차리지 못했다. 만약 100만 달러 계정 전부를 이 트레이딩에 사용했다면 단위당 계약 수는 3계약이 아니라 18계약이 됐을 것이고 이익은 50만 달러, 즉 계정의 50퍼센트에 이르렀을 것이다.

그런데 며칠이 지나자 이와 같은 가정을 했던 것도 무의미해지고 말았다. 난방유의 가격이 최고가인 0.98달러에서 0.94달러로 떨어졌기 때문이다(계약당 1,200달러). 그렇게 이틀 연속으로 난방유 가격이 떨어진 이후 또 다른 흥미로운 사실이 발견됐다.

데니스와 에크하르트의 훈련 내용대로라면 가격이 일시적으로 하락하는 시기에는 포지션을 그대로 유지하면서 상황이 반전되기를 느긋하게 기다리는 것이 최선이었다. 그래서 나는 이 원칙에 따라 가격이 떨어지고 있는데도 이에 굴하지 않고 12계약을 그대로 보유하고 있었다. 그 결과 단 이틀 만에 수익 규모가 5만 달러에서 3만 5,000달러로 감소하는 것을 눈앞에서 지켜봐야 했다. 수익금이 눈앞에서 사라져버리는 장면을 목격하고는 자신의 포지션을 청산해버린 터틀도 있었다.

그런데 그 이후로 시장이 꿈틀대기 시작했다. 그리고 그다음 날 다시 가격이 상승하기 시작했다. 그러더니 곧바로 이전의 최고가 0.98달러를 가뿐히 넘어서더니 가격 상승세가 지속되어 1.05달러를 넘어서게 됐다. 결국 계약 만료일을 2, 3일 앞둔 시점에서 난방유의 가격이 최고치에 다다랐다.

그런 와중에 데니스의 비즈니스 매니저인 델루트리가 나에게 전화를 걸어 데니스가 난방유를 현물로 인수하길 원치 않는다는 사실을 전해왔다. 그래서 나는 12계약 전체를 1.03달러에 매도하면서 포지션을 청산했다. 1.03달러는 2월물 계약의 최고가인 1.053달러에 거의 육박하는 수준이었다.

계약 만료일이 다가온다고 해서 무조건 포지션을 청산해야 하는 것은 아니다. 대신에 계약이 만료되는 달에 그 계약에 대한 포지션을 청산하는 동시에 다음 달에 새로운 포지션으로 갈아타는 방법으로 현 포지션이 그다음 포지션으로 전환되는 것이다. 그런데 이번 경우는 상황이 달랐다. 1984년 2월물 계약에서만 추세가 형성됐기 때문에 그러한 작업을 할 이유가 없었다. 요컨대 이 추세를 활용하기 위해서는 2월물 계약 포지션을 그대로 유지할 필요가 있었다.

그림 3-1은 1984년 2월물 난방유의 가격 추이와 터틀이 첫 번째로 형성된 추세에 합류하여 진입과 청산을 했던 모습을 보여주고 있다.

이처럼 수익에 차이가 생긴 것은 지식이나 정보 요인이 아니라 정서적 혹은 심리적 요인에서 비롯된 것이다. 나를 비롯한 터틀 훈련생은 동일한 훈련 과정에서 정확히 동일한 내용을 배웠다. 그런데도 나는 다른 훈련생보다 세 배나 많은 수익을 올렸다. 나와 함께 교육을 받았던 훈련생 모두가 당대 최고의 트레이더한테 가르침을 받았던 사람들이고 지적 능력만큼은 누구에게도 뒤지지 않을 만큼 똑똑한 사람들이었다. 이 중에는 몇 년 안에 아주 성공한 트레이더로 거듭날 수 있는 사람들이 분명 있겠지만 적어도 이번 실전 훈련 기간 동안에는 그리 빼어난 실적을 보여주지 못했다.

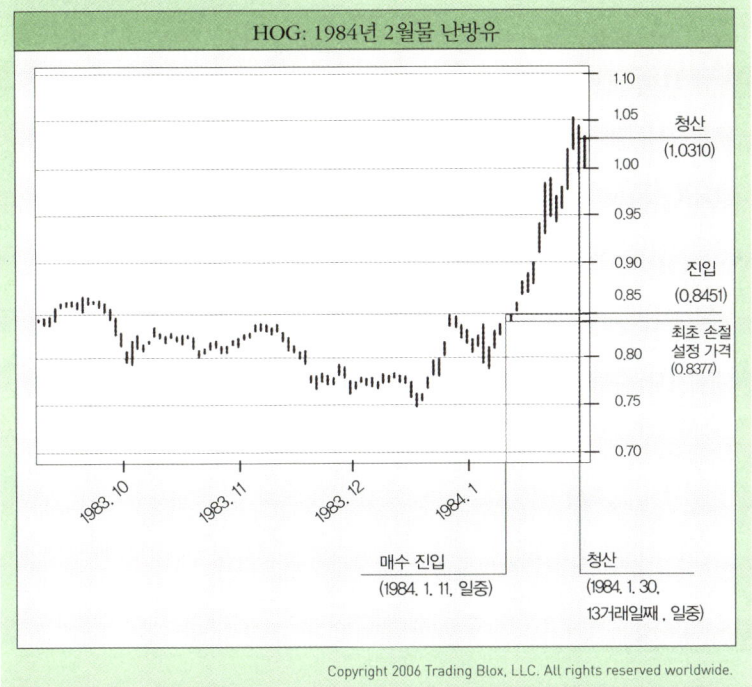

그림 3-1
터틀이 맞이한 첫 번째 추세

시간이 갈수록 나는 정서적 및 심리적 요인이 트레이딩의 성공 여부를 가름하는 핵심 요소라는 생각이 더욱 확고해졌다. 이는 훈련 과정에서 제일 먼저 머릿속에 들어왔던 개념이고 실전에서 몸소 체험했던 개념이기도 하다.

🐢 첫 번째 트레이딩의 성적표

처음 실전 트레이딩이 진행되던 한 달 동안은 데니스와 에크하르트가 일주일에 한 번꼴로 들러 상황을 점검했다. 그 한 달이 지난 후에는 불시에 사무실을 방문하여 훈련생과 질의응답의 시간을 가졌다. 이때 데니스는 터틀 훈련생 전원에게 난방유를 보다 많이 매수하지 않은 이유가 무엇인지를 물었다. 일부 훈련생은 너무 리스크가 크다고 생각했고 가격이 너무 급하게 오른 것 같다고 대답했다. 또 계약 만료 시점을 얼마 안 남겨두고 있었기 때문에 가격 상승세가 계속 유지되지는 않을 것으로 생각했다고 답변한 훈련생도 있었다.

그러나 나는 이들과는 생각이 좀 달랐다. 당시 나는 우리가 배웠던 시스템을 실전에서 제대로 실행시키는 능력에 주안점을 두고 훈련생들을 평가할 것이라는 믿음을 바탕으로 트레이딩 전략을 구사했다. 그리고 데니스는 아무리 손실을 피하기 위해서 그랬다 할지라도 마땅히 참여했어야 할 트레이딩에 참여하지 않는 것보다는 설사 손실이 발생하는 한이 있더라도 그 트레이딩에 참여하는 쪽을 더 좋아할 것이라는 생각도 들었다.

나는 가장 위험한 일은 난방유 트레이딩에 참여하지 않는 것이라고 생각했다. 질의응답이 진행되는 과정에서 데니스는 난방유 트레이딩에 임한 것은 올바른 방향이었다는 점을 분명히 했다. 훈련생들에게 아주 귀중한 교훈을 안겨주는 데 이보다 더 완벽한 시나리오는 없을 것이다. 훈련 과정이 끝나고 한 달 남짓 지나서 우리는 실제 트레이딩에서 추세를 놓치는 것이 얼마나 치명적인 일인지를 절실히 느끼게 됐다. 따라서 이번 경험을 계기로 이 사실만큼은 절대 잊어버리는 일이 없을 정도로 모든 훈련생의 머릿속에 단단히 각인됐다.

데니스는 첫 한 달간의 실전 트레이딩 훈련이 끝난 후에 실적이 좋은 훈련생에게 100만 달러 계정을 부여하겠다고 말했었다. 우리가 실전 트레이딩에 나서기 전에 훈련생 가운데 100만 달러 계정을 받는 사람들은 몇 안 될 것이고 나머지 사람들은 자신의 능력에 따라 계정의 규모를 조금씩 늘려줄 것이라고 말했다. 개중에는 실전 능력을 인정받아 데니스가 약속했던 대로 100만 달러 계정을 받은 사람도 있었다. 대다수에 해당하는 나머지 훈련생들은 이후 몇 달 동안 계속해서 지난 1월에 운용했던 제한된 계정을 가지고 트레이딩에 임했다.

그런데 데니스가 나에게는 200만 달러의 계정을 부여했다. 놀랍기도 하고 또 한편 기쁘기도 했는데 나의 난방유 트레이딩 방식이 마음에 들었던 것이 틀림없었다.

WAY of the TURTLE

터틀이 승승장구하는 모습을 지켜본 수많은 트레이더와 투자자들은 트레이딩 기술을 가르칠 수 있느냐를 놓고 데니스와 에크하르트가 벌인 내기에서 결국 데니스가 이겼다는 결론을 내렸다. 하지만 나의 생각은 다르다. 무승부라고 생각한다. 사람들은 터틀 중에도 성공했다고 보기 어려운 사람들도 많다거나 전체 터틀의 3분의 1 혹은 2분의 1가량은 최고의 실적을 올린 다른 터틀에 비해 실적이 형편없었다는 사실을 잘 모른다. 터틀 훈련생 가운데 대다수가 첫 한 달간의 실전 훈련을 마치고 이후 몇 달 동안 이익을 내는 트레이더로 거듭나는 데 성공했지만, 저조한 실적 때문에 중도 탈락한 사람들도 있었다. 최고 실적을 낸 터틀과 최저 실적을 낸 터틀의 차이점은 각 개인의 심리적 특성에서 비롯됐다고 볼 수 있다.

chapter **04**

터틀마인드

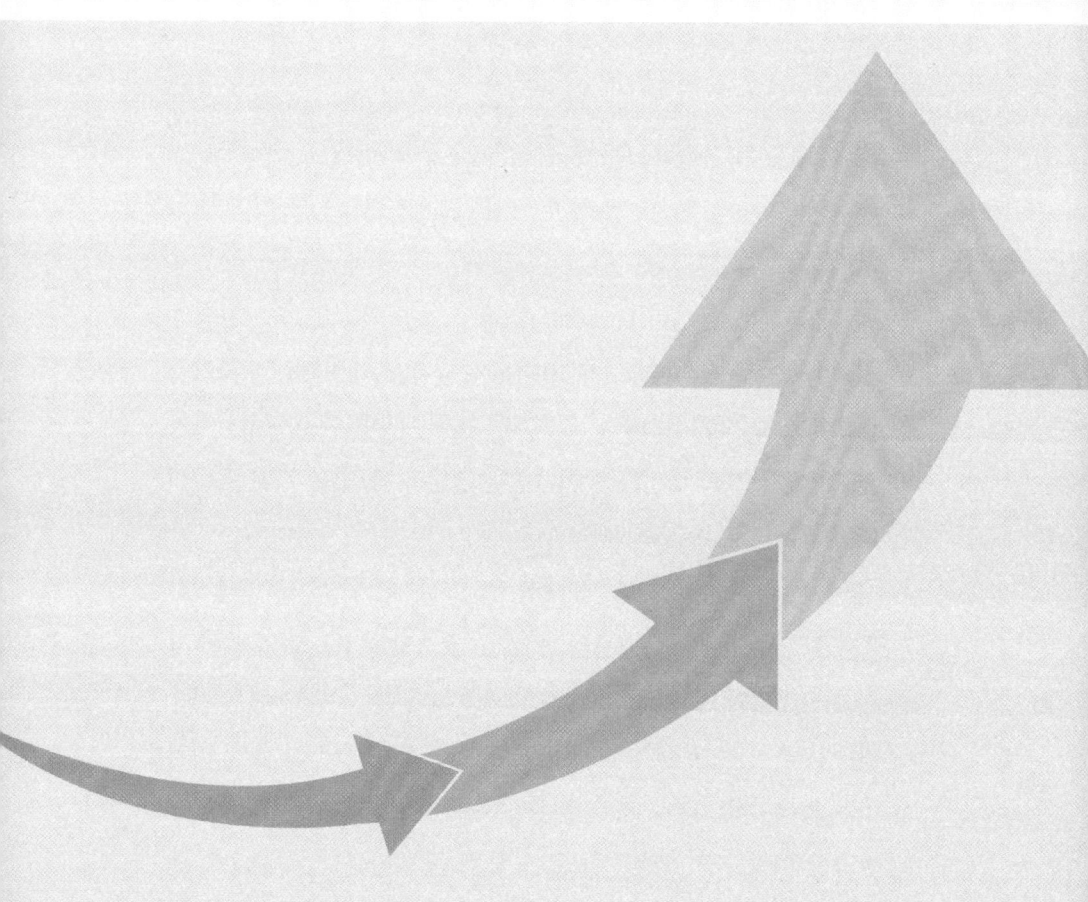

제4장
터틀 마인드

올바른 판단보다 중요한 것은 올바른 트레이딩을 하는 것이다. 성공하고 싶다면 개별 트레이딩의 결과에 연연하지 말고 장기적인 관점에서 생각하라.

    터틀이 승승장구하는 모습을 지켜본 수많은 트레이더와 투자자들은 트레이딩 기술을 가르칠 수 있느냐를 놓고 데니스와 에크하르트가 벌인 내기에서 결국 데니스가 이겼다는 결론을 내렸다. 하지만 나의 생각은 다르다. 무승부라고 생각한다.

    사람들은 터틀 중에도 성공했다고 보기 어려운 사람들도 많다거나 전체 터틀의 3분의 1 혹은 2분의 1가량은 최고의 실적을 올린 다른 터틀에 비해 실적이 형편없었다는 사실을 잘 모른다. 터틀 훈련생 가운데 대다수가 첫 한 달간의 실전 훈련을 마치고 이후 몇 달 동안 이익을 내는 트레이더로 거듭나는 데 성공했지만, 저조한 실적 때문에 중도 탈락한 사람들도 있었다. 최고 실적을 낸 터틀과 최저 실적을 낸 터틀의 차이점은 각 개인의 심리적 특성에서 비롯됐다고 볼 수 있다.

훈련생 중에는 다른 사람보다 터틀 트레이딩 기법을 훨씬 수월하게 배우는 사람이 있다. 트레이딩 기법을 다른 사람에게 가르치는 일이 가능한 것은 사실이지만 다른 사람보다 기법을 전수받는 데 훨씬 더 적합한 사람이 있는 것 또한 분명한 사실이라는 점이 잘 드러나는 대목이다.

이익을 내는 트레이더의 특징이 무엇인지를 제대로 이해하려면 이 사람의 정서 혹은 심리가 트레이딩에 어떤 영향을 미치는지부터 꼼꼼히 따져볼 필요가 있다. 천성적으로 트레이더에 적합한 자질을 타고났다면 트레이딩에 성공하는 방법도 훨씬 쉽게 배울 것이다. 그러므로 자질을 타고나지 못했다면 일단은 그것부터 키우는 것이 순서일 것이다. 이것이 바로 당신에게 주어진 첫 번째 과제다. 그렇다면 트레이더로서 적합한 자질이란 무엇을 말하는가?

누가 옳았느냐가 중요한 것이 아니다

이익을 내는 트레이더는 현재에 초점을 맞춰 생각하며 되도록이면 미래에 너무 큰 비중을 두지 않으려고 한다. 반면에 초보자는 먼 미래를 내다보며 트레이딩에 임하려는 경향이 강하다. 어쩌다 이익을 내게 되면 자신의 판단이 옳았다면서 스스로를 영웅인양 여기고 으스대기도 한다. 반면에 손실이라도 낼라치면 스스로를 형편없는 존재로 비하시켜버린다. 이것이야말로 정말 잘못된 접근법이다.

터틀은 누가 옳았냐는 것에 신경 쓰지 않는다. 오직 돈을 버는 데만 신경을 쓴다. 터틀은 자신에게 미래를 예측하는 능력이 있는 체하지를 않는다. 시장 상황을 주시하면서 '금값이 오를 것이다'라는 식으로 말하지도 않는다. 터틀이 미래를 바라보는 관점은 이렇다. 구체적인 사실은 알 수 없고 다만 미래의 대체적인 상황 특성을 짐작할 수 있을 뿐이라는 것이다. 다시 말해 가격이 상승할지 아니면 하락할지 모르는 법이고 또 현재의 시장 추세가 지금 당장 멈출지 아니면 두 달 후에 멈출지도 알 수 없다는 것이 이들의 생각이다. 다만 시장 추세라는 것이 형성될 것이고 인간의 정서와 인지력에 변화가 생기지 않는 한 가격 변동의 특성 또한 변하지 않을 것이라는 사실은 알고 있다.

손실 트레이딩의 빈도가 높을 때 오히려 수익을 내기가 훨씬 쉽다. 번번이 손실을 내는 트레이딩을 한다면 이는 미래를 예측하지 않으려고 노력했다는 반증이기 때문이다. 손실이 날 수도 있는 것이 트레이딩이라는 사실을 인정하게 되면 특정 트레이딩의 결과에 더 이상 신경을 쓰지 않게 된다. 그리고 손실이 발생할 수도 있다는 사실을 인정한다는 것은 특정 트레이딩의 결과가 자신의 지적 능력과는 무관하다는 사실도 잘 알고 있다는 의미가 된다.

요컨대 이익을 내는 트레이더가 되고자 한다면 결과 편향적 사고에서 자유로워질 필요가 있다. 이것은 비단 트레이딩에만 해당되는 문제는 아니다. 10회 연속으로 손실을 보면서도 기존의 전략을 묵묵히 유지하고 있다면 이것이야말로 트레이딩을 잘하고 있는 것이다. 일단 현재 상황이 다소 불리하게 전개되고는 있지만 궁극적으로는 이것이 올바른 트레이딩 방향이라는 사실이 입증될 것이다.

과거에 얽매이지 말라

참으로 아이러니한 사실은 미래에 대해 더 많이 생각할수록 과거에 더욱 집착하게 된다는 점이다. 이들은 자신이 과거에 했던 일, 자신이 저질렀던 실수, 손실을 냈던 트레이딩 행위 등을 생각하며 사서 걱정을 한다. 그러나 터틀은 과거에서 교훈을 얻되 과거를 놓고 걱정하지는 않는다. 과거에 저질렀던 실수를 곱씹으며 자신을 지나치게 책망하지도 않는다. 손실을 냈다고 스스로를 비난하는 법도 없다. 크게 보아 실수나 손실 경험도 게임의 한 부분이라는 사실을 잘 알고 있기 때문이다.

터틀은 과거 자체를 전체적 관점에서 조망하며, 최근 사건을 중심으로 특정 사건을 떼어 이를 더 부각시키거나 여기에 더 큰 비중을 두거나 하지는 않는다. 최근, 즉 얼마 지나지 않은 과거라고 해서 다른 시점의 과거보다 더 중요한 것은 아니다. 다만 최근 사건이 더 중요하게 느껴지는 것뿐이다. 터틀은 최신 편향을 피하려고 노력한다. 터틀은 시장에서 활동하는 트레이더 대부분이 이러한 경향을 나타내고 있다는 사실을 잘 알고 있다. 최신 편향을 피하는 능력이야말로 성공 트레이딩의 핵심 요소라 할 수 있다.

터틀 프로그램이 끝나고 나서 한참 후에 최신 편향의 치명적 효과를 두 눈으로 확인할 수 있는 기회가 있었다. 일단 이 프로그램이 종료된 후 각 훈련생은 향후 6년 동안 자신이 사용했던 트레이딩 방법을 다른 사람에게 발설하지 않겠다는 내용의 비밀유지 계약을 체결했다. 그래서 이 내용을 외부에 알리려면 계약이 만료될 때까지 꼬박 6년을 기다려야 했다.

　나의 절친한 친구 중에 두 명이 터틀 기법의 성과가 매우 좋다는 사실을 알고 이를 배우고 싶어했다. 계약이 끝난 1998년에 나는 이 둘 중 한 명에게 터틀 기법을 알려주면서 무엇보다 중요한 것은 '일관성'이라는 사실을 재차 강조했다. 또한 터틀 트레이딩 원칙을 절대적으로 믿고 그 바탕에서 모든 트레이딩 행위에 임해야 한다고 말해주었다. 그렇게 하지 않으면 절대 성공하지 못한다고 못을 박았다. 그런데 결과가 어떻게 됐을까?

　안타깝게도 이 친구는 최신 편향의 희생양이 되고 말았다. 1999년 2월 무렵에 나는 코코아 상품에서 확실한 하락 추세를 감지하고 그 친구에게 트레이딩이 어떻게 되어가느냐고 물었다. 그랬더니 그 친구는 코코아로 손실을 너무 많이 봐서 이 트레이딩이 너무 리스크가 크다는 생각이라고 대답했다. 표 4-1은 1998년 4월부터 시장 추세가 확연히 드러나는 시점까지 코코아 가격의 돌파 추이를 나타낸 것이다. 코코아시장에서 연속적으로 17회에 걸쳐 손실 트레이딩이 이루어지다가 1998년 11월 들어 비로소 이익 트레이딩이 실현됐다는 사실에 주목하라.

　이와 같은 추세 변동 추이는 시장에서 흔히 볼 수 있다. 단일 시장을, 그것도 특정한 한 시점에서만 관찰하면 상황이 암담하게만 보일 수 있다. 몇몇 시장에서 자신에게 유리한 추세가 형성될 때까지 몇 년을 기다려야 할지도 모른다. 때문에 가까운 과거에 지나치게 집착하면서 시장을 관망하다 보면 그곳에서의 트레이딩은 도무지 실익이 없을 것 같다는 생각에 쉽게 빠져든다.

표 4-1 1998 코코아시장 돌파 트레이딩

※괄호는 음수

번호	단위 수	진입일	포지션 (롱=L, 숏=S)	진입가격	수량	청산가격	%	수익	총계
1	1	4월 27일	L	2,249	6	2,234	(2.4)	$(1,197)	
2	1	5월 6일	LL	2,261	6	2,246	(2.1)	$(1,026)	
3	1	5월 12일	LL	2,276	6	2,261	(2.2)	$(1,036)	
4	1	5월 14일	LL	2,283	6	2,268	(2.4)	$(1,133)	
5	1	6월 23일	S	2,100	6	2,114	(2.3)	$(1,061)	
6	1	6월 25일	S	2,094	6	2,108	(2.4)	$(1,053)	
7	1	6월 29일	S	2,085	6	2,099	(3.0)	$(1,317)	
8	1	7월 15일	S	2,070	6	2,084	(2.5)	$(1,006)	
9	1	7월 27일	S	2,069	5	2,083	(1.9)	$(777)	
10	1	8월 3일	S	2,050	5	2,064	(2.7)	$(1,104)	
11	1	8월 13일	S	2,036	6	2,049	(2.2)	$(848)	
12	1	8월 17일	S	2,024	6	2,036	(3.0)	$(1,155)	
13	1	8월 24일	S	2,024	6	2,035	(2.4)	$(874)	
14	1	9월 16일	S	2,014	5	2,026	(2.1)	$(756)	
15	1	10월 1일	S	1,979	5	1,992	(2.4)	$(845)	
16	1	10월 13일	S	1,976	5	1,988	(2.2)	$(779)	
17	1	10월 28일	S	1,967	5	1,979	(2.1)	$(722)	$(16,750)
18	1	11월 6일	S	1,961	5	1,438	75.0	$24,940	
19	2	11월 20일	S	1,918	6	1,928	(2.4)	$(799)	
20	2	11월 24일	S	1,903	6	1,914	(3.0)	$(975)	
21	2	11월 30일	S	1,892	5	1,903	(2.7)	$(834)	
22	2	12월 8일	S	1,873	5	1,438	67.2	$20,575	
23	3	12월 21일	S	1,824	5	1,836	(3.5)	$(1,075)	
24	3	1월 4일	S	1,808	5	1,820	(2.4)	$(709)	
25	3	1월 15일	S	1,798	4	1,438	46.7	$13,468	
26	4	1월 25일	S	1,748	4	1,760	(2.1)	$(608)	
27	4	1월 27일	S	1,742	4	1,754	(2.1)	$(605)	
28	4	2월 8일	S	1,738	7	1,438	42.8	$19,275	$55,903

나의 친구만 유독 그런 처지에 빠졌던 것은 아니다. 대부분의 트레이더가 근접 과거 때문에 애를 먹는다. 터틀 훈련생 가운데 훈련 과정에서 자신이 성공적인 트레이딩을 하지 못했다는 사실, 즉 지나간 과거 사실에 너무 집착한 나머지 결국 중도에 탈락한 경우도 있었다. 아이러니하게도 누구나가 고대하는 추세, 추세를 활용하여 이익을 내기 쉬운 상황은 거의 모든 사람들이 포기하려는 찰나에 전개된다. 이와 같은 현상에 관해서는 포트폴리오와 시장 분석에 관해 이야기하는 13장에서 더 상세히 다룰 예정이다.

미래를 예측하지 말라

앞서 우리는 인간의 인지적 편향이 트레이더를 어떤 식으로 망가뜨릴 수 있는지에 관해 알아보았다. 유능한 트레이더가 되고 싶다면 최신 편향, 자신의 판단을 믿고 그 속에서 안도감을 느끼고 싶은 강한 욕구, 미래를 예측하려는 경향 등등의 심리적 요인들은 무슨 수를 써서라도 반드시 극복해야 한다.

미래를 예측하고자 하는 심리를 극복하기 위해서는 미래를 예언이 아니라 확률이라는 차원에서 바라봐야 한다. 내가 터틀이라는 타이틀을 쥔 성공한 트레이더라고 알고 있는 친구들은 나에게 특정 시장이 앞으로 어떤 방향으로 움직일 것 같으냐고 물을 때가 상당히 많다.

내가 그 유명한 트레이딩 그룹의 일원이었고 또 수백만 달러를 주무르며 선물 트레이딩을 했던 전력이 있으니까 남들보다 미래를 예측하는 능력이 탁월할 것이라고들 생각했던 모양이다. 이런 질문을 받을 때면 늘 이렇게 대답한다. "글쎄, 잘 모르겠는데." 친구들은 나의 이런 한결같은 대답을 듣고는 적잖이 놀라워한다. 그렇지만 사실이 그랬다. 그 부분에 대해서 나는 정말 아는 것이 없었다. 물론 시장의 미래를 얼마간 예측할 수는 있겠지만 틀림없이 이렇다느니 저렇다느니 확언할 수는 없다. 사실 일부러라도 시장의 미래 방향 따위를 예측하는 일은 피하려고 했다.

그런데 보험 설계사라면 또 모를까 일반적으로는 미래를 확률의 차원에서 바라보는 사람들은 거의 없다. 참으로 안타까운 일이다. 사람들은 미래를 전망할 때 그럴 것 같다거나 그렇지 않을 것 같다는 차원에서 생각하는 경향이 강하다. 미래를 확률의 문제로 바라보는 경우는 거의 없다. 바로 이러한 이유 때문에 보험회사들이 불확실한 리스크에 대비한 상품을 만들어 판매하는 것이다. 허리케인과 같은 재해 때문에 집이 파손되는 것도 이처럼 불확실한 리스크 가운데 하나다. 열대 지방의 바닷가에 거주하고 있다면 허리케인으로 피해를 입을 가능성이 있다. 하지만 집을 파손시킬 만큼 강력한 허리케인이 발생할 확률은 비교적 높지 않다. 그리고 집을 완전히 날려버릴 정도로 매우 강력한 허리케인이 발생할 확률은 이보다 훨씬 낮다.

만약 허리케인으로 인해 집이 전파(100% 파손)될 것이라는 사실을 안다면 아예 이사를 하고 말지 보험 따위를 들지는 않을 것이다. 보험회사로서는 다행스러운 일이겠지만 허리케인이 발생한다고 해서 집이 언제나 전파되는 것은 아니다. 따라서 이사를 하기보다는 허리케인의 리스크에 대비하여 보험을 드는 쪽을 선택할 여지가 생기는 것이다.

보험회사가 허리케인에 대비한 보험 상품을 내놓을 때는 특정 지역이 허리케인으로 인해 입을 수 있는 손해의 정도를 감안하여 보험증권의 가격을 결정한다. 요컨대 보험회사는 리스크 비용이 보험료보다 더 낮을 때 그 보험증권을 판매하는 것이다.

트레이딩 역시 불확실한 리스크에 대비하여 보험에 드는 상황과 다를 바가 없다. 트레이딩은 온갖 불확실성으로 가득 찬 행위이자 과정이다. 특정 트레이딩 행위를 통해 수익이 날지 어떨지 아무도 모른다. 다만 장기적으로 봤을 때 이익이 리스크를 초과할 것이라는 사실에 확신을 가지는 것이 최선일 뿐이다.

확률이라는 관점에서 생각하라

아마 이 책을 읽고 있는 사람들 대다수가 고등학교 수학 시간에 확률과 통계를 배웠을 것이다. 그렇다면 그림 4-1과 같은 그래프도 본 적이 있을 것이다. 이것은 정규분포도라고 불리는데, 제시한 그래프는 여성의 신장 분포도다. 가로축은 신장을 나타낸 것이고 세로축은 두 가지 유형의 확률을 나타낸 것이다.

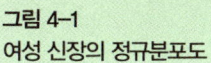
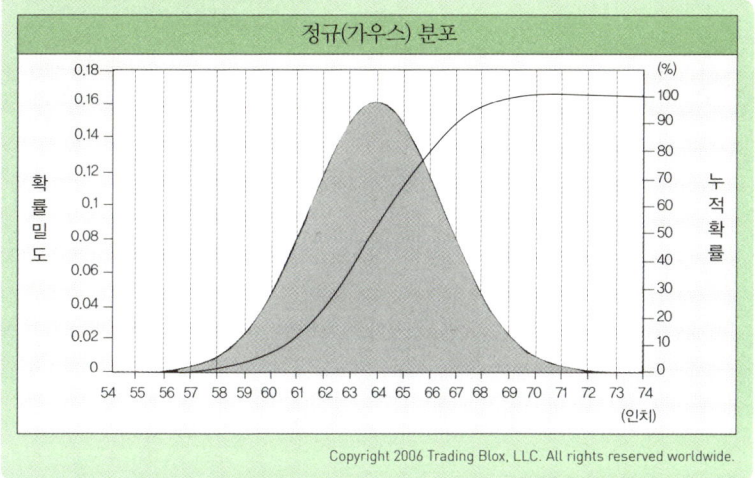

1. **확률 밀도 그래프** 회색 부분은 왼쪽에 표시된 수치가 적용되며 신장 분포의 모양을 나타낸다. 이 그래프에서 평균 신장은 64인치를 나타내고 있다. 평균에 가까운 신장에 해당할 확률은, 평균에서 멀어지는 신장에 해당할 확률보다 높다. 그래프의 중심부, 즉 볼록 솟아오른 부분은 가장 확률이 높은 신장을 나타내고 양 끝으로 갈수록 확률도 점점 줄어듦을 나타내고 있다. 예를 들어 70인치에 해당하는 여성은 68인치에 해당하는 여성보다 훨씬 적다. 이 말은 어떤 여성의 신장이 70인치에 해당할 확률은 68인치에 해당할 확률보다 낮다는 얘기다.

2. **누적 확률곡선** 0%에서 100%에 걸친 곡선으로 표현되며 오른쪽 수치가 적용된다. 특정 신장에 해당하는 여성의 누적 확률을 나타낸다. 곡선을 자세히 들여다보면 신장 70인치 지점에서 거의 100%에 다다르고 있다는 것을 알 수 있다. 70인치에서의 실제 누적 확률은 99.18%이다. 이는

신장이 70인치 이상인 여성은 1% 미만이라는 의미가 된다.

이 그래프 그리고 이와 유사한 형태의 그래프는 매우 복잡한 수학 공식을 사용하지만 어떤 것이든 기본 개념은 동일하다. 즉, 중심부(평균을 의미)에서 점점 멀어지는 지점일수록 해당할 가능성은 점점 줄어든다는 것이다.

그렇지만 확률을 예측하는 데 그처럼 복잡한 방법을 사용할 필요가 있겠는가? 수학이나 공식을 도외시하고 그저 간단한 방법으로 그림 4-1에서 보는 바와 같은 그래프를 만들 수도 있다. 우선 대학 캠퍼스처럼 여성들이 많이 모이는 장소를 찾아간다. 그런 다음 여대생 가운데 무작위로 100명을 골라 신장을 잰다. 이렇게 측정한 신장을 1인치 간격으로 늘어놓고 각 간격에 해당하는 수를 센다. 아마도 다음과 같은 결과를 얻을 것이다. 64인치에 해당하는 여성 15명, 63인치와 65인치 15명, 62인치와 66인치 12명, 61인치와 67인치 8명, 60인치와 68인치 4명, 59인치와 69인치 2명, 58인치와 70인치 각 1명.

이 결과에 따라 각 신장에 해당하는 여성의 수를 막대로 표시하면 그림 4-2와 같은 그래프가 완성된다.

그림 4-2에 표시된 그래프를 막대그래프라고 한다. 이 그래프는 특정 측정치의 빈도를 시각적으로 표시해준다. 그림 4-2와 같은 그래프는 그림 4-1의 정규분포도와 모양은 비슷하지만 복잡한 수학적 공식을 사용하지 않고도 손쉽게 완성할 수 있다는 장점이 있다. 숫자를 세고 각 측정치를 범주화하는 능력만 있으면 된다.

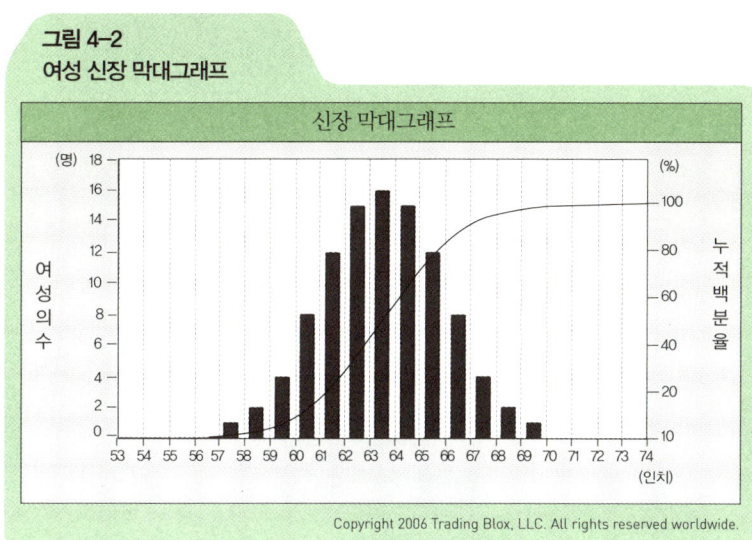

그림 4-2
여성 신장 막대그래프

트레이딩 시스템에서도 미래에 대한 실마리를 얻기 위해 이러한 유형의 막대그래프를 활용할 수 있다. 그래프를 활용하면 미래를 예언이 아니라 확률 차원에서 바라보는 데 큰 도움이 된다.

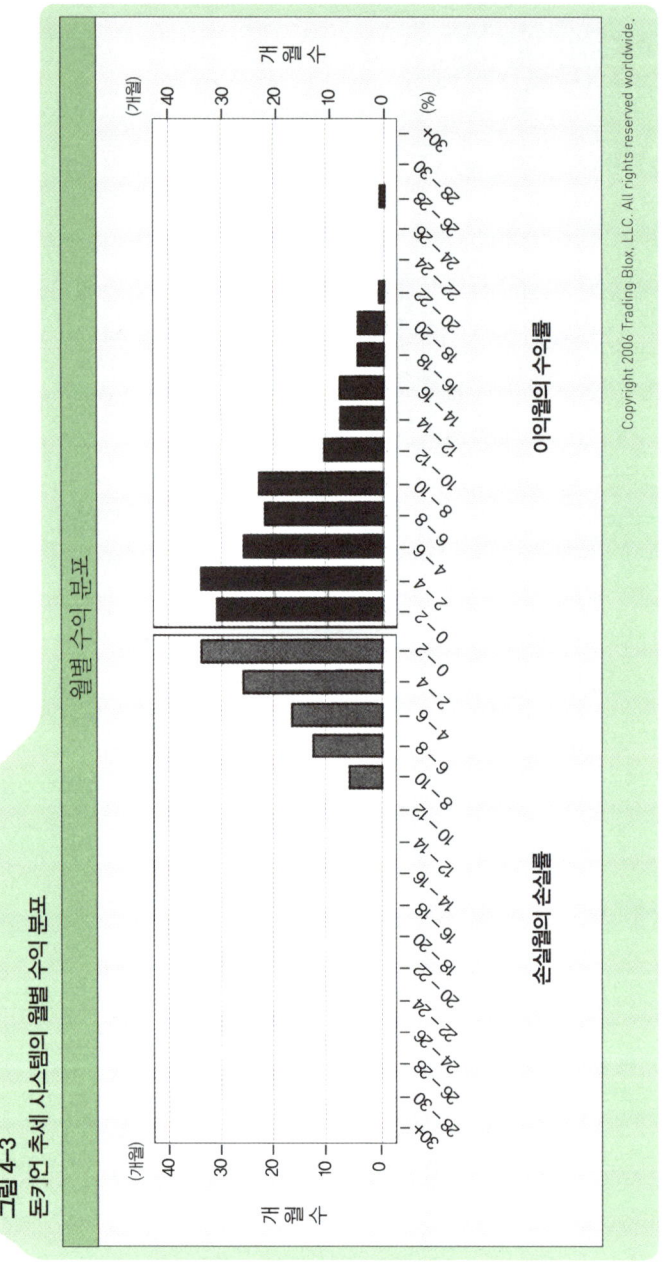

그림 4-3
돈키언 추세 시스템의 월별 수익 분포

114 | WAY of the TURTLE

그림 4-3은 터틀 시스템의 단순화 버전이라고 할 '돈키언 추세 시스템Donchian Trend system'에 의한 수익률을 나타낸 것이다. 20년 동안 활용한 결과이며 여기서는 월별 수익을 막대그래프로 표시했다. 돈키언 추세 시스템은 터틀 시스템보다 단순하다는 장점이 있는데다 실적까지 더 좋았다.

그림 4-3에 표시된 막대의 구간 간격은 2%다. 오른쪽 이익월의 그래프를 예로 들자면, 처음 막대는 0~2% 수익을 낸 개월 수를 나타내고 그다음 막대는 2~4% 수익을 낸 개월 수를 나타내며 다음 막대들도 계속해서 이런 식으로 표시된다. 여기서 주목할 부분은 이 막대그래프가 상술했던 여성 신장의 정규분포도와 비슷하다는 점이다. 한 가지 차이점이 있다면 이 수익 그래프의 막대가 오른쪽으로 더 늘어져 있다는 것뿐이다. 이것은 큰 손실을 낸 경우보다 큰 수익을 거둔 때가 많았다는 뜻이므로 호시절을 지나왔음을 보여준다. 이와 같은 모양을 편포skew* 또는 팻테일fat tail** 이라고도 한다.

그림 4-4와 같은 막대그래프는 트레이딩 행위에 대한 분포도를 나타낸 것이다. 왼쪽 박스는 손실 트레이딩을, 오른쪽 박스는 이익 트레이딩을 나타낸다. 왼쪽 세로축은 손실 트레이딩의 숫자를 오른쪽 세로축은 이익 트레이딩의 숫자를 보여주며, 두 상자 사이에 있는 백분율은 동일하게 적용된다. 누적 수치를 보여주는 실선은 0%에서 100%에 걸쳐 그래프의 중심부에서 바깥쪽 방향으로 표시된다. 즉 손

---

*편포 한쪽으로 치우쳐진 모양 – 옮긴이
**팻테일 꼬리가 두꺼운 형태. 정규분포에서 벗어난 형태를 의미함 – 옮긴이

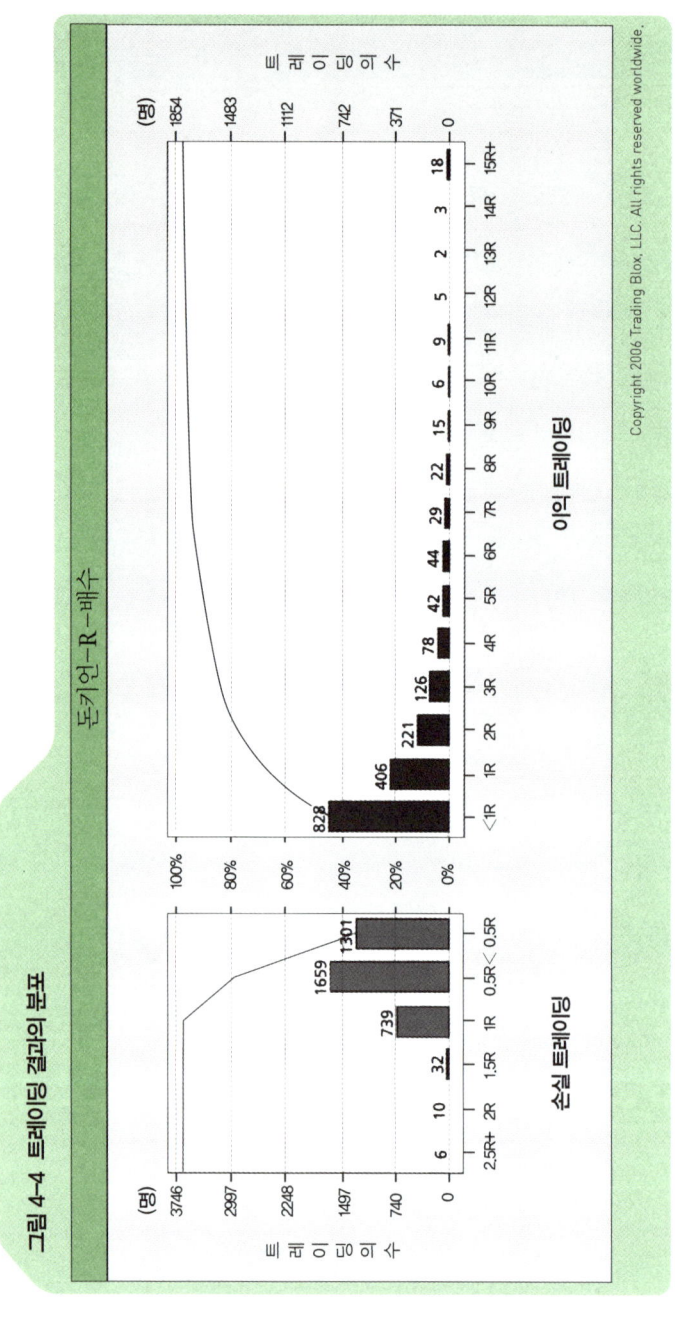

그림 4-4 트레이딩 결과의 분포

실 트레이딩의 누적 실선은 왼쪽 방향으로, 이익 트레이딩은 오른쪽 방향으로 향한다. 그림 좌우의 수치는 이익 트레이딩, 손실 트레이딩의 총수를 20% 간격으로 5분할한 것이다. 예를 들어 손실 트레이딩의 100%에 해당하는 수치가 3,746인데 이는 22년이라는 시험 기간 동안 손실 트레이딩 횟수가 총 3,746회라는 의미다. 이를 5분할하면 749.2가 되어 백분율로 표시된 각 구간은 약 749만큼을 나타낸다. 이익 트레이딩 부분에서 100%에 해당하는 수치는 1,854이며 백분율 각 구간은 370.8, 약 371을 나타낸다.

막대별 간격은 트레이딩으로 벌어들인 수익을 노출된 리스크의 크기로 나누어 정한다. 이 개념을 R-배수$^{R-multiple}$라고 하는데 트레이더인 척 브랜스콤$^{Chuck\ Branscomb}$이 시스템별 및 시장별 트레이딩의 차이점을 간편하게 비교하기 위해 개발한 것이다. 이 개념은 반 타프가 자신의 저서 『경제적 자유를 위한 나만의 트레이딩 기법』에서 소개하면서 널리 알려졌다.

예를 들어 설명하자면 이렇다. 8월물 금 선물계약을 450달러에 매수하고 손실 대비 차원에서 440달러를 손절가로 설정한다고 하자. 450달러와 440달러의 차액 10달러에 금 1계약의 단위인 100온스를 곱하면 1,000달러가 되는데 이 수치가 바로 이 트레이딩의 리스크다. 트레이딩 결과 5,000달러의 수익이 발생했다면 리스크 크기(1,000달러)의 5배에 해당하므로 이를 5R이라고 한다. 그림 4-4에서 이익 트레이딩 부분의 각 구간은 1R 간격으로 표시했으며 손실 트레이딩 구간은 1/2R 간격으로 표시했다.

이 막대그래프에서 손실 트레이딩 부분의 수치가 이익 트레이딩 부분의 수치를 훨씬 웃도는 것을 보면 의아한 생각이 들지도 모르겠다. 실제로 추세추종 시스템에서는 이와 같은 형태가 일반적이다. 하지만 손실 트레이딩 횟수가 훨씬 높다고 하더라도 대부분의 손실이 바람직한 진입 리스크 수준인 1R 쪽으로 근접해 있다. 반대로 이익 트레이딩의 경우 진입 리스크의 10배 이상에 해당하는 수익을 낸 경우(10R~15R)가 43회나 된다. 따라서 결과적으로 수익 규모가 진입 리스크를 훨씬 상회한다.

그렇다면 이상의 사실이 터틀처럼 생각하라는 말과 무슨 관계가 있는가?

터틀이라 해도 어떤 트레이딩이 손실을 낼지 이익을 낼지 잘 모른다. 다만 트레이딩 결과로 나타날 수 있는 분포를 대충 그려볼 수 있을 뿐이다. 터틀은 각각의 트레이딩이 이익 트레이딩이 될 가능성도 있지만 십중팔구는 손실이 날 수 있음을 생각하면서 트레이딩에 임한다. 하지만 이익 트레이딩의 경우 4R~5R 정도에 해당하는 중간 규모의 경우가 있는가 하면 12R, 20R 심지어 30R이나 되는 대규모의 이익이 발생할 수 있다는 사실도 알고 있다. 궁극적으로 터틀이 확신하게 인지하고 있는 사실은 이익 트레이딩의 규모가 워낙 크기 때문에 수차례의 손실 트레이딩을 상쇄하고도 남을 정도로 큰 수익을 올릴 수 있다는 점이다.

따라서 터틀은 트레이딩에 나설 때 개별적 트레이딩 결과에 일희일비하지 않는다. 빈도수를 기준으로 하면 전체 트레이딩에서 손실 트레이딩이 차지하는 비중이 훨씬 크다는 사실을 잘 알고 있기 때문이다. 우리 터틀은 확률이라는 차원에서 의사결정을 한다. 그렇기 때문에 리스크와 불확실성 수준이 높은 상황에서도 우리의 판단에 확신을 가질 수 있는 것이다.

특별한 혜택이나 비법 같은 것은 없다

터틀 가운데는 시장의 미래를 정확히 예측해야 한다는 강박관념에 시달리는 사람도 있었다. 이 때문에 난방유 트레이딩 사례에서 충분히 교훈을 얻었으련만 그 이후에도 여전히 트레이딩 행위에 일관성이 있어야 한다는 원칙을 실천하지 못했다. 특히 기억나는 사람이 하나 있다. 그는 데니스가 나를 비롯한 극소수 훈련생에게만 성공 비법을 알려주고 다른 훈련생들에게는 그 비법을 알려주지 않았다고 믿었다. 이는 정말 터무니없는 생각이었다. 중요한 정보 같은 것이 있었으면 훈련생 전원에게 알려 큰돈을 벌게 하는 것이 데니스에게 더 유리할 텐데 일부러 알리지 않을 이유가 어디 있겠는가! 게다가 훈련생들이 잘못 하면 손실금은 데니스의 주머니서 나가는 것이고 더구나 에크하르트와의 내기에서도 지게 되는데 그런 선택을 할 리가 있겠는가.

다시 한번 강조하지만 숨겨둔 비법 같은 것은 없었다. 나는 다만 다른 사람들보다 훨씬 단순한 접근법을 취했을 뿐이다. 나에게 할당된 자금을 비교적 장기인 10주 돌파 시스템에 전부 투자했다. 이런 방법을 취했기 때문에 다른 사람보다 트레이딩 횟수도 훨씬 적었고 관찰해야 할 시장의 수도 적었다. 다른 사람이 하지 않는 뭔가 이상한 방법을 사용했다든가 일반에 알려지지 않은 특별한 정보를 활용했다든가 하는 일은 절대 없었다.

자신의 트레이딩 결과에 책임을 져라

데니스가 중요한 정보를 알려주지 않았다고 생각하는 것 또한 자신의 무능함을 남의 탓으로 돌리는 편집증적 망상에 다름 아니다. 훈련 기간 동안 트레이딩 실적이 좋지 않았던 사람이 실패의 원인을 찾을 때 이런 식으로 생각하는 경우가 있었다. 이는 비단 시장에서만의 문제가 아니고 인생의 문제이기도 하다. 실패를 다른 사람 혹은 자신이 통제할 수 없는 어떤 상황의 탓으로 돌리는 사람들이 많다. 이런 사람들은 어떤 일에서 실패를 하게 되면 자기 자신을 뺀 나머지 모든 사람한테서 그 원인을 찾는다. 자신이 한 행동 그리고 그 행동의 결과에 대해 스스로 책임을 지지 못하는 것이야말로 실패로 가는 지름길이다.

트레이딩은 이와 같은 나쁜 습관을 고칠 수 있는 좋은 기회다. 트레이딩은 나 자신과 시장 단 둘만의 한판 승부이기 때문이다. 요컨대 트레이딩에 나선 자는 절대 시장 뒤에 숨을 수가 없다. 트레이더와 시장 이외의 다른 어떤 것에도 비난의 화살을 돌릴 수 없는 상황이라는 의미다. 트레이딩을 잘 했다면 궁극적으로 좋은 결과를 얻을 것이다. 트레이딩을 잘못 했다면 결국 손실을 보게 될 것이다. 자신의 트레이딩 행위와 그 행위의 결과 간에는 엄연히 누구도 부인할 수 없는 인과관계가 존재함에도 불구하고 여전히 시장 탓을 하는 사람이 있다. 이런 사람들은 절대고수들이 모인 '전문가' 집단 혹은 비밀스런 트레이더 집단이 작전을 벌여 자신들의 주머니를 털어갔다는 식의 그럴듯한 시나리오까지 만들어가며 어떻게든 책임을 모면하려 한다. 수많은 트레이더들이 호시탐탐 당신의 주머니를 노리고 있는 것은 사실이지만 이들이 주장하는 것과 같은 부당한 공모나 결탁, 사기 등의 행위가 있었다는 사실을 뒷받침하는 증거는 전혀 없다.

결론적으로 말해 '자신이 한 트레이딩 행위라면 그 결과에 책임을 지라'는 것이다. 조언을 잘못 했다느니 중요한 정보를 알려주지 않았다느니 하며 다른 사람을 탓하지 말라. 일을 망쳤거나 바보 같은 행동을 했다면 실수에서 교훈을 얻어라. 실수하지 않은 척하지 말라. 그리고 실패의 원인이 무엇인지 찾아내 다시는 똑같은 실수를 반복하지 않도록 노력하라. 재삼 강조하지만 자신의 잘못을 남의 탓으로 돌리는 것이야말로 실패의 지름길이다.

 터틀처럼 생각하기 위해 해야 할 것과 하지 말아야 할 것

1. 현재를 기준으로 트레이딩하라: 과거에 집착하거나 애써 미래를 예측하려고 하지 말라. 과거에 집착하는 것은 비생산적이고 미래를 예측하는 것은 불가능하다.
2. 예언이 아니라 확률적 차원에서 생각하라: 향후 시장의 방향을 예측하면서 자신의 옳고 그름을 판단하려 하지 말고 장기적으로 볼 때 성공 확률이 높은 방법에 초점을 맞춰라.
3. 자신이 실행한 트레이딩 행위에 책임을 져라: 자신이 저지른 실수나 잘못을 다른 사람이나 시장, 브로커 등에 떠넘기지 말라. 자신의 실수에 대해서는 스스로 책임을 지고 실수에서 교훈을 얻어라.

우위 혹은 유리한 위치를 점하려면 무엇보다 먼저, 자신이 희망했던 시간 틀 내에서 특정 방향으로 시장이 움직일 확률이 현저히 높아질 때 진입 시점을 찾아야 한다. 그리고 진입을 계획하는 단계에 상정했던 시장 유형에서 수익을 낼 수 있도록 퇴장 전략을 조화시켜야 한다. 요컨대 우위 요소를 극대화하려면 진입 전략과 청산 전략이 한 쌍을 이루어야 한다. 예를 들어 추세추종에 의한 진입 전략은 다양한 유형의 추세추종 청산 전략과 쌍을 이뤄야 하고, 역추세 진입 전략은 역추세 청산 전략과, 스윙 트레이딩 진입 전략은 스윙 트레이딩 청산 전략과 쌍을 이루는 식이다.

chapter 05
우위가 있는 트레이딩

제5장
우위가 있는 트레이딩

프로와 아마추어를 가르는 분수령은 바로 유리한 트레이딩을 하느냐 아니냐의 여부다. 우위성을 무시하는 사람은 이를 중시하는 사람의 먹잇감이 될 뿐이다.

트레이딩은 특정 가격에서 사서 이후 이보다 더 높은 가격에 팔거나, 특정 가격에서 공매도를 하고 그 이후 가격이 낮아졌을 때 환매하는 행위다. 초보자들이 시장 진입 시점을 정할 때 사용하는 전략을 볼라치면 차트를 걸어놓고 다트를 찍어 대충 선택하는 것과 다를 바 없다는 생각이 든다. 그런 생각이 들 정도로 초보자들은 시장 진입 시점을 주먹구구식으로 결정한다는 뜻이다. 노련한 트레이더가 보면 그러한 전략으로는 전혀 승산이 없다며 혀를 찰 것이 뻔하다. 여기서 '승산'이라는 말은 도박 이론에서 나온 것이고 카지노 측에 통계적 이점이 있다는 사실을 포함하고 있다. 블랙잭을 하는 경우에 플레이어가 카드 카운팅에서 우위를 점할 때도 이런 표현을 쓴다. 기회를 노리고 벌이는 게임인데 승산이 전혀 없는 게임에 나선다면 결국에는 돈을 다 잃고 말 것이다.

트레이딩의 경우에도 마찬가지다. 트레이더에게 승산이 없다면 트레이딩 비용만으로도 손실이 발생한다. 각종 수수료, 목표 수익과 실제 수익과의 편차, 컴퓨터 사용 비용, 환 시세나 가격 데이터 비용 등이 필수적으로 소요되기 때문이다. 트레이딩에서 우위성이란 향후 전개될 법한 시장 행동에서 활용할 수 있는 통계적 이점을 말한다. 또한 트레이딩에서 최상의 우위는 바로 인지적 편향이 시장 행동을 불러일으킬 때 발견할 수 있다.

우위를 만드는 요소

우위 혹은 유리한 위치를 점하려면 무엇보다 먼저, 자신이 희망했던 시간 틀 내에서 특정 방향으로 시장이 움직일 확률이 현저히 높아질 때 진입 시점을 찾아야 한다. 그리고 진입을 계획하는 단계에 상정했던 시장 유형에서 수익을 낼 수 있도록 퇴장 전략을 조화시켜야 한다. 요컨대 우위 요소를 극대화하려면 진입 전략과 청산 전략이 한 쌍을 이루어야 한다. 예를 들어 추세추종에 의한 진입 전략은 다양한 유형의 추세추종 청산 전략과 쌍을 이뤄야 하고, 역추세 진입 전략은 역추세 청산 전략과, 스윙 트레이딩 진입 전략은 스윙 트레이딩 청산 전략과 쌍을 이루는 식이다.

이 부분이 왜 중요한지를 설명하기 위해 우위가 있는 시스템의 구성 요소를 분석해보도록 하겠다. 이른바 우위가 있는 시스템은 다음

세 가지 요소로 구성된다.

> **포트폴리오 선택** 특정일 기준으로 트레이딩할 수 있는 시장을 선택하기 위한 알고리즘
> **진입 신호** 트레이딩 개시를 위해 사고파는 시점을 결정하는 알고리즘
> **청산 신호** 트레이딩 종료를 위해 사고파는 시점을 결정하는 알고리즘

단기적으로는 우위가 있는 진입 신호이지만 중장기적으로는 그렇지 않은 신호인 경우도 있다. 반대로 장기적 시스템상에서는 우위가 있는 청산 신호가 단기적 시스템상에서는 그렇지 않을 수도 있다. 보다 구체적인 예를 살펴보자.

● 좋은 가격 변동 vs. 나쁜 가격 변동

진입 신호를 탐지하고 있을 때는 그 신호를 만들어낸 시장 행동 이후의 가격 변동 추이에 민감해진다. 이런 경우 가격 변동을 좋은 변동과 나쁜 변동 등 크게 두 부분으로 나누어 관찰하는 것도 좋다.

좋은 가격 변동이란 트레이더에게 유리한 방향으로 가격이 움직이는 것을 말한다. 다시 말해 매수를 했는데 가격이 올라간다면 좋은 변동이고 가격이 내려간다면 당연히 나쁜 변동이 되는 것이다. 또 공매도를 했는데 가격이 내려간다면 좋은 변동이 될 것이고 가격이 올라간다면 이는 나쁜 변동이 될 것이다. 매수를 했는데 처음에는 가격이

떨어지면서 나쁜 가격 변동이 전개되다가 나중에 가격이 올라서 결국 진입 가격보다 훨씬 높은 가격이 형성된 경우, 그리고 처음에는 가격이 떨어졌는데 이후 가격이 오르다가 다시 떨어진 경우 등을 한번 생각해보라. 이런 상황이 그림 5-1에 표현돼 있다.

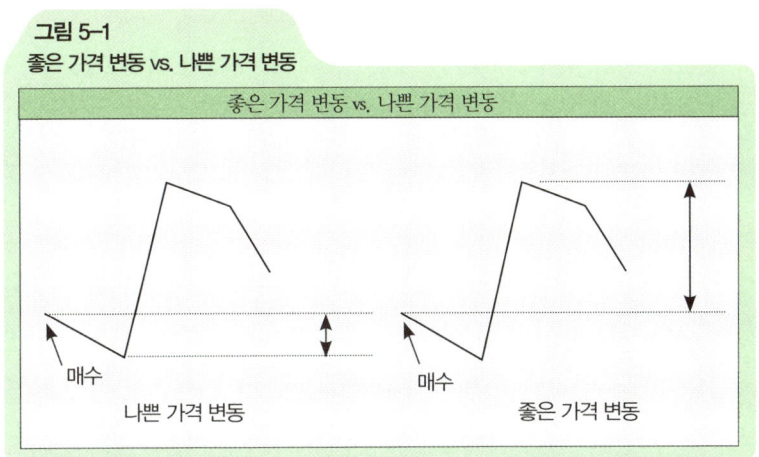

그림 5-1
좋은 가격 변동 vs. 나쁜 가격 변동

트레이더들은 최대의 나쁜 가격 변동을 최대 역행폭MAE; Maximum Adverse Excursion 또는 최대 불리진폭이라 하고, 최대의 좋은 가격 변동을 최대 순행폭MFE; Maximum Favorable Excursion 또는 최대 유리진폭이라고 한다. 그림에 표시된 각 화살표의 길이가 MAE와 MFE의 크기를 나타내는 것이다. 그림 5-1을 보면 MFE(좋은 가격 변동)가 MAE(나쁜 가격 변동)보다 훨씬 크다는 사실을 알 수 있다.

MAE와 MFE를 사용하면 바로 진입 신호의 우위성을 측정할 수 있다. 어떤 진입 신호 뒤에 최대 순행폭의 평균이 최대 역행폭의 평균보다 높아질 때 양(+)의 우위성이 존재한다고 말할 수 있다. 반대의 경우에는 음(-)의 우위성이 존재한다고 말한다. 만약 무작위 진입의 경우라면 나쁜 변동과 좋은 변동이 전개될 가능성이 거의 반반일 것이라고 생각할 수 있다. 예를 들어 동전을 던져서 앞면이 나오면 매수하고 뒷면이 나오면 매도한다고 하자. 이러한 방식으로 진입을 결정한다면 이후 MFE와 MAE가 같아지는 가격 변동이 발생할 것이다.

진입 우위성에 대한 개념을 진입 신호의 우위성을 측정하는 데 적용하기 위해서는 몇 가지 단계가 더 필요하다. 첫째, 모든 시장의 가격 변동 추이를 표준화할 방법을 찾아야 한다. 둘째, 평균 MAE와 평균 MFE 측정 기간을 결정하는 방법을 찾아야 한다.

이 둘의 비교가 통계적으로 의미가 있으려면 가장 우선적으로 모든 시장의 MFE와 MAE를 표준화할 필요가 있다. 여기에 터틀이 모든 시장의 트레이딩 규모를 표준화할 때 사용했던 것과 동일한 기제를 사용할 수 있다. 즉, ATR을 사용하여 MFE와 MAE의 표준화를 시도하는 방법이다.

각 시장의 진입 행동을 구분하기 위해서는 각기 다른 시간 틀에 걸친 진입 신호의 가격 움직임을 비교해야 한다. 내가 평상시 사용하는 방법은 이렇다. 우선 특정 일수를 정한 다음 각 신호가 나타난 이후의 일수를 기준으로 MFE와 MAE를 측정한다. 나는 트레이딩 블록스 Trading Blox의 연구개발 책임자로 있으면서 정교한 시스템 시험 환경을 개발하는 데 주안점을 두었다. 우리는 진입 우위성을 측정하는 작업에 몰두했으며 이를 지표화하여 우위 비율 edge ratio 또는 E-비율이라고 명명했다.

우위 비율(E – 비율)

E-비율은 아래 공식에 따라 앞서 언급했던 수치들을 하나로 결합해놓은 개념이다.

1. 각 시간 틀에서의 MAE와 MFE를 구한다.
2. 계산한 수치를 진입 시의 ATR로 나눈다. 이렇게 하면 MFE와 MAE는 가격 변동성을 반영하여 조정되며, 모든 시장에 적용할 수 있도록 데이터가 정규화된다.
3. 2에서 구한 수치를 MFE, MAE별로 더해 신호의 총 빈도수로 나눈다. 이것이 '가격 변동성이 반영된' 평균 MAE와 MFE가 된다.
4. 가격 변동성이 반영된 평균 MFE를 가격 변동성이 반영된 평균 MAE로 나눈 값이 E-비율이다.

시간 틀을 명시하기 위하여 MFE와 MAE를 측정했던 일수를 비율표시에 편입시켰다. 예를 들어 E10-비율 척도는 진입일을 포함하여 10일간의 MFE와 MAE를 측정하고 E50-비율은 50일간의 MFE와 MAE를 측정하는 식이다.

E-비율은 특정 진입이 우위성이 있는지 여부를 판단하는 데도 사용할 수 있다. 예를 들어 100% 무작위 진입에서도 이 진입이 우위가 있는지 여부를 E-비율로 알아낼 수 있다. 이를 입증하기 위해 동전 던지기처럼 무작위로 이루어진 매수 혹은 매도 포지션의 진입 사례를 대상으로 지난 10년 동안의 E-비율을 검증해보았다. 30회에 걸친 개

별 검증의 결과 E5-비율은 평균 1.01, E10-비율은 1.005, E50-비율은 0.997이었다. 이 수치들은 우리가 기대했던 값인 1.0에 매우 근접해 있다. 검증 횟수를 더 늘린다면 이 수치는 1.0에 더욱 근접한 값이 될 것이다. 합리적 수준의 시간 틀에서 특정 포지션에 유리한 방향으로 가격이 변동하는 확률과 불리한 방향으로 변동하는 확률이 거의 동일하기 때문에 이런 현상이 벌어지는 것이다.

돈키언 추세 시스템의 핵심 요소를 분석하는 데도 E-비율을 사용할 수 있다. 돈키언 추세 시스템의 주요 진입 요소 두 가지는 돈키언 채널 돌파Donchian channel breakout와 추세 포트폴리오 필터trend portfolio filter다. 돈키언 채널 돌파는 가격이 이전 20일 동안의 최고가를 넘어설 때 매수하고 이전 20일 동안의 최저가보다 떨어질 때 공매도하는 원칙을 말한다. 추세 포트폴리오 필터는 50일 이동평균선이 300일 이동평균선보다 높을 때 매수 포지션을 취하고 50일 이동평균선이 300일 이동평균선보다 낮은 경우에만 공매도 포지션을 취할 수 있다는 의미다. 필터의 역할 가운데 하나는 이 시스템에 유리한 상태가 아닌 시장을 투자 고려 대상에서 제거하는 것이다.

이제 E-비율을 사용하여 돈키언 추세 시스템의 트레이딩 진입 규칙을 검증하는 방법에 관해 설명해보겠다. 거래량이 많은 28개 미국 선물시장을 대상으로 1996년 1월 1일부터 2006년 6월 30일까지에 해당하는 자료로 검증 작업이 진행됐다. 이에 대한 결과가 그림 5-2에 제시되어 있다.

그림 5-2
측정 일수에 따른 E-비율 변화

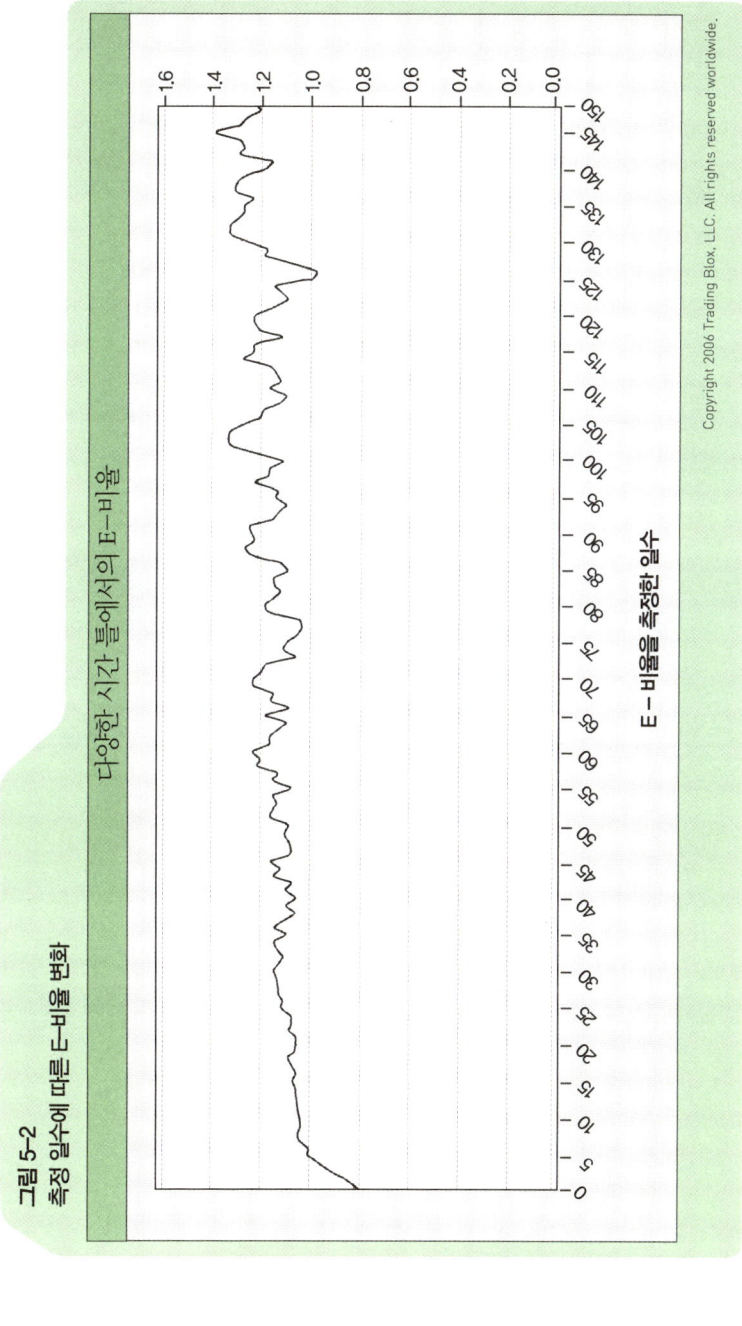

다양한 시간 틀에서의 E-비율

우리가 정한 표본의 E5-비율은 0.99이고 E10-비율은 1.0이다. "잠깐만요. 양의 우위성이 있는 진입일 경우에는 E-비율이 1보다 크지 않나요?" 이렇게 묻는 사람도 있을 것이다. 맞는 말이다. 하지만 돈키언 채널 돌파 시스템은 중기 추세추종 시스템의 한 유형이며 따라서 이 시스템에서의 진입은 단기가 아니라 중기 시간 틀의 차원에서 우위성이 있어야 한다는 사실을 기억하라. 말하자면 특정 시스템이 사용하고 있는 시간 틀 차원에서 우위성이 있어야 의미가 있는 것이다.

E70-비율을 보면 1.20 수준이라 되어 있다. 이는 진입 신호 이후 70일 동안의 가격 변동을 관찰했을 때 과거 20일 돌파 방향에서 이뤄진 트레이딩은 반대 방향에서의 트레이딩보다 돌파선과 같은 방향으로 가격이 평균 20% 움직였다는 것이다.

그림 5-2는 20일 돌파 시스템상에서 다양한 시간 틀(일수)에 대해 E-비율이 어떻게 변화하는지를 나타낸다. 첫째, E-비율은 1.0 이하에서 시작된다. E-비율이 1.0 이하라는 것은 초단기 시스템의 경우 일반적으로 돌파선에서 이루어진 트레이딩에 대해 유리한 방향보다는 불리한 방향 쪽으로 가격 변동이 진행됐다는 것을 의미한다. 심리적 측면에서 볼 때 돌파 트레이딩이 매우 어렵게 느껴지는 이유 가운데 하나가 바로 이것이다. 또한 이는 돌파에 베팅을 하되 지지선이나 저항선에서의 반발을 노려 진입 포지션을 길게 유지하지 않는 역추세 전략으로 수익을 낼 수 있는 이유 가운데 하나이기도 하다. 초단기 시스템에서는 이러한 전략들이 양의 우위성을 지니는 법이다.

둘째, E-비율이 꾸준히 상승하기는 하지만 1.0이 넘어서게 되면 비율이 불규칙적으로 변동하는 양상이 나타난다. 요컨대 양의 우위성인 것은 분명하지만 이를 정확하게 수량화하기는 어렵다는 이야기다.

추세 포트폴리오 필터

포트폴리오 선택 기준이 돈키언 채널 시스템의 우위성에 어떤 영향을 미치는가? 이에 대해서는 두 가지 검증 방법이 있다. 첫째는 포트폴리오 선택 필터가 완전 무작위 진입의 우위성에 어떤 영향을 미치는지 살펴보고, 그 결과를 포트폴리오 필터링을 사용하지 않은 무작위 진입의 기본 E-비율(1.0)과 비교하는 방법이다. 둘째는 진입 신호와 추세 포트폴리오 필터를 결합하여 필터가 진입 신호의 우위성에 어떤 영향을 주는지를 살피는 것이다.

추세 포트폴리오 필터로 7만 회의 진입 사례를 검증한 결과 E70-비율은 1.27이라는 놀라운 수치로 나타났다. 이는 진입 신호 자체의 E70-비율과 비교할 때 높은 수준이다. 따라서 포트폴리오 선택 알고리즘이 시스템의 우위성을 증가시키는 것이 확실함을 알 수 있다.

추세 포트폴리오 필터를 사용하면 돌파 트레이딩에 유리한 방향으로 가격 변동이 진행될 가능성을 훨씬 높일 수 있다. 이 예에서는 E70-비율이 1.20에서 1.33으로 상승했다(그림 5-3 참고). 더구나 추세 필터와 돌파를 함께 사용하면 E-비율 그래프의 모양과 평활도(완만한 정도)에 변화가 생긴다. 추세 포트폴리오 필터를 추가한 이후에 그래프의 곡선이 얼마나 부드러웠는지 그리고 E-비율이 얼마나 높아졌는지에 주목하라. 그래프상에서 E120-비율은 1.6에 육박하고 있다.

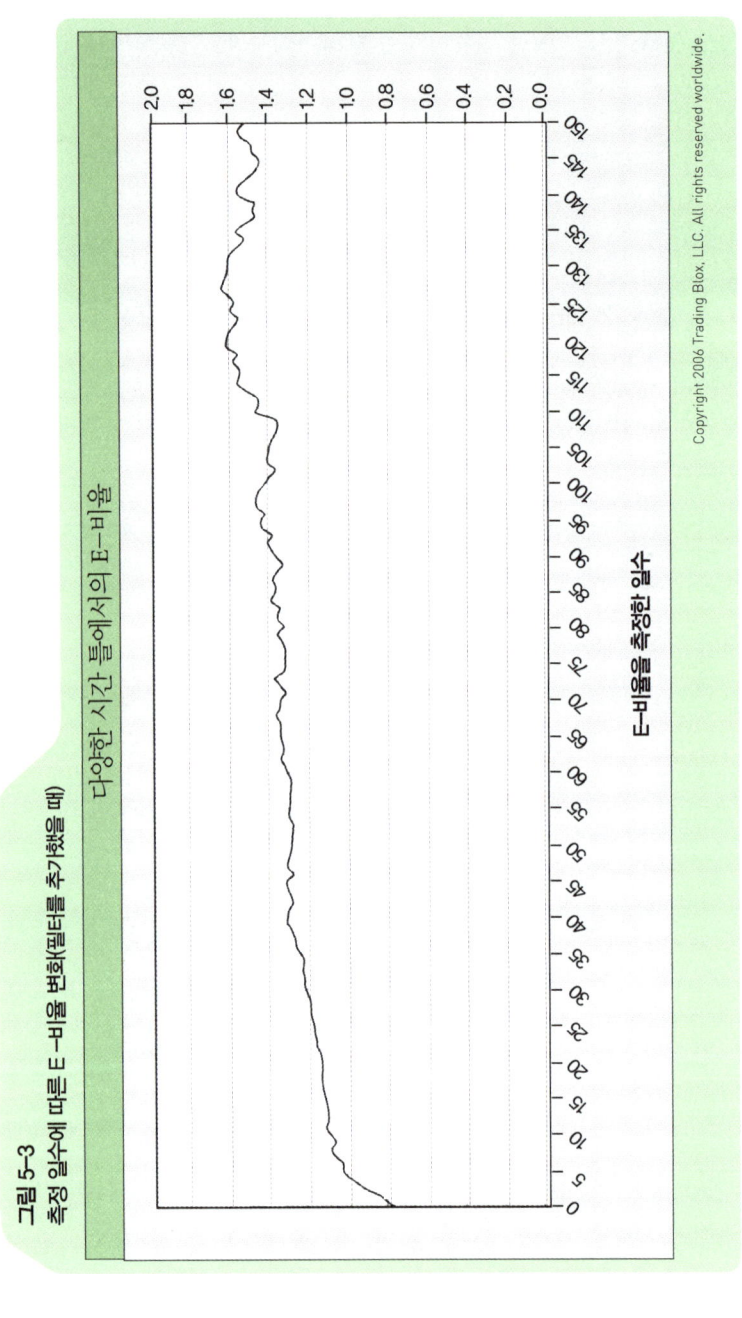

그림 5-3
측정 일수에 따른 E-비율 변화(필터를 추가했을 때)
다양한 시간 틀에서의 E-비율

이와 같은 결과가 나타나는 이유는 장기 추세에 역행하는 돌파 트레이딩이 제외됐기 때문이다. 돌파 트레이딩을 할 때 포지션과는 반대 방향으로 가격 변동이 일어나는 일은 비일비재하다. 하지만 추세와 역방향에서 발생하는 돌파는 거래에 영향을 줄 정도로 지속성을 갖는 일이 거의 없다.

● 청산의 우위성

특정 시스템의 청산 신호 역시 우위성이 있어야 한다. 그러나 안타깝게도 청산의 우위성을 측정하기란 상당히 어렵다. 청산의 경우 진입 신호와 청산 신호 조건을 모두 고려해야 하는데, 포지션을 취하도록 만드는 조건과 청산을 따로 떼어 생각할 수 없기 때문이다. 단일 요소로 이루어진 시스템에 비해 다양한 요소로 구성된 시스템의 경우 각 요소들 간의 상호작용까지 고려해야 하기 때문에 문제가 훨씬 복잡해진다.

이처럼 시스템이 의외로 복잡하기 때문에 청산의 우위성보다는 이것이 시스템 자체의 측정 기준에 어떤 영향을 미치는가가 더 관심사가 된다. 때문에 단순히 청산 이후의 상황을 관찰하기보다는 청산이 시스템의 측정 기준에 미치는 영향을 수량화하는 편이 더 바람직하다. 진입 신호를 살펴볼 때는 진입 이후에 어떤 상황이 전개될지에 관심을 갖는다. 시장에 진입한 이후부터 청산 시점까지가 바로 투자 자금의 향방이 결정되는 기간이기 때문이다. 트레이더는 오직 시장에 있을 때에 한해 돈을 벌 수 있는 것이다. 그렇지만 청산은 경우가 다르다. 청산 이후의 상황은 트레이딩 결과에 아무런 영향도 미치지 않는다. 청산이 있기 전에 전개된 상황만이 의미를 갖는다. 청산을 평가할 때 그 청산이 전체 시스템의 성과에 어떤 영향을 미치는지를 기준으로 하는 것도 다 이 때문이다.

WAY of the TURTLE

트레이딩을 전투와 유사하다고 보는 이유가 또 있다. 공격에 나서는 쪽의 장수는 적절한 공격 기회가 찾아오기를 기다린다. 그래야만 성공할 가능성이 높아지기 때문이다. 적군의 수비 상태를 점검하기 위해 소수의 병사들을 적진으로 보내 급습을 감행하기도 하지만 적절한 공격 시점이 될 때까지는 전체 병력을 투입하여 전면전을 치르는 일이 거의 없다. 지지선과 저항선의 중간 부분에서 가격이 형성되는 경우에는 매도자와 매수자 모두 전투에 나서지 않기 때문에 이 전투에서 누가 승자이고 누가 패자인지 알아내기가 힘들다. 그런데 가격이 지지선이나 저항선에 근접할수록 매도자와 매수자 양측이 이 전투에 뛰어들 가능성이 높아진다. 이 전투에서 분명 한쪽은 승리할 것이고 다른 한쪽은 패할 것이다. 가격은 딱 두 가지 선택지밖에 갖지 못한다. 즉, 지지선이나 저항선을 돌파하거나 아니면 돌파하지 않는다. 이 두 가지가 동시에 발생하는 일은 절대 불가능하다.

chapter 06

우위성을 찾아서

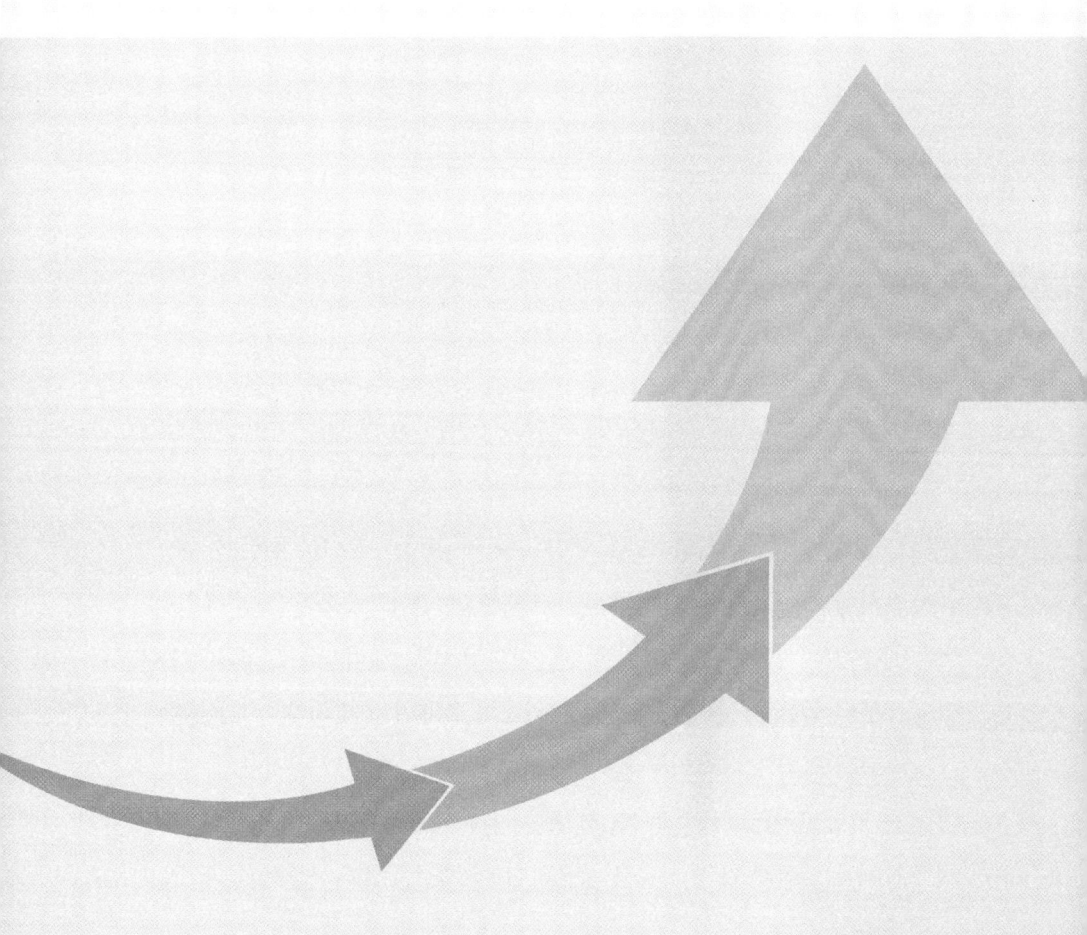

제6장
우위성을 찾아서

우위성은 매수자와 매도자가 치열하게 싸우는 바로 그곳에 존재한다. 트레이더의 임무는 이러한 장소를 찾아낸 다음 승자와 패자가 가려질 때까지 기다리는 것이다.

    트레이딩의 우위성이라는 것은 인지적 편향으로 인해 현실과 시장 인식에 차이가 발생하기 때문에 존재한다. 경제학자들은 기본적으로 시장 참여자들이 합리적으로 행동한다고 믿고 있다. 바로 이와 같은 그릇된 믿음 때문에 트레이딩 우위성이 존재하는 것이다. 시장 참여자들은 결코 합리적이지 않다. 앞서 2장에서는 이론적 관점에서 인지적 편향이 어떻게 트레이딩 기회를 창출하는지에 관해 설명했다. 이 장에서는 실제 가격 자료를 사용하여 이 개념을 보다 상세히 다룰 생각이다.

지지와 저항은 왜 생기는가?

지지와 저항은 거의 모든 트레이딩 유형의 기초가 되는 개념이다. 간단히 말해 지지와 저항은 이전 가격 수준을 넘어서지 않으려는 경향이라고 할 수 있다. 그림 6-1과 같은 가격 차트를 참고하면 이 두 개념을 좀더 쉽게 이해할 수 있을 것이다.

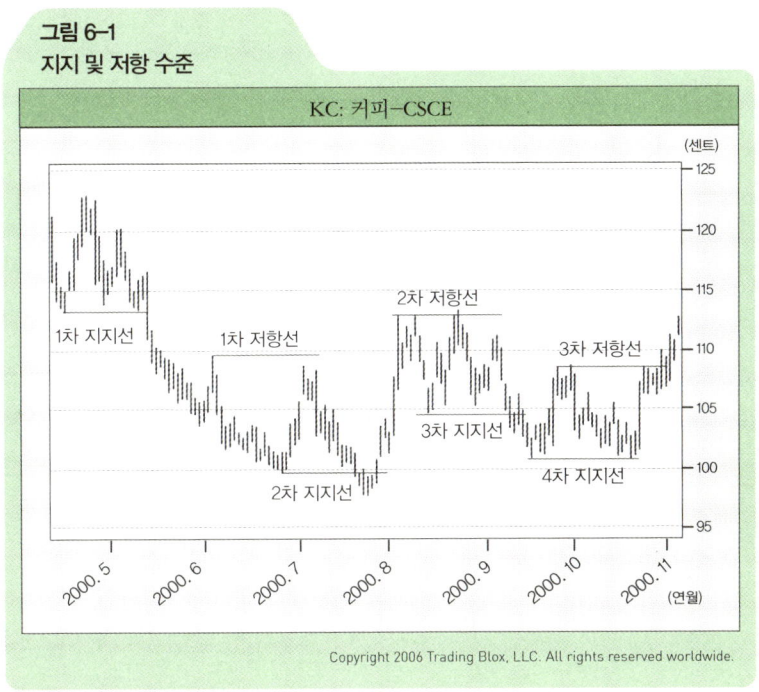

그림 6-1
지지 및 저항 수준

지지와 저항은 시장 행동에서 비롯된 현상이며 닻내리기, 최신 편향, 처분 효과 등 세 가지 인지적 편향 때문에 생긴다.

닻내리기란 이미 입수한, 손쉽게 이용할 수 있는 정보에 비춰 가격을 인식하려는 경향이다. 최근의 신고가 혹은 신저가는 이후의 가격을 측정하고 비교하는 새로운 기준이 된다. 즉, 새롭게 형성된 가격은 기준 가격과 비교하여 더 높다거나 더 낮다는 식으로 평가된다. 이러한 경향이 발생하는 이유는 차트에서 쉽게 비교할 수 있고 더욱이 시장 참여자들에게 심리적으로 중요시되기 때문이다.

그림 6-1에서 '1차 지지선'의 저점 113센트는, 이 가격이 형성된 직후에 그리고 이후 며칠 동안 가격이 120으로 상승한 이후까지 새로운 가격 기준으로 등극한다. 이 차트상에서 113센트는 데이 트레이더를 비롯한 단기 트레이더와 장기 트레이더 모두가 눈여겨볼 만한 저점이다. 이후 가격이 상승하여 123센트를 기록하다가 며칠 만에 다시 115센트로 떨어졌지만 트레이더가 생각하는 저점은 여전히 113센트다. 115센트는 분명이 저가이지만 기준 가격인 113센트와 비교하면 그렇게 낮은 가격은 아니라고들 생각한다.

최신 편향은 최근 자료나 경험을 더욱 중시하는 경향이다. 앞의 예로 설명하자면, 가장 최근에 형성된 저점이 113센트이기 때문에 이전의 다른 저점보다 이 최신 저점을 기준으로 현재의 가격을 평가하려고 한다. 이 때문에 시장 참여자들은 이 저점을 더 중요하게 생각하는 것이다. 이러한 편향은 지지와 저항 현상에 어떤 영향을 미치는가?

만약 당신이 커피를 사고 싶어하는 트레이더라고 가정해보자. 처음에 커피 가격이 113센트가 됐을 때 이 가격으로는 커피를 사지 않으려고 하면서 가격이 더 떨어지기를 바랄 것이다. 그런데 며칠 후 커피 가격이 123으로 오르면 그제야 115보다 더 낮은 가격일 때 커피를 사지 않은 자신을 책망하며 쓰린 속을 부여잡을 것이 뻔하다. 이제 최신 저점인 113이 가격 평가의 새로운 기준이 된 셈이다. 113센트는 자신이 며칠 전에 매수를 망설였던 가격임에도 이제는 합리적 수준의 저가라고 생각되는 것이다. 따라서 며칠 후에 커피 가격이 115센트 이하로 떨어진다면 매수에 나설 가능성이 훨씬 높아진다.

닻내리기와 최신 편향이 수많은 시장 참여자들에게 한결같이 작용하기 때문에 가격 변동이 115 이하에서 멈춰 있는 동안 매수 희망자들은 더 늘어난다. 이렇듯 새로운 매수자들이 시장으로 쏟아져 들어오면서 가격은 반등한다. 그림 6-1을 보면 115 이하로 내려갔다가 120 수준까지 반등한 상황을 확인할 수 있다.

대부분의 트레이더가 지지와 저항을 실제 현상으로 받아들이기 때문에 이 인식이 지지선과 저항선의 실재성을 높이게 된다. 가격이 특정 수준으로 떨어졌을 때 매수 행위가 더 많이 이루어질 것이라고 생각하는 트레이더가 많다고 하자. 이와 같은 믿음 자체가 특정 가격 수준에서 혹은 이 가격에 근접한 수준에서 매도하려는 의사를 반감시키는 역할을 한다. 특정 가격에서의 지지 효과 덕분에 가격이 더 오르게 되면 그때 가서 매도하는 쪽을 택할 것이기 때문이다. 지지와 저항에 대한 믿음은 또 자기달성예언 self-fulfilling prophecy 의 바탕이 된다.

처분 효과는 더 큰 수익을 노리기보다 현재 수익에 연연하는 경향을 말한다. 수익 규모가 커질수록 이 수익을 잃을지도 모른다는 불안감도 커진다. 이것이 지지, 저항과는 어떤 관계가 있을까?

그림 6-1에서 2차 지지선 영역에서 벗어난 직후인 8월 초 102센트

---

*자기달성예언 자기암시를 통해 믿는 바와 행동을 일치시킴으로써 바라는 바를 이루게 된다는 심리학 용어―옮긴이

에 커피를 매수했다고 가정하자. 며칠 후 가격이 114로 상승했을 때는 아마도 그 가격에 커피를 팔려고 내놓지는 않을 것이다. 가격 상승 속도가 워낙 빨라서 114를 훨씬 넘어 120 혹은 125까지 상승할 수도 있겠다고 기대하기 때문이다. 그런데 반대로 가격이 105로 떨어지자 110이 넘었을 때 팔았어야 했다며 가슴을 칠 것이다. 그러면서 최근 고가(2차 저항선)를 보며 이렇게 다짐할 것이다. "가격이 다시 114 이상이 되면 그때는 꼭 팔아야지."

그래서 정말 가격이 이 수준으로 다시 오르면 현 수익을 보존하려는 목적에서 매도에 나서려고 한다. 그런데 이와 동일한 포지션을 유지하고 있는 트레이더가 한둘이 아닐 것이며 이들 역시 매도에 나서겠다고 벼르고 있을 것이다. 수많은 트레이더가 스스로 생각할 때 높은 가격이라고 판단되는 수준에서 매도하고 싶어하기 때문에 이러한 사실 자체가 자연스럽게 그 가격에 대한 장벽 역할을 하게 되는 것이다. 8월 초에 형성된 이전 고가는 이후 형성된 가격의 수준을 평가하는 기준이 되기 때문에 그곳에 근접한 가격을 높은 가격이라고 간주하게 된다. 따라서 가격이 이 고가 수준에 근접할수록 매도에 나서려는 트레이더의 수가 더 늘어난다.

추세추종이 지지와 저항에서 우위를 갖는 이유

트레이딩을 구성하는 수많은 측면들이 거의 그렇듯이 지지와 저항은 엄격한 규칙이라기보다는 아주 느슨한 구성 개념에 더 가깝다. 가격은 반드시 이전 고가와 저가에서 반등 또는 반락하는 것이 아니다. 단지 그런 가격 변동이 전개될 개연성이 있을 뿐이다. 또한 반발 시점을 정확하게 보여주지도 못한다. 때로는 앞서서 또 때로는 뒤이어 반응을 나타낼 때도 있고 전혀 반응을 나타내지 않을 때도 있다.

역추세 전략을 구사하는 경우 지지와 저항은 우위성의 직접적 근원이 된다. 가격이 이전 고가나 저가에 도달하면 반발하는 경향 자체가 역추세 전략을 구사하는 트레이더에게 우위성을 부여한다. 지지선과 저항선이 깨지지 않는 한 그 효과에 의존하는 역추세 트레이더는 지속적으로 수익을 낼 수 있다.

반면 추세추종 시스템을 사용하는 경우에는 지지선과 저항선의 돌파가 훨씬 중요한 의미를 지닌다. 2006년 12월물 난방유 계약의 경우 지지선이 유지되지 않았다면 어떻게 됐을지 생각해보라(그림 6-2 참고).

갤런당 2.10달러에서 형성된 1차 지지선은 6월 중순 무렵 한 차례 시험대에 올랐다. 이후 가격이 2.10달러에서 반등한 뒤 2.31달러에서 멈췄고 이것이 새로운 저항선이 됐다. 그런 후 가격이 하락하여 2.16달러에서 2차 지지선이 형성됐다. 이후 반등했으나 저항선인 2.31달러선을 넘어서지 못했다. 가격이 두 번째로 2차 지지선까지 하락했을 때 어떤 현상이 벌어졌는지에 주목하라. 이번에는 곧바로 반등이 일어나지 않은 채 머뭇거리는 현상이 나타났다. 이 가격에서 매수세가 있었다는 증거지만 이 움직임이 지속되지 못했다. 그 후 1차 지지선의 가격대까지 하락했을 때 처음 수일간은 상향 움직임을 보였는데 여기서도 일부 매수세가 존재했다는 사실을 뒷받침한다.

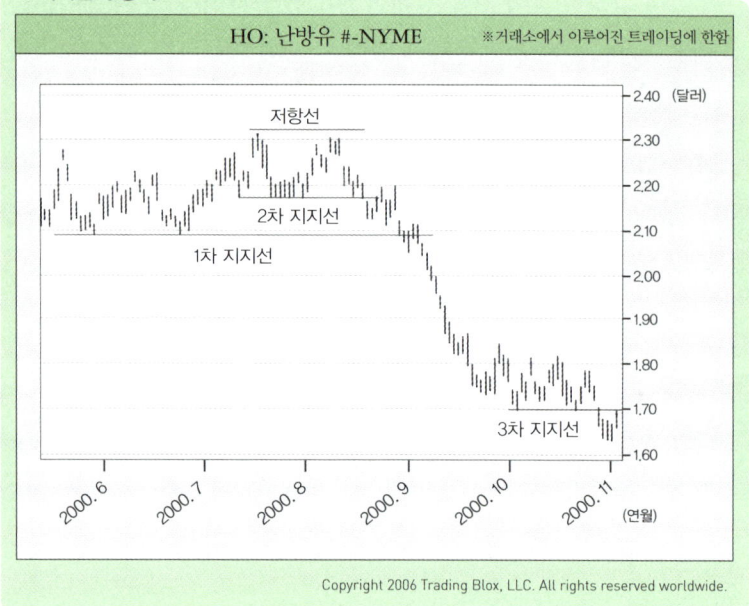

그림 6-2
지지선의 붕괴

가장 흥미로운 것은 그 이후에 벌어진 현상이다. 다양한 시장 참여자들의 심리적 관점을 고려한다면 더욱 그럴 것이다. 9월 5일에는 불과 3거래일 전인 8월 30일에 형성된 이전 저점 2.05달러에 근접하는 수준까지 가격이 떨어졌다. 이로써 상승을 기대하고 최근에 난방유를 사들임으로써 매수 포지션을 취하게 된 사람은 손실 트레이딩을 한 셈이 됐다. 더구나 그 근처에는 지지선의 형성을 기대할 만한 가격점이 존재하지 않기 때문에 일단 하락하는 경우 큰 폭으로 하락할 가능성이 아주 높았다. 그림 6-2에서 보는 바와 같이 바로 이 같은 현상이 그대로 나타났다. 가격은 1.85달러까지 떨어졌다. 이 지점에서 (그림에는 나와 있지 않지만) 7개월 전에 존재했던 지지선의 영향으로 보이는 미약한 매수세가 나타났다. 하지만 이 지지선은 붕괴됐고 가격은 9월 말경 1.73달러의 저점을 찍을 때까지 반등 없이 줄곧 하락했다.

영리한 역추세 트레이더라면 9월 5일쯤에 아니면 그다음 날 아침에라도 손절매를 단행했을 것이다. 이들은 지지선이 유지될 때도 있고 붕괴될 때도 있다는 사실을 잘 알고 있다. 지지선이 붕괴될 때는 시장에 맞서 싸우려고 하지 말라. 그렇지 않으면 큰 손실을 보게 될 것이다.

난방유 가격이 오름세에 있다는 판단하에 더 오를 것을 기대하며 2.10달러에 5계약을 매수했다고 가정하자. 가격이 더 떨어지자 2.10달러에서 형성된 최근 지지선을 기준으로 판단하여 2.05달러에 5계약을 추가로 매수하려고 할 것이다. 그런데 가격이 2.00달러 혹은 1.90달러 이하로 떨어지다가 불과 며칠 만에 1.80달러선까지 무너지는 장면을 보면 과연 어떤 생각을 하게 될까? 5계약 정도면 소규모 트레이딩에 해당한다. 하지만 이것이 10계약으로 불어나면 손실 규모가 11만 5,500달러로 증가하게 된다(계약 1단위에 대해 갤런당 평균 0.275달러의 손실이 발생하며 계약당 난방유의 양은 평균 4만 2,000갤런이다. 그리고 전체 계약 수는 10이므로 $0.275 \times 42,000 \times 10$이 된다).

초보 트레이더에게는 이런 상황이 비일비재하게 일어난다. 이들은 너무도 갑작스럽게 시장 상황이 자신에게 불리한 방향으로 전개된다는 사실에 당혹해한다. 반면 추세추종자들은 가격이 떨어질 때 공매도에 나설 수 있기 때문에 이러한 상황을 반긴다. 그리고 시장에 신저점이 형성될 때 큰 수익을 올리는 것이다.

추세추종자가 누리는 우위성은 지지선과 저항선이 붕괴되는 시점과 이를 지각하는 시점 간에 시차가 존재하는 데서 비롯된다. 사람들은 이전의 믿음에 너무 오랫동안 매달려 있고 시장은 새로운 현실이 즉시 반영될 정도로 빨리 움직이지는 않기 때문이다. 즉, 다른 때보다 지지선과 저항선이 붕괴될 때 시장이 더 크게 변동한다는, 통계적으로 유의한 경향이 나타나는 이유도 다 여기에 있다.

앞의 예에서 1차 지지선이 무너지고 처음으로 저항이 나타났을 때 이 저항선 밑에서 가격이 형성되는 경우에 새로이 매수 포지션을 취할 사람은 아무도 없다. 난방유를 사려는 의지가 있는데 마침 가격이 2.05달러 밑으로 계속해서 떨어지고 있다면 굳이 이 시점에 매수에 나설 이유가 있겠는가? 이럴 때는 누구라도 가격 하락세가 멈출 때까지 기다릴 것이다. 가격이 계속 떨어지고 있는 추세이므로 서둘러 매수할 필요가 없다고 생각하는 것이다. 그런데 가격 하락세가 멈춤 없이 이어지면 난방유를 매도해야 하는 사람들로서는 공황 상태에 빠지고, 이 때문에 가격은 더욱더 하락하게 된다. 이런 상태는 매물이 소진될 때까지 지속될 것이고, 어느 시점에 이르면 난방유를 사려는 이들 중에 가격이 더 이상은 떨어지지 않을 것이라고 생각하는 사람이 나오게 된다.

터틀은 이 같은 현상이 벌어지는 장면을 수도 없이 목격했다. 포지션을 취한 후 가격 변동이 우리에게 유리하게 전개된 덕분에 호시절을 구가한 적이 있었는가 하면, 지지선이 붕괴되는 것을 보고 수익이 있는 동안 포지션을 청산하기 위해 초조해하고 안달하는 무리들 속에 퇴장한 때도 있었다.

돌파 트레이딩은 이전 저항선과 지지선이 돌파됐을 때 이루어진다. 돌파 트레이딩 시스템을 사용했던 우리는 저항선 돌파일 때 매수 포지션으로 진입했고 지지선 돌파일 때 매도하고 공매도 포지션으로 진입했다. 또 단기 지지선 돌파일 때 매도하고 매수 포지션을 청산했고, 단기 저항선 돌파일 때 매수하고, 숏 포지션을 청산했다.

매수, 매도세의 격전지에 우위가 존재한다

지지선, 저항선에 가격이 가까워지면 나는 이를 가격 불안정점point of price instability에 도달했다고 부른다. 가격 불안정점이란 가격이 한 지점에 머물러 있지 않고 상향 혹은 하향 변동할 가능성이 높은 상태를 의미한다. 지지선이 유지되는 경우에는 가격이 상승하고 저항선이 유지되는 경우라면 가격은 저항에 부딪혀 하락한다. 지지선과 저항선이 유지되지 않는 경우에는 돌파되는 방향으로 가격 움직임이 이어지고 때로는 큰 폭의 가격 변동이 일어난다. 오랫동안 돌파가 없었던 시장에서 가격 수준이 돌파되면 향후 어느 지점에서 지지선이나 저항선이 형성될지 가늠하기가 더 어렵다. 시장 참여자들의 심리에 변화를 일으킬 수 있는, 즉 일종의 심리적 전환점 역할을 할 기준점도 남아 있지 않다.

앞의 예에서 보듯이 가격은 불안정점에 계속해서 머물러 있는 것은 아니다. 내가 이 지점을 불안정한 지점이라고 표현한 것도 바로 이런 이유 때문이다. 이 지점에서는 너무도 강한 압력이 존재하므로 바

야호로 심리전이 벌어진다. 심리전에서 한쪽은 승리할 것이고 한쪽은 패할 터인데, 먼저 지친 쪽이 포기하고 나가떨어지면 가격이 상승하거나 하락한다. 그때까지 가격은 계속 움직이는 것이 보통이다. 이와 같은 맥락에서 보면 가격 불안정점이야말로 트레이딩 기회가 창출되는 근원이다. 가격 불안정점에서는 수익을 내는 트레이딩과 그렇지 못한 트레이딩 간의 가격 차이가 비교적 작기 때문이다. 가격 차이가 작다는 것은 잘못된 트레이딩일 경우에도 여기서 발생하는 손실 비용이 그만큼 적어진다는 의미다.

트레이딩을 전투와 유사하다고 보는 이유가 또 있다. 공격에 나서는 쪽의 장수는 적절한 공격 기회가 찾아오기를 기다린다. 그래야만 성공할 가능성이 높아지기 때문이다. 적군의 수비 상태를 점검하기 위해 소수의 병사들을 적진으로 보내 급습을 감행하기도 하지만 적절한 공격 시점이 될 때까지는 전체 병력을 투입하여 전면전을 치르는 일이 거의 없다. 지지선과 저항선의 중간 부분에서 가격이 형성되는 경우에는 매도자와 매수자 모두 전투에 나서지 않기 때문에 이 전투에서 누가 승자이고 누가 패자인지 알아내기가 힘들다. 그런데 가격이 지지선이나 저항선에 근접할수록 매도자와 매수자 양측이 이 전투에 뛰어들 가능성이 높아진다. 이 전투에서 분명 한쪽은 승리할 것이고 다른 한쪽은 패할 것이다. 가격은 딱 두 가지 선택지밖에 갖지 못한다. 즉, 지지선이나 저항선을 돌파하거나 아니면 돌파하지 않는다. 이 두 가지가 동시에 발생하는 일은 절대 불가능하다.

전투든 트레이딩이든 상황 종료가 임박해져야만 승자와 패자의 윤곽이 가장 확실하게 드러나는 법이다. 지지선과 저항선을 둘러싸고 매수자와 매도자 간에 벌어지는 심리전에서 과연 누가 승자가 될지는 양측이 이 전투에 뛰어든 연후라야 정확하게 알 수 있는 것이다. 그리고 가격이 지지선이나 저항선을 돌파하여 그 추세를 계속 이어나갈지 아니면 돌파가 무산될지 여부를 확인해야만 진정한 승자가 누구인지를 확증할 수 있다.

그림 6-2를 예로 들자면, 가격 상승을 기대하고 2.10달러에 매수를 한 역추세 트레이더는 진입 가격에서 0.06달러 하락한 가격 지점을 손실 제한선으로 정할 수 있다. 이 가격이면 지지선이 돌파된 것이기 때문이다. 이와 같은 맥락에서 2.10달러에 돌파 공매도를 한 추세 추종자는 진입 가격에서 0.05달러가 상승한 2.15달러 혹은 0.06달러가 상승한 2.16달러를 손실 제한선으로 정할 수 있다. 2.10달러를 기록한 이후에 가격이 이 수준에 근접했다는 것은 지지선이 유지된다고 판단해도 좋을 만큼 강한 상승 추세가 나타났다는 의미다.

인지적 편향으로 인해 인간의 지각에 체계적인 오류가 발생하는 곳에 우위성도 존재한다. 매수자와 매도자 간의 격전지가 바로 그런 장소다. 훌륭한 트레이더는 승자가 될 가능성이 있다는 사실을 뒷받침할 만한 증거를 찾아내고, 승산이 있다고 판단되는 곳에 베팅을 한다. 그리고 잘못된 베팅을 한 경우에는 이를 인정하고 자신이 취한 포지션을 청산하여 실수를 바로잡는다. 이후 장에서는 이 개념들을 기초로 보다 완벽한 시스템에 관한 논의를 전개할 것이다.

WAY of the TURTLE

데니스와 에크하르트가 터틀들의 포지션 크기에 세심한 주의를 기울인 이유는 포지션이 지나치게 크면 역방향으로 가격 변동이 진행되는 동안 자신들의 전체 순자산을 잃을 수도 있다는 사실을 잘 알고 있었기 때문이다. 두 사람은 터틀 프로그램을 시작하기 몇 년 전에 가격 제한선까지 며칠 동안 하락이 거듭되던 시장에서 트레이딩을 한 적이 있다. 매수에 나서는 사람이 없기 때문에 트레이더들은 포지션을 청산할 수 있는 기회를 갖지 못했다. 이러한 상황이야말로 선물 트레이더에게는 최악의 악몽인 것이다. 하루하루 시간이 갈수록 손실액은 점점 불어나고 트레이더가 할 수 있는 일은 아무것도 없다.

chapter 07

리스크와 보상에 대하여

제7장
리스크와 보상에 대하여

리스크 개념을 제대로 이해하고 충분히 관심을 기울이는 것이야말로 훌륭한 트레이더의 핵심 특성이다. 잠시라도 리스크에 대한 경계를 소홀히 했다가는 곧바로 고꾸라지고 만다는 사실을 이들은 잘 알고 있다.

시스템에 기반한 트레이딩 전략을 고려하거나 전략을 구사하는 펀드 매니저를 선택하려고 할 때 던져야 할 가장 핵심적인 질문이자 유일한 질문은 바로 이것이다. "어떤 시스템 혹은 매니저가 좋은지 여부를 어떻게 알 수 있는가?" 이 질문에 대해서는 다양한 답변들이 나올 수 있지만 핵심은 하나다. 즉, 리스크/보상 비율RRR; Risk/Reward Ratio이 가장 높은 시스템 혹은 매니저를 선택하라는 것이다.

모든 사람들이 원하는 것은 특정한 리스크 수준하에서 최고의 수익을 올리거나 최소의 리스크 수준하에서 특정한 기대 수익을 올리는 것이다. 이는 트레이더, 투자자, 펀드 매니저 등을 포함하여 거의 모든 시장 참여자들이 공감하는 부분이다. 그런데 리스크/보상 비율에서 리스크 부분과 보상 부분을 어떻게 측정할 것인가에 관해서는 의

견이 갈린다. 때때로 금융업계에서는 리스크 개념을 정의할 때 특별히 유형을 구분하지는 않고 '늘 사람들의 골머리를 앓게 하다 급기야 그 사람의 엉덩이를 물어뜯는 것' 정도로 이해한다.

실제로 체계적인 리스크 측정 방식이 있지만 전통적인 평가 및 측정 방식에서 벗어난 리스크들도 존재한다. 롱텀 캐피털 매니지먼트 LTCM; Long-Term Capital Management가 공중분해되면서 발생한 어마어마한 규모의 손실이 발생함으로써 이에 대한 경각심을 불러 일으키는 계기가 된 바 있다.

이 장에서는 다양한 유형의 리스크들을 검토하고 리스크의 발생 원인을 설명하는 방식을 살펴본 다음, 과거 자료를 사용하여 트레이딩 시스템의 리스크와 보상을 측정하는 몇 가지 기제를 제시할 생각이다.

데니스와 에크하르트가 터틀들의 포지션 크기에 세심한 주의를 기울인 이유는 포지션이 지나치게 크면 역방향으로 가격 변동이 진행되는 동안 자신들의 전체 순자산을 잃을 수도 있다는 사실을 잘 알고 있었기 때문이다. 두 사람은 터틀 프로그램을 시작하기 몇 년 전에 가격 제한선까지 며칠 동안 하락이 거듭되던 시장에서 트레이딩을 한 적이 있다. 매수에 나서는 사람이 없기 때문에 트레이더들은 포지션을 청산할 수 있는 기회를 갖지 못했다. 이러한 상황이야말로 선물 트레이더에게는 최악의 악몽인 것이다. 하루하루 시간이 갈수록 손실액은 점점 불어나고 트레이더가 할 수 있는 일은 아무것도 없다.

그러나 다행스럽게도 데니스는 이와 같은 상황에 발이 묶이기 전에 자신의 포지션을 정리할 수 있었고 덕분에 수천만 달러 규모의 손실을 면했다. 이처럼 발 빠르게 움직이지 않았다면 데니스는 아마도 그때 모든 것을 잃었을지도 모른다. 나는 터틀 프로그램을 진행하는 와중에도 이러한 경험들이 이들의 기억 속에 생생하게 남아 있었을 것이라고 생각한다.

데니스는 우리 터틀들의 포지션을 계속해서 주시했고 리스크 수준이 너무 높다 싶으면 그 포지션의 크기를 줄이기도 했다. 높은 리스크를 감수하는 '투기꾼'이라는 세간의 평가와는 달리 나의 경험상 데니스는 리스크 수준에 상당히 신경을 쓰는 사람이었다.

리스크의 네 가지 유형

리스크의 유형이 다양한 만큼 이를 측정하는 방법도 다양하다. 상대적으로 발생 빈도가 낮은 대규모 리스크도 있고 10년에 한두 번 발생하는 리스크도 있으며 매년 한두 차례씩은 발생하기 마련인 보다 익숙한 리스크들도 있다. 대다수 트레이더들이 염려하는 리스크 유형에는 크게 네 가지가 있다.

자본감소 트레이딩 계정의 자본을 감소시키는 일련의 손실
저수익 생계를 유지하기 힘들 정도로 수익이 적게 나는 시기
가격 쇼크 한 개 또는 그 이상의 시장에서 회복 불가능할 정도로 큰 손실을 초래하는 급작스런 가격 변동
시스템의 기능 상실 시장 역학의 변화에 의해 이전에는 수익을 내던 시

| 스템이 손실을 내기 시작하는 현상

이상의 리스크 유형을 차례로 살펴본 다음 트레이더와 트레이딩 시스템을 평가하는 데 사용할 수 있도록 리스크/보상의 측정 방법과 도구를 찾아보도록 한다.

자본감소

자본감소는 대다수 트레이더로 하여금 트레이딩에서 손을 떼게 만들고 또 이들 트레이더를 손실 트레이더로 만들어버리는 리스크 유형이다. 그림 7-1에 제시한 누적 수익곡선은 돈키언 추세 시스템을 사용하여 1996년 1월부터 2006년 5월까지 10만 달러 계정을 가지고 실행한 트레이딩의 실적을 나타낸 것이다.

그래프를 보면 10년 남짓 되는 시험 기간 동안 자본이 평균 43.7% 증가했다는 사실을 알 수 있다. 물론 이 기간 동안 38% 감소한 시기도 있었다.

초보 트레이더 중에는 이와 같은 실적 그래프를 보고 이 시스템이 낸 수익에 현혹될 사람들이 많을 것이다. "수익곡선을 보니 38% 정도의 손실은 얼마든지 감수할 수 있겠군." 이렇게 생각하면서 말이다. 안타까운 일이지만 나의 경험을 기준으로 판단하건대 사람들은 자신의 리스크 허용도, 즉 자신이 어느 정도의 리스크를 용인할 수 있는지를 판단하는 데 능하지 못하다. 특히나 그림 7-1과 같은 모양의 그래프만 참조할 때 이런 현상이 더욱 두드러진다. 그림과 같이 로그 스케일을 사용한 그래프의 경우 표준 척도를 사용한 그래프보다 자본감소

그림 7-1
도키언 추세 시스템의 성과 : 1996년 1월 ~ 2006년 5월

수익곡선 – 로그 스케일

그림 7-2
도키언 추세 시스템의 성과 : 1996년 1월~2006년 10월

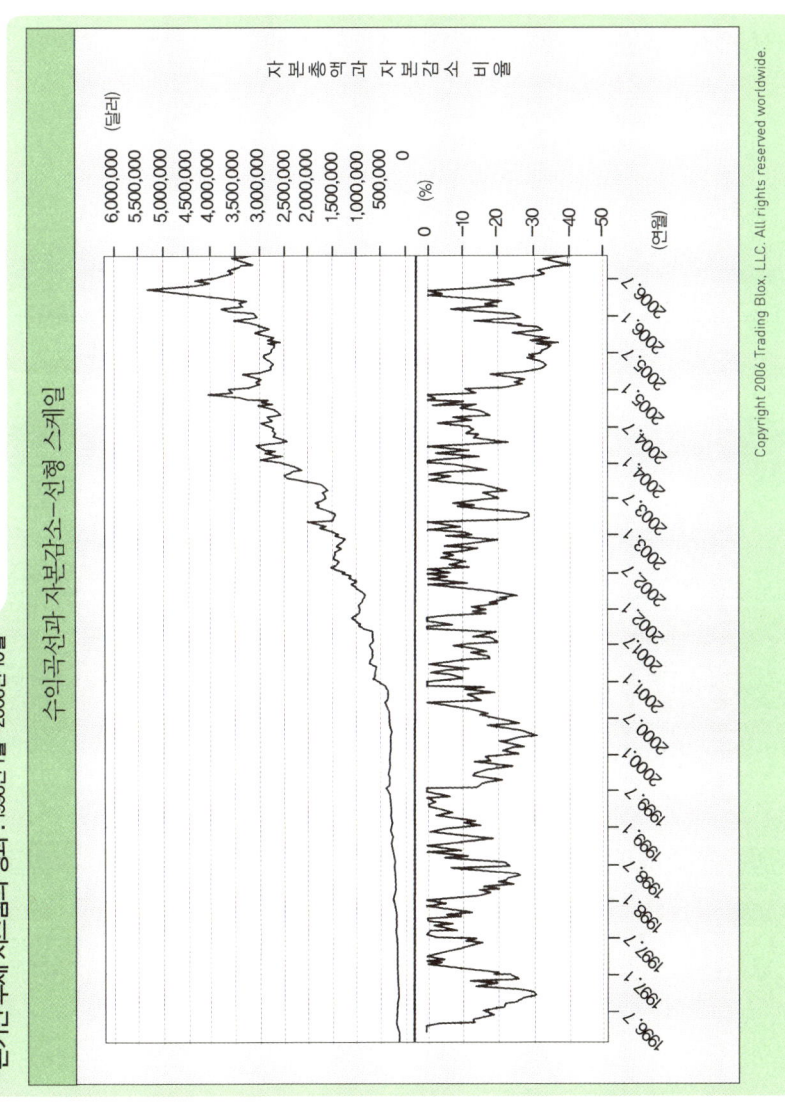

수익곡선과 자본감소-선형 스케일

폭이 더 작게 나타나는 경향이 있다.

트레이더인 존 뉴비John Newbie*는 돈키언 추세 시스템의 실적 그리고 자본감소 리스크에 대한 자신의 허용도를 믿고 자본금 10만 달러를 가지고 2006년 6월 1일에 트레이딩을 시작했다.

그림 7-2는 선형 스케일을 사용하여 자본감소 결과를 표시했다. 그림 7-1과 거의 동일한 결과를 나타내고 있으며 2006년 10월까지의 자료를 포함시킨 업데이트 그래프다.

뉴비가 6월 1일에 트레이딩을 시작한 직후 이 시스템은 자본감소를 불러오기 시작한다. 그것도 이전 시험 기간 동안의 자본감소 수준보다 약간 더 높은 42%의 자본감소가 발생한다. 이럴 때 뉴비의 머릿속에는 어떤 생각이 떠오를까? 아마도 의심, 공포, 불안이 엄습해오고 이런저런 의문이 꼬리에 꼬리를 물 것이 뻔하다.

'이 시스템이 더 이상 먹히지 않는 것이면 어쩌지?'

'이 정도는 시작에 불과한 것이고 앞으로 자본감소폭이 더 커지면 어떻게 하지?'

'내 검증 방법에 뭔가 문제가 있었던 것이면 어쩌나?'

'또, 이러저러하면 어쩌나?'

초보 트레이더 중에는 의구심 때문에 현 시스템의 사용을 중지하거나 '리스크를 줄이기 위한' 트레이딩에 나서기도 한다. 그런데 이런 방법은 초보 트레이더한테서 이익 트레이더가 될 수 있는 기회를 박탈하는 경우가 대부분이다. 이보다 훨씬 더 안타까운 상황은 초기 자

***존뉴비** 예를 들어 설명하기 위한 가상의 인물. 그래서 이름도 '초보자'라는 의미로 '뉴비'라고 명명함
—옮긴이

본의 절반 이상을 잃고 난 후에 아예 트레이딩에서 손을 떼버리게 되는 경우다. 초보 트레이더들이 상당히 유용한 전략을 사용하면서도 성공하지 못하는 가장 중요한 이유가 바로 이것이다. 대개가 가격 및 손익 변동폭을 감내하는 자신의 능력을 과대평가하기 때문이다. 과도한 리스크 수준하에서 트레이딩에 임할 때는 과도하게 큰 변동폭과 마주할 수밖에 없다.

내가 개인적으로 관찰한 결과에 따르면 대부분의 사람들은 이러한 유형의 자본감소 상황을 견뎌내지 못한다. 자신의 트레이딩, 자신이 사용하는 시스템, 자신이 행한 검증 등에 대한 확신이 강한 트레이더라면 자본감소폭이 크더라도 이를 견뎌낼 수 있겠지만 신중에 신중을 기해야 하는 초보 트레이더라면 자본감소폭을 줄이는 방향으로 리스크 수준을 조정해야 한다. 물론 이렇게 하면 이 시스템을 통한 트레이딩에서 올릴 수 있는 수익의 규모 또한 감소하게 된다. 하지만 이 정도면 상당히 현명한 타협점이라고 할 수 있다.

우리의 보스 리처드 데니스는 연속적인 손실에서 자본감소가 일어나기는 하지만 이를 궁극적인 손실로는 보지 않았다. 그런 면에서도 보면 우리가 행운아였던 것만은 분명하다. 데니스는 추세추종 전략을 구사할 때는 일시적인 손실 또한 게임의 일부라는 점을 잘 알고 있었다. 그렇기 때문에 데니스의 자금을 운용하는 우리 터틀의 입장에서 볼 때 데니스는 참으로 '편한' 보스였다고 할 수 있다. 다른 투자자들이라면 우리가 자본을 감소시켰을 때 그렇게 태연자약하지 못했을 것이다. 이와 같은 이유 때문에 터틀 시절에는 자본감소폭이 크더라도 상관없었겠지만 나중에 외부 자금을 끌어들여 트레이딩을 해야 하는 상황이 된다면 이 정도의 리스크 수준을 감수하기는 어려울 것이다. 아마도 터틀 시절과는 비교할 수 없을 정도로 자본감소 수준을 아주 낮게 잡고 트레이딩에 임해야 할 것이다. 기관 투자가의 자금을 동원하려면 이와 같은 전략이 필수적이다.

요컨대 이러한 수준의 자본감소를 감내할 수 없다면 터틀 훈련생 시절에 우리들이 기록한 바 있는 100% 이상의 수익을 달성하기는 힘든 일이다. 내가 경험한 최악의 사례는 70% 가까운 자본감소 비율을 기록한 일이었다. 개인 투자자로서 그 정도까지 견뎌낼 수 있는 사람이 있을까. 대다수 사람들의 심리를 감안한다면 무척 어려운 일이라고 생각한다.

저수익

트레이더가 트레이딩 건당 30%의 수익을 기대한다고 하자. 이와 같은 목표는 매년 착실하게 30%의 수익을 내는 시스템을 사용하거나 첫 해에 5%, 2년째에 5%, 3년째에 100%의 수익을 내는 시스템을 사용해도 달성할 수 있다. 어느 쪽이든 3년 후가 되면 각 시스템은 동일하게 연평균성장률$^{CAGR; Compound\ Average\ Growth\ Rate}$ 30%라는 결과를 가져온다. 하지만 대부분의 트레이더는 매년 30%의 수익을 내는 시스템을 더 좋아한다. 수익곡선이 더 완만하기 때문이다. 또한 현저하게 수익률이 낮은 기간이 지속된다면, 이후 현저하게 높은 수익률을 얻을 수 있는 기회가 있다 하더라도, 트레이더에게는 바람직한 상황이 아니다. 저수익의 지속은 생계를 위협하여 안정적인 트레이딩 조건을 훼손할 수도 있다.

다른 조건이 모두 동일하다면 꾸준히 좋은 수익률을 기록하는 시스템이 장기적으로 볼 때 더 좋은 수익률을 기록할 가능성이 더 높다. 이런 시스템이 평균 이하의 수익밖에 달성하지 못할 리스크는 과거에 들쭉날쭉한 수익을 기록한 시스템의 경우보다 낮다고 할 수 있다.

가격 쇼크

가격 쇼크란 대개 자연 재해, 예기치 못했던 정치적 사건, 경제난 등으로 인해 별안간 혹은 급속히 가격 변동이 일어나는 것을 말한다. 내가 트레이딩을 시작한 이후로 가격 쇼크라고 할 만한 사태가 두 차례 발생했다. 하나는 금융계에 어마어마한 후폭풍을 몰고 왔던 1987년의 미국 주식시장 붕괴 사태이고 나머지 하나는 2001년 9월 11일에 뉴욕 무역센터가 공격을 당한 이른바 9·11테러 사건이다.

첫 번째 가격 쇼크는 리처드 데니스가 나에게 할당한 2,000만 달러 계정으로 막 트레이딩을 시작했을 때 발생했다. 나의 머릿속에는 아직도 이때의 기억이 생생하게 남아 있다. 사실 나는 주식시장이 붕괴되던 당일에는 얼마간 수익을 내기까지 했지만 그다음 날이 되자 상황이 완전히 달라졌다.

블랙 먼데이(검은 월요일)로 일컬어지는 1987년 10월 19일 당시 유로달러의 종가는 90.64였다. 이는 이틀 전에 기록한 저점(당일 아침 90.18로 저점 테스트) 90.15에 근접한 수준이었다. 나는 12월물 유로달러 1,200계약 및 재무부채권 600계약을 공매도했다. 또한 금과 은, 그리고 일부 통화에 대한 대규모 매수 포지션을 취했다.

그다음 날 아침 유로달러는 92.85에 장을 시작했다. 이는 전날 종가에서 2포인트 이상 상승하여 계약당 가격이 5,500달러에 달한 것으로 트레이딩 포지션을 청산할 기회조차 없었다. 이는 지난 8개월 동안 한 번도 본 적이 없던 가격 수준이었다. 게다가 금은 25달러 하락, 은은 1달러 이상 하락하는 것으로 장이 시작됐다. 그림 7-3은 가격 쇼크가 일어났던 당일의 유로달러시장을 나타낸 것이다.

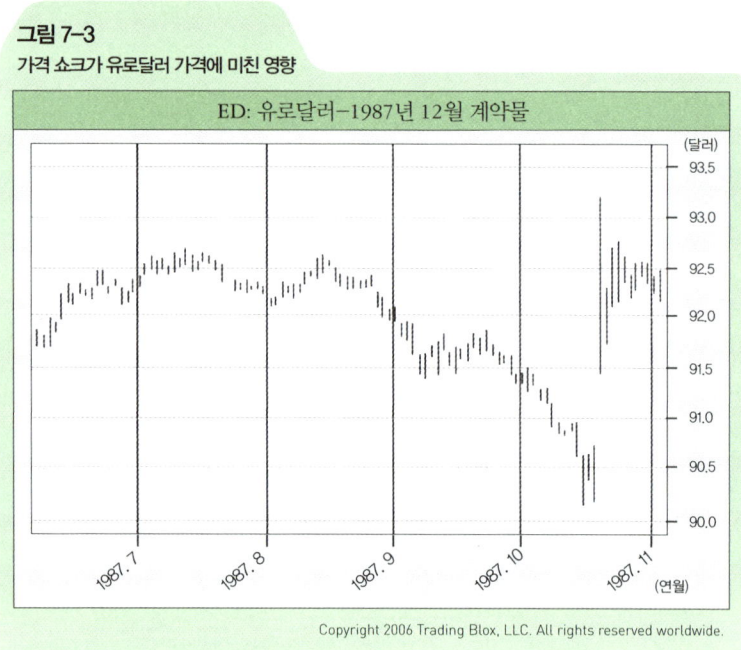

그림 7-3
가격 쇼크가 유로달러 가격에 미친 영향

결국 내가 관리하던 리처드 데니스의 2,000만 달러 계정이 1,100만 달러로 줄어들어 버렸다. 한마디로 투자 자금이 반 토막 나고 만 것이다. 그동안 벌어놓았던 돈을 하루아침에 몽땅 날려버린 셈이다.

지금 생각해도 어이가 없는 것이 수익을 냈다고 좋아했던 바로 그 날에 그 '사단'이 났다는 사실이다. 정부가 예고도 없이 금리 인하 조치를 단행한 것이 나에게는 치명적이었다. 이것이 바로 가격 쇼크다.

그림 7-4는 터틀로서 처음 트레이딩에 나섰던 1984년부터 사건이 발생한 해인 1987년 말까지의 트레이딩 성과 추이를 나타내는 것이다. 돈키언 추세 시스템을 활용했고 10만 달러 계정을 운영했었다.

그림을 보면 자본이 65%나 크게 감소한 사실을 확인할 수 있을 것이다. 여기서 중요한 점은 급작스런 가격 변동이 하루 밤 사이에 일어났다는 사실이다. 따라서 포지션을 청산하고 자시고 할 시간도 없었다. 또 하나 주목할 만한 점은 그날 일어난 자본감소폭이 이전까지 이 시스템이 보여줬던 어떤 날의 감소폭보다 크다는 사실이다. 다시 말해 이 시스템의 과거 자본감소폭은 모두 이날 기록한 자본감소폭의 절반 이하였다.

트레이딩의 세계에서 살아남고 싶다면 자신이 관리하는 투자 계정의 리스크 수준을 어느 정도로 할 것인지를 정할 때 가격 쇼크 요인도 반드시 염두에 두어야 한다. 고수익을 노리고 리스크 수준을 과도하게 높였다고 하자. 이런 경우에 심각한 정도의 가격 쇼크가 발생하면 자본감소폭이 크게 증가하거나 심지어는 가진 돈을 몽땅 잃어버리는 수가 있다.

그림 7-4
1987년 10월의 가격 쇼크로 인한 대규모 자본감소

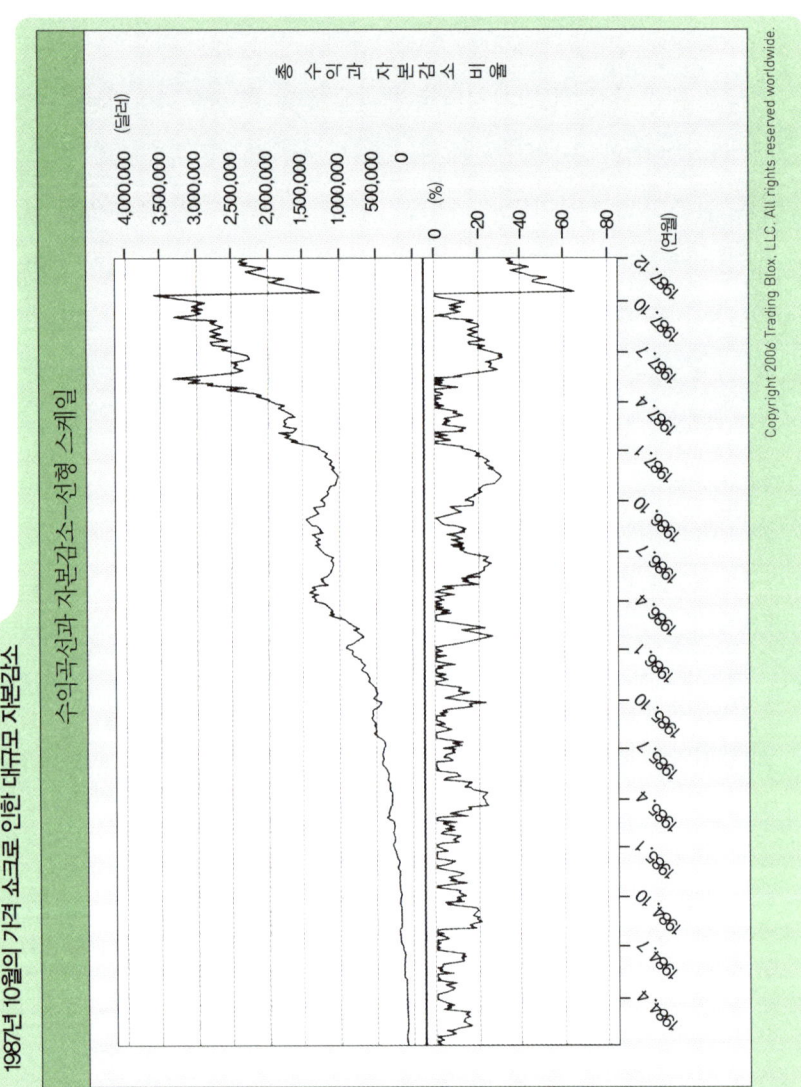

166 | WAY of the TURTLE

시스템의 기능 상실

시스템의 기능 상실 리스크란 제 기능을 하던 시스템, 혹은 과거의 데이터에 의한 검증 결과 제 기능을 하고 있다고 판단되던 시스템이 어느 날 갑자기 그 기능을 멈추고 손실을 내기 시작하는 것을 말한다.

이와 같은 리스크는 시장 자체보다는 시스템의 검증 방법이 부실한 데서 비롯되는 경우가 더 많다. 또한 단기 시스템을 주로 사용하는 사람들은 최근의 가격 변동에 초점을 맞추게 마련인데 이런 유형의 트레이더들이 이러한 리스크에 노출되기가 더 쉽다.

초보 트레이더로서는 단순히 자본감소 시기에 돌입한 시스템인지 아니면 기능이 상실된 시스템인지를 구별하기가 어렵다. 이 두 가지를 구별하기 어렵다는 것이야말로 초보 트레이더들이 가장 불안해하는 부분이 아닐까 한다. 그래서 트레이딩을 하는 과정에서 자본감소 현상이 나타나면 일단 자신이 사용하고 있는 방법을 불신하는 마음부터 들게 마련이다. "내 검증 방법에 무슨 문제라도 있는 것인가?" "시장에 변화가 생겨서 내 방법이 완전히 소용없게 돼버린 것인가?" "이 방법을 계속 사용해도 괜찮을까?" 등등.

이러한 유형의 리스크 수준을 낮추는 방법에 관해서는 차후에 더 상세하게 다룰 것이다. 그러나 안타깝게도 시장은 수많은 참여자들로 구성되어 있는 역동적 공간이기 때문에 항상 변하게 마련이고 이로 인해 이전에는 잘 먹혔던 시스템이나 방법이 쓸모없게 되는 경우도 허다하다. 다른 사람들이 폐기 처분한 방법을 고수하여 그것으로 수익을 낼 수 있는 능력이 있느냐에 따라 훌륭한 트레이더와 평범한 트레이더가 갈리는 법이다.

자신이 사용했던 트레이딩 스타일이나 방법이 더 이상 먹히지 않는다는 생각 때문에 그 방법을 미련 없이 내다버린 시장 참여자 가운데 특히나 심한 타격을 입을 수 있는 부류가 바로 추세추종자들이다. 추세추종 기법을 사용하는 트레이더는 손실이 발생하는 시기도 묵묵히 견뎌내야 하는데 개중에는 이를 참지 못하고 추세추종 전략을 포기하는 사람들이 속출한다. 이렇게 되면 추세추종 전략을 구사하는 자금의 규모가 그만큼 줄어드는 결과가 된다. 그런데 추세추종 전략으로 운용되는 자금이 다른 전략으로 이탈하면 할수록 이 전략이 수익을 내기 시작한다. 그것도 아주 기록적인 수준으로 수익이 날 가능성이 높아진다. 터틀 프로그램을 시작한 이후로 추세추종 기법은 이제 수명을 다했노라는 주장을 최소한 서너 번 정도는 들은 것 같다. 그러나 나는 수익을 낼 수 있는 시장이 눈앞에 있음을 알고 있기 때문에 이러한 이야기가 들려올 때마다 코웃음을 칠 수 있었다.

🌱 리스크를 측정하는 네 가지 척도

특정 시스템을 사용하여 트레이딩에 임하려 할 때 반드시 고려해야 하는 것이 바로 리스크다. 리스크를 측정하는 데는 여러 가지 방법이 있는데 그중 유용하다고 생각되는 몇 가지 척도를 소개하자면 다음과 같다.

> **최대 자본감소** 시스템 검증 기간 동안 자산의 정점에서 저점까지 자본감소의 최대 퍼센티지를 표시하는 수치. 그림 7-4를 보면 1987년에 발생한 가격 쇼크로 인한 최대 자본감소폭이 65%인 것으로 나타났다.
>
> **최장 자본감소** 자산의 고점에서 차기의 새로운 고점까지 최장의 기간을 말한다. 손실 기간 뒤에 자산의 고가를 탈환하기까지 어느 정도가 걸렸는지를 나타내는 척도다.
>
> **수익의 표준편차** 수익의 분산도를 나타내는 척도다. 이 수치가 낮다는 것은 수익의 대부분이 평균 수익 부근에 분포돼 있다는 의미다. 반면 이 수치가 크면 기간별 수익의 편차가 크다는 것을 의미한다.
>
> **결정계수(R^2)** 연평균수익성장률(CAGR%)을 나타내는 선으로 회귀하는 정도를 나타내는 척도다. 예금과 같이 고정적인 이자수익이 보장되는 투자는 결정계수가 1.0이고 수익이 들쭉날쭉한 경우는 결정계수가 1보다 작다.

보상을 측정하는 세 가지 척도

특정 시스템을 사용하여 트레이딩에 임할 때 기대할 수 있는 수익의 양을 보상이라고 하는데 이 보상을 측정하는 데에도 여러 가지 방법이 있다. 유용하다고 생각되는 척도 몇 가지를 소개하면 다음과 같다.

> **연평균수익성장률(CAGR%)** 연평균성장률은 특정 기간 동안 수익이 매년 일정한 성장률을 지속한다는 가정하에 전년도의 누적된 값과 대비시켜 나타내는 백분율 값으로 기하평균수익률이라고도 한다. 이자부 예금과 같이 단순한 투자는 연평균수익성장률과 금리가 동일하며, 이 척도는 최고 수익을 올린 연도의 영향을 많이 받는다.
>
> **직전 연도 평균수익률** 1년 동안의 평균수익률을 나타낸다. 특정 시점의 연간 평균 수익의 정도를 가장 잘 대변해주는 척도다. 최고치를 기록한 연도의 영향을 비교적 덜 받는다.
>
> **월평균수익률** 검증 기간 동안의 월간 평균수익률을 나타낸다.

이상의 단일 척도 외에 4장의 그림 4-4와 같이 월별 수익 분포도를 나타내는 그래프나 누적 수익곡선을 살펴보는 것도 매우 유익하다. 나는 그림 7-5와 같이 월별 수익 그래프도 즐겨 사용한다. 참고로 그림 7-5는 1996년부터 2006년 6월까지에 해당하는 돈키언 추세 시스템의 월별 수익 분포도를 나타낸다. 그림 7-5와 같은 그래프를 보면 리스크 대 보상의 수준을 한눈에 알 수 있으며, 그래프에는 수치 정보보다 훨씬 많은 정보가 담겨 있다고 생각된다.

그림 7-5
도키언 추세 시스템의 수익률 : 1996년 1월 ~ 2006년 6월

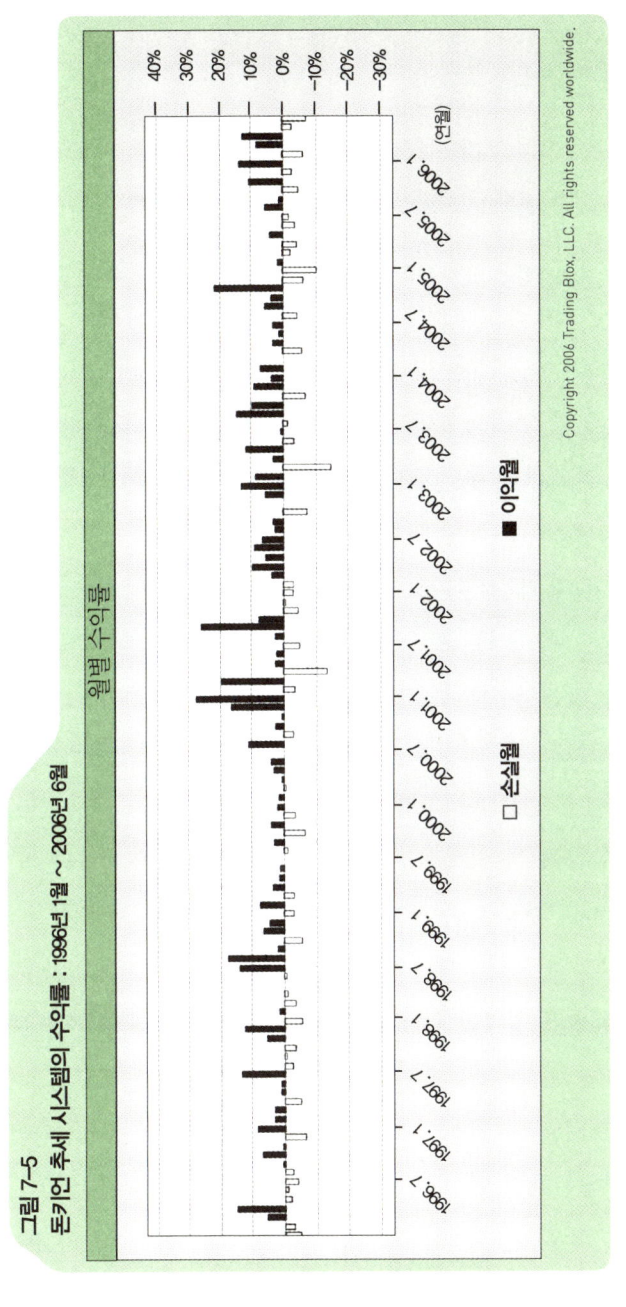

리스크와 보상에 대하여 | 171

리스크/보상 비율을 측정하는 대표적 지수

특정 시스템 그리고 그 시스템을 사용하는 트레이더의 성과를 비교하는 데 사용하는 리스크/보상 비율 척도에는 몇 가지가 있다. 이 가운데 가장 일반적인 것이 샤프지수sharpe ratio와 MAR 지수MAR ratio다.

샤프지수

연금 기금과 기관 투자가가 투자 잠재력을 비교할 때 가장 많이 사용하는 척도가 아마 샤프지수일 것이다. 샤프지수는 노벨상 수상자인 윌리엄 샤프William F. Sharpe가 1966년에 뮤추얼펀드의 투자 성과를 비교하기 위해 개발한 척도다. 샤프지수는 처음 변동성보상비율reward-to-variability ratio이라는 명칭으로 소개됐으나 이후 개발자의 이름을 따서 그냥 '샤프지수'라 부르게 됐다.

샤프지수는 측정 대상 기간의 CAGR%(예: 재무부채권과 같은 무위험 채권에 투자했을 때 기대할 수 있는 금리 혹은 무위험 비율을 뺀 수익률)를 구한 다음 이를 측정 대상 기간 동안 거둔 수익의 표준편차로 나눈 값이다. 샤프지수는 애초에 포괄적인 리스크/보상 비율 척도가 아니라 뮤추얼펀드의 성과를 비교하기 위해 고안된 개념이라는 사실을 염두에 두기 바란다. 뮤추얼펀드는 주식 포트폴리오 중 비차입형unleveraged 투자 상품으로 분류되는 매우 독특한 유형의 투자 수단이다.

샤프지수는 뮤추얼펀드의 성과 측정을 위해 고안되었지만 애초에 예상하지 못했던 또 다른 역할이 드러났다. 즉, 이 지수가 리스크 유형에 대한 중요한 단서를 제공할 수 있다는 점이었다. 샤프지수가 처음 소개됐던 1966년 당시의 뮤추얼펀드는 미 주식 포트폴리오에 대한 비차입형 투자를 의미하는 것이었다. 그러므로 각각의 뮤추얼펀드를 비교한다는 것은 동일한 시장에서의 투자 수단과 동일한 투자 스타일을 비교한다는 것과 마찬가지였다.

더구나 당시 뮤추얼펀드는 주식 포트폴리오에 대한 장기적 투자를 의미하는 것이었다. 중요한 타이밍이라거나 트레이딩 요소가 딱히 없는 상황에서 포트폴리오 선택과 분산 전략이라는 차원에서만 차이가 날 뿐 다른 것에서는 별 차이가 없었다. 뮤추얼펀드의 성과를 측정할 때 동일한 기간을 대상으로 각 성과를 비교하는 과정에서 수익의 편차와 직접적인 관련이 있는 리스크를 정확하게 집어내는 것과 무관하지 않으므로 결국 샤프지수가 리스크 요소를 측정하는 데 중요한 역할을 하게 되는 것이다. 다른 조건이 모두 동일하다고 할 때 수익 편차가 적은 뮤추얼펀드일수록 평균 수익에서 크게 벗어날 위험성이 그만큼 줄어든다.

샤프지수가 주식 포트폴리오 관리 전략을 비교하는 데 필요한 매우 유용한 리스크/보상 비율 척도인 것은 분명하지만 선물 및 상품 헤지펀드와 같은 대안적 투자를 비교하는 데 활용할 수 있는 척도로는 뭔가 부족한 면이 있다. 이와 같은 대안적 투자는 리스크와 연관이 있는 몇 가지 중요한 부문에서 비차입형 주식 포트폴리오와는 차이가 있기 때문에 샤프지수만으로는 리스크를 충분히 측정할 수 없다.

관리 스타일과 관련된 리스크 선물 시스템과 펀드는 장기 보유 전략을 주로 사용하는 전통적 투자 펀드와는 사뭇 다른 유형인 단기 트레이딩 전략을 종종 사용한다. 트레이딩 빈도가 높은 전략일수록 손실 발생 속도도 그만큼 빨라진다.

분산 전략과 관련된 리스크 일반적으로 전통적 투자 상품의 경우 특정 시점에 소수의 투자 수단에 대한 투자 비중이 상당히 높다. 그런데 선물 펀드와 트레이딩 시스템 중에는 이와는 다른 분산 수준을 나타내는 경우가 많다.

익스포져 (리스크에 대한 노출 수준) 선물은 주식보다 레버리지leverage* 비중이 높은 편이다. 따라서 선물 트레이더는 가격 변동에 따른 리스크 노출 수준이 더 큰 편이다.

신뢰도와 관련된 리스크 대다수 선물 펀드 트레이더들이 각 펀드 실적에 대한 광범위한 성과 자료를 갖고 있지 못하다. 이처럼 이용 가능한 자료가 제한돼 있기 때문에 투자자가 예상하는 수익 기대치에 못 미치는 성과를 낼 위험성이 더 커진다.

---

*레버리지 일정량의 자기 자본을 담보로 차입을 하여 투자금을 늘리는 것-옮긴이

좀 아쉬운 부분이긴 한데 샤프지수는 투자업계에서 발생하는 문제를 더욱 악화시키는 경향이 있다. 특히나 트레이딩에 대한 이해가 부족한 사람 그리고 트레이딩과 전통적인 장기 보유 전략에 어떤 차이가 있는지를 잘 모르는 사람들의 경우는 더욱 그러하다. 요컨대 리스크 요소를 제대로 들여다보려면 수익곡선의 평활도에 초점을 맞추라는 것이다.

여기서 분명히 해두어야 할 사실이 하나 있다. 평활도와 리스크는 절대 동의어가 아니다! 즉, 평활도 하나만으로 리스크 수준을 평가해서는 안 된다. 리스크 수준이 매우 높은 투자라 하더라도 일정 기간 동안에는 완만한 수익곡선을 창출하기도 한다. 투자자들은 수년 동안 일정하게 양의 수익을 낸 투자처나 매니저라면 안전하다고 믿어버리는 경향이 있다. 그와 같은 수익이 실제로 어떻게 발생했는지도 모르면서 믿음을 고수하는 경우가 종종 있다.

나는 수익곡선의 평활도와 실제 리스크 수준 사이에는 역관계가 존재하는 경우가 많다고 생각한다. 이와 같은 사실을 뒷받침하는 사례 두 가지를 제시하겠다. 하나는 몇 년 동안 꾸준히 좋은 성과를 내다가 롱텀 캐피털 매니지먼트 사건의 여파로 갑자기 그 기능을 상실해버린 전략이 그것이다. 또 하나는 수많은 펀드에서 사용하고 있는 전략인데 역시 꾸준히 고수익을 안겨주고 있지만 그와 동일한 수준으로 큰 손실을 낼 가능성 또한 존재하는 전략이다.

샤프지수의 무용 사례 1-롱텀 캐피털 매니지먼트

롱텀 캐피털 매니지먼트LTCM는 특정 상황 조건하에서 확정금리부 채권의 가격이 한곳으로 수렴되는 경향성을 기반으로 높은 레버리지를 활용하는 투자 전략을 구사했다. 레버리지가 높다 보니 다른 시장 참여자들에 비해 포지션의 크기가 커질 수밖에 없었고 따라서 손실이 나기 시작했을 때 그 포지션을 청산하기가 매우 어려웠다.

이러한 전략도 몇 년 동안은 아주 좋은 실적을 냈다. 하지만 러시아의 채무불이행 사태로 촉발된 금융 위기가 LTCM에 불리한 쪽으로 가격 변동을 일으켰으며, 막대한 크기의 포지션 또한 LTCM을 궁지에 몰아넣는 역할을 했다. 이는 시장의 나머지 참여자들이 LTCM이 취한 포지션에 불리한 방향으로 시장이 움직일 가능성이 있다는 사실을 알고 있었기 때문에 벌어진 일이었다. 결국 LTCM은 파산 직전 47억 달러의 가치가 있었던 투자 자금을 거의 다 날려버리고 말았다.

파산 전 LTCM은 연평균 40%의 수익률을 기록하고 있었고 수익곡선의 평활도도 좋았다. 다시 말해 파산 바로 직전까지 최고 수준의 샤프지수를 기록하고 있었던 셈이다. LTCM에 관해 더 자세한 내용을 알고 싶다면 로저 로웬스타인Roger Lowenstein이 쓴 『천재들의 실패When genius failed』를 참고하기 바란다.

샤프지수의 무용 사례 2–헤지펀드 애머런스

2006년에도 이와 비슷한 사례가 발생했다. 천연가스 트레이딩에 나섰던 미국의 헤지펀드 애머런스Amaranth의 경우에도 다른 시장 참여자에 비해 포지션의 크기가 지나치게 컸다. 결국 이 헤지펀드는 불과 두 달 만에 90억 달러에 달하는 투자 자금의 65%를 날려버렸다. 물론 이렇게 큰 손실이 발생하기 전까지 샤프지수는 아주 높았다.

요즘에는 통화 옵션을 통해, 즉 큰 가격 변동폭에 베팅하여 수익을 내는 헤지펀드가 많다. 이와 같은 접근법은 리스크에 대한 관리만 적절히 이루어진다면 큰 부침 없이 원만한 수익을 보장해주는 매우 효과적인 전략이라 할 수 있다.

문제는 비전문가들의 경우 헤지펀드와 관련한 실제 리스크를 제대로 이해하기가 어렵다는 데 있다. 꾸준히 높은 수익을 낼 가능성이 있는 반면 가격 쇼크에 대한 익스포져가 매우 높다. 예를 들어 1987년에 유로달러에 대한 옵션매도를 했다면 아마도 큰 손실을 봤을 것이다. 옵션매도에 따른 익스포져와 가격 쇼크가 결합되면서 큰 손실이 발생했고 단 하루 만에 기록한 손실 규모만 해도 헤지펀드의 가치를 훨씬 뛰어넘는 수준이었다.

신중한 매니저라면 리스크의 크기를 어느 정도 감소시킬 수 있을 것이다. 하지만 대다수 투자자들은 이미 피할 수 없는 지경이 돼서야 그러한 리스크를 인지할 수 있었고 결국 투자 자금을 몽땅 날려버리고 말았다. 직전 몇 년간의 호실적이나 꾸준한 수익성과만 보고 펀드 또는 펀드매니저를 선택했을 경우 진정한 위기가 닥쳤을 때의 대처능력에 대해서는 보장할 수 없다.

MAR 지수

MAR 지수^{MAR ratio}는 헤지펀드의 실적 및 관련 자료를 발표하는 매니지드 어카운츠 리포트^{Managed Accounts Reports, LLC.}가 고안한 척도다. 이 지수는 연평균수익률을 월말 자료 기준 최대 자본감소폭으로 나눠 구한다. MAR 지수를 보면 리스크/보상의 수준을 한눈에 확인할 수 있으며 실적이 저조한 전략을 걸러내는 데도 매우 유용하다. 1996년 1월부터 2006년 6월까지를 검증 기간으로 했던 돈키언 추세 시스템의 MAR 지수는 1.22였다. 참고로 돈키언 추세 시스템은 이 기간 동안 CAGR%(연평균수익성장율)가 27.38%였고 월말 자료 기준으로 최대 자본감소폭이 22.35%였다.

그런데 월말 자료를 기준으로 하다 보니 최대 자본감소폭이 다소 축소되는 경향이 있다는 사실을 알게 됐다. 그래서 개인적인 검증 작업 시 월중 어느 날이든 상관없이 최고점과 최저점을 기록한 날을 기준으로 최대 자본감소폭을 결정했다. 월말 자료만을 기준으로 했을 때의 최대 자본감소폭과 실제 최대 자본감소폭 사이에 어떤 차이가 있는지를 확인해봤더니 실제 최대 자본감소폭은 22.35%가 아니라 27.58%였다. MAR 지수 또한 애초의 1.22보다 낮은 0.99로 나왔다.

트레이딩 전략의 효력 상실 리스크

그동안 트레이딩 시스템이나 전략, 성과 등을 관찰해본 결과 내가 발견한 가장 흥미로운 사실은 트레이딩 업계에서는 과거 기록상 리스크/보상 비율이 높게 나타났던 전략들을 가장 광범위하게 사용하고 있다는 점이었다. 이처럼 많은 투자자들이 따르고 있는 가장 대중적인 전략을 사용하면 단기적으로는 수익을 올릴 가능성이 크다. 그런데 그와 같은 전략을 이용한 트레이딩 행위가 해당 시장의 유동성을 넘어서는 경우에는 효력이 보다 일찍 상실되고 그 결과 엄청난 손실을 볼 가능성도 배제할 수 없다.

차익거래 전략이 그 좋은 예다. 가장 순수한 형태의 차익거래는 본질적으로 무위험 트레이딩이다. 특정 장소에서 상품을 매수한 후 다른 장소에서 매도를 한 다음 이 트레이딩에 따른 운송 및 보관 비용을 제하고 난 후의 차액을 챙기는 것이다. 대부분의 차익거래 전략이 완전히 무위험 트레이딩인 것은 아니지만 그에 가깝다고 볼 수 있다. 문제는 이러한 유형의 전략은 각기 다른 장소 간 혹은 한 상품과 다른 상품 간에 가격 차이가 존재하는 경우에 한해 수익이 발생한다는 점이다.

해당 전략의 트레이더들이 본질적으로 동일한 트레이딩 행위에 나설 것이므로 특정 전략을 구사하는 사람들이 많을수록 시장 간 혹은 상품 간 가격 차이는 줄어들 수밖에 없다. 따라서 시간이 갈수록 수익성은 점점 떨어지고 결국 해당 전략은 그 수명을 다하고 만다.

반대로 전형적인 투자자들의 외면을 받는 시스템이나 전략일수록 수명은 더욱 길어진다. 추세추종 전략이 그 좋은 예다. 추세추종 전략의 특징은 손실과 수익의 변동성이 매우 크다는 것이다. 그런데 대다수 투자자들은 이와 같은 상황을 그다지 반기지 않는다. 그래서 추세추종 전략이 비교적 오랜 기간 동안 시장에서 먹히고 있는 것이다.

하지만 수익은 순환적 속성을 지니는 경향이 있다. 수익이 잘 안 나는 시기가 지난 다음에는 신규 자금이 대량 유입된다. 그러다 동일한 시장에서 동일한 전략을 구사하는 투자자가 쏟아놓는 신규 자금량을 다 소화하지 못할 정도가 되면 상대적으로 수익이 저조해지는 시기로 들어가는 패턴이 반복된다. 같은 맥락에서 상대적으로 수익이 저조했던 시기가 지난 후 투자자들이 그 전략으로 운용하던 자금을 회수하기 시작하면 다시 수익이 많이 나는 시기로 돌입한다.

이때 주의해야 할 사항이 있다. 투자 전략을 선정할 때 너무 욕심을 부리면 자신이 원하던 결과를 얻지 못할 가능성이 높아진다. 최적의 전략으로 보이는 것이라면 신규 투자자들이 따라붙을 가능성이 높고 그러다 보면 이와 같은 전략으로 운용되는 투자 자금이 많아진다. 그리고 그에 따라 수익성은 점점 떨어지게 마련이다.

● 보편적인 척도란 존재할 수 없다

사람들마다 고통을 감내하는 수준이 다르고 보상에 대한 기대 수준도 각기 다르다. 그렇기 때문에 모든 사람들에게 다 적합한 이른바 보편적인 척도라는 것은 존재하지 않는다. 나는 MAR지수, 자본감소폭, 총수익 등의 제 요소를 종합적으로 고려하는 한편 샤프지수와 결정계수(R^2)를 통해 수익곡선의 평활도도 함께 활용하는 방법을 썼다. 최근에 나는 이러한 척도를 보다 안정화시킨 버전 몇 가지를 개발했다. 이 부분에 관해서는 12장에서 본격적으로 다룰 예정이다.

한편 나는 미래는 현재와 다르게 전개될 가능성이 있고 또 한때 MAR지수가 1.5였던 전략이지만 향후에도 그 수치가 유지될지는 아무도 모르는 것이라는 사실을 알고 있기 때문에 특정 척도에 지나치게 매달리지 않으려고 노력했다.

WAY of the TURTLE

나는 자금 관리는 과학보다는 기술에 가까운 개념이고 또 기술보다는 종교에 더 가까운 속성을 지닌다고 생각한다. 물론 정답은 없다. 리스크 포지션을 정의할 수 있는 최상의 방법이란 것도 존재하지 않는다. 다만 각자 사용할 수 있는, 또 각 개인에게 적합한 각각의 답이 존재할 뿐이고 그 답들은 올바른 질문을 통해서만 구할 수 있다. 요컨대 자금 관리는 높은 리스크 수준과 낮은 리스크 수준 사이에서 적절한 타협점을 찾는 기술이라고 할 수 있겠다. 말하자면 리스크 수준이 너무 높아서 자칫 투자금을 모두 날리거나 트레이딩을 중지할 수밖에 없는 지경이 돼서도 안 되고, 리스크 수준이 너무 낮아서 수익이 나지 않는 상황이어서도 안 된다.

chapter 08

리스크와 자금 관리

제8장
리스크와 자금 관리

투자자들이 가장 신경 써야 하는 리스크가 바로 파산이다. 파산은 야음을 틈타 집안으로 숨어 들어와 모든 것을 훔쳐가 버리는 도둑과 같다.

    기댓값, 우위, 파산 확률 등 우리가 트레이딩에서 사용하는 수많은 개념과 마찬가지로 자금 관리 또한 도박 이론에서 파생된 개념이다. 자금 관리란 수용 가능한 수준의 파산 확률을 유지하면서, 트레이딩해야 할 계약이나 주식의 수(트레이딩의 크기)를 결정하는 한편 가격 쇼크에 노출되는 정도를 관리하는 차원에서 총 포지션의 크기를 제한하는 등의 방법으로 수익 기대치를 극대화하는 기술을 의미한다. 호황기가 있으면 불황기도 있는 법. 트레이더라면 누구도 이런 불황기를 피해 갈 수는 없다. 하지만 자금 관리가 제대로 이루어진다면 불황기에도 트레이딩을 계속할 수 있다.

    사람들은 트레이딩할 계약의 수를 정확히 결정하기 위해 수없이 많은 공식과 다양한 접근법을 동원한다. 이들은 '리스크'라는 개념을 정의할 수 있고 또 이해할 수 있다고 보고 있지만 실제로는 그렇지가 않다. 하지만 이 장에서 논쟁을 되풀이할 생각은 없다. 트레이딩할 계약의 수를 결정하는 데 이용할 수 있는 다양한 방법에 관해 알고 싶다면 해당 주제에 관한 도서 목록을 참고하기 바란다.

감내할 수 있는 리스크 수준을 설정하라

나는 자금 관리는 과학보다는 기술에 가까운 개념이고 또 기술보다는 종교에 더 가까운 속성을 지닌다고 생각한다. 물론 정답은 없다. 리스크 포지션을 정의할 수 있는 최상의 방법이란 것도 존재하지 않는다. 다만 각자 사용할 수 있는, 또 각 개인에게 적합한 각각의 답이 존재할 뿐이고 그 답들은 올바른 질문을 통해서만 구할 수 있다.

요컨대 자금 관리는 높은 리스크 수준과 낮은 리스크 수준 사이에서 적절한 타협점을 찾는 기술이라고 할 수 있겠다. 말하자면 리스크 수준이 너무 높아서 자칫 투자금을 모두 날리거나 트레이딩을 중지할 수밖에 없는 지경이 돼서도 안 되고, 리스크 수준이 너무 낮아서 수익이 나지 않는 상황이어서도 안 된다. 트레이딩 중지로 이어질 수 있는 과도한 리스크 수준에는 두 가지 유형이 있다. 자본감소폭이 심리적 한계선을 넘어서는 경우 그리고 급작스런 가격 쇼크로 인해 투자 계정이 고갈되는 경우가 바로 그것이다.

자신에게 가장 적절한 리스크 수준은 자신이 중요하게 생각하는 것이 무엇이냐에 따라 달라진다. 그렇기 때문에 트레이딩을 원하는 사람이라면 리스크 수준이 너무 높은 것이나 너무 낮은 것이 어떤 의미가 있는지 정확히 알아야 자신에게 가장 유리한 결정을 내릴 수가 있다.

    트레이딩 시스템이나 트레이딩과 관련한 훈련 프로그램을 판매하려는 사람들은 자신이 취급하는 것들을 이용하기만 하면 손쉽게 그리고 빨리 큰돈을 벌 수 있다고 선전한다. 이런 사람들은 자신이 취급하는 시스템에서 발생할 수 있는 리스크 요소는 되도록 축소하고 쉽게 큰 수익을 낼 수 있는 가능성은 과장하는 경향이 있다. 하지만 한마디로 말해 이들은 거짓말을 하고 있는 것이다. 리스크는 실재하는 것이고 트레이딩은 그렇게 쉬운 작업이 아니다.

    고수익을 노리고 공격적인 전략을 취하겠다는 결정을 내리기 전에 한 가지 명심해야 할 사항이 있다. 초기 투자 자금이 얼마이든 간에 매년 20%에서 30%의 수익률이 꾸준히 유지된다면 분명 큰돈을 벌 수 있다. 복리의 힘이란 그렇게 강한 것이다. 다만 투자 자금 전액을 잃지 않고 또 다시 시작할 수 있어야만 그것이 가능하다. 매년 30%의 수익을 낼 수 있다고 하자. 이 경우 5만 달러를 가지고 트레이딩을 시작한다면 20년 후에는 1,000만 달러를 손에 쥐게 된다. 하지만 매년 100% 혹은 200%의 수익을 내겠다고 덤빈다면 투자금 전액을 날릴 가능성이 그만큼 높아지고 결국 트레이딩에서 손을 뗄 수밖에 없는 상황에 몰리게 된다. 그러므로 나는 처음 몇 년 동안은 안정적인 혹은 보수적인 접근법을 취할 것을 강력하게 권하는 바이다.

그림 8-1
자본감소폭 대 리스크

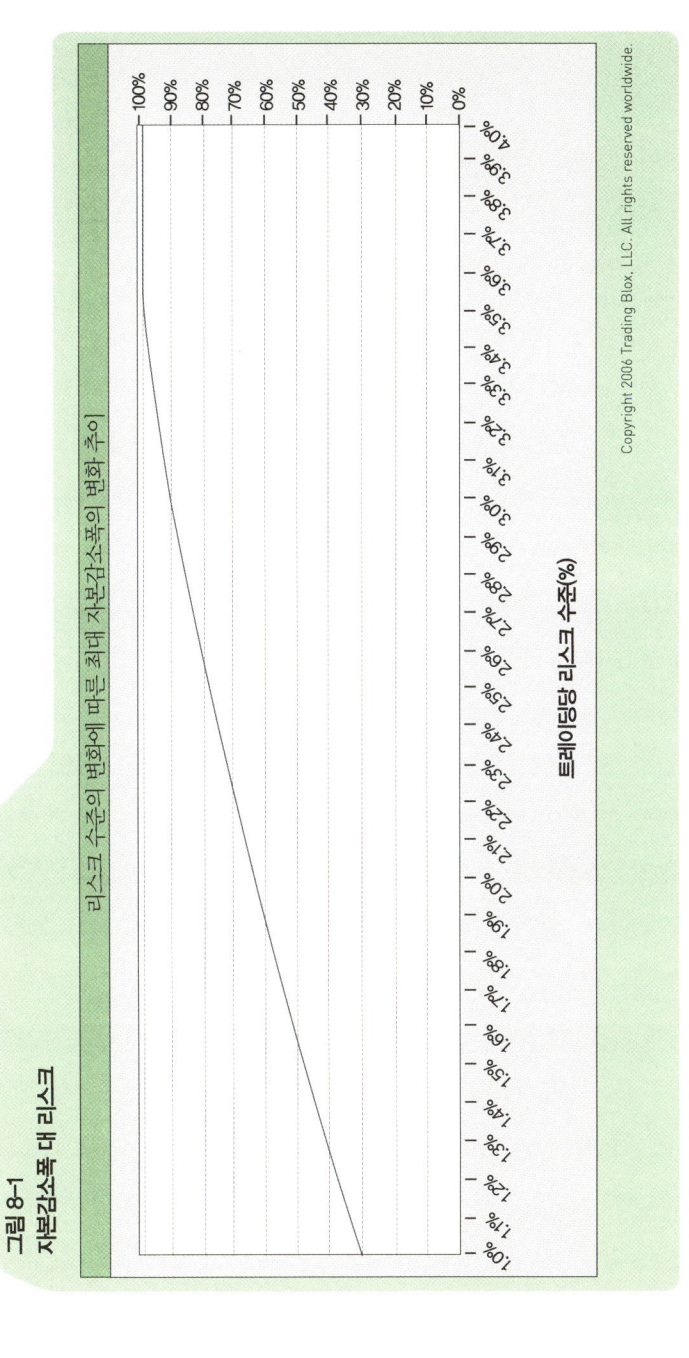

리스크 수준의 변화에 따른 최대 자본감소폭의 변화 추이

리스크와 자금 관리 | **187**

1987년 당시 높은 리스크 수준에서 돈키언 추세 시스템을 사용하여 트레이딩에 임했을 때 어떤 일이 벌어졌는지 한번 보자. 그림 8-1은 리스크 수준이 높아짐에 따라 자본감소폭이 어떻게 변하는지를 보여주고 있다.

그래프상에서 꾸준히 우상향 곡선을 그리다 100% 선에서 주춤하는 양상을 보이고 있다는 점에 주목하라. 공격적 트레이딩 전략을 취하기로 하고 트레이딩당 투자 자금의 3%를 리스크 수준으로 정했다면 아마도 하루아침에 빈털터리가 되고 말았을 것이다. 당시 금리시장 추세가 갑자기 역전되면서 단 하루 만에 그와 같은 자본감소폭에 도달했기 때문이다.

그러므로 과거 자료를 기초로 한 시뮬레이션으로 판단했을 때 자신이 감당할 수 있다고 생각되는 리스크 수준의 절반선에서 트레이딩에 임하는 것이 가장 안전하다. 그래야만 시뮬레이션을 통한 검증 과정에서 예상했던 것보다 자본감소폭이 더 커지는 경우에도 어느 정도 여유가 생길 수 있다. 또한 예기치 못했던 가격 쇼크로 투자금 전액을 날릴 리스크도 그만큼 줄어든다.

자금 관리를 트레이딩과 관련한 온갖 골치 아픈 문제들을 한방에 해결해주는 만병통치약쯤으로 생각하는 사람들이 많다. 이를 주제로 거창하게 책을 쓰거나 복잡한 공식을 이것저것 만들어내는 사람들도 있다. 하지만 그렇게 복잡한 것도 아니고 또 복잡할 필요도 전혀 없다. 자금 관리는 사실 매우 단순한 작업이다. 트레이딩 계정의 크기를 기준으로 각 시장에 맞게 적정 수의 계약을 매수하기만 하면 된다. 이때 시장에 따라 그리고 계정의 크기에 따라 트레이딩할 계약의 수가

'0'이 될 수도 있는 것이다.

예를 들어 2007년 초 천연가스 계약물의 ATR은 계약당 7,500달러 이상이었다. ATR이 7,500달러라는 것은 천연가스 계약의 가격이 일일 평균 7,500달러의 변동폭을 보였다는 의미다. 그러므로 돈키언 추세 시스템처럼 2-ATR 손절 접근법을 사용하는 시스템의 경우 단일 트레이딩에서 1만 5,000달러의 손실이 발생할 수 있다는 의미가 된다. 5만 달러를 가지고 트레이딩을 하는 경우 1만 5,000달러면 전체 트레이딩 계정의 30%에 해당하는 수준이다. 한 번 트레이딩할 때마다 투자 계정의 30%가 손실 리스크에 노출된다면 이를 감당할 수 있는 투자자는 없을 것이다. 따라서 트레이딩 계정의 크기가 5만 달러인 경우에는 트레이딩할 천연가스 계약물의 수는 '0'으로 하는 것이 가장 안전하다고 하겠다. 다시 말해 트레이딩을 하지 않는 것이 최선이다. 트레이딩 계정이 100만 달러인 경우에도 리스크 수준이 1.5%라고 하면 아마 대다수 투자자들이 몸을 사리게 될 것이다.

초보 트레이더들이 실패하는 가장 큰 이유가 바로 리스크 수준을 너무 높게 잡기 때문이다. 개중에는 단 몇 차례의 손실 트레이딩으로도 금방 빈털터리가 되는 일이 종종 있다.

🐢 트레이딩은 단순하긴 하지만 쉽지는 않다

파산 확률의 개념에 대해서는 이미 언급한 바가 있다. 즉, 이는 잇단 손실 트레이딩으로 인해 트레이딩 중지에 이를 정도로 투자금을 거의 날려버릴 확률을 의미한다. 일반적으로 확률 이론에 기초한 간단한 공식을 사용하여 어떤 행위의 결과를 평가하려 할 때 이 개념을 적용한다. 그리고 파산 확률을 리스크라는 차원에서 바라보는 사람들도 많다. 요컨대 파산 확률을 잇단 손실로 인해 파산에 이르게 될 리스크라고 정의하는 사람들이 많다. 그러나 나는 무작위로 발생하는 불리한 시장 행동 때문에 트레이더가 손실을 보는 경우는 그렇게 많지 않다고 생각한다. 투자를 결정하는 과정에서 분석을 잘못한 것이 실패의 원인인 경우가 더 많다고 본다.

트레이더가 상품 트레이딩을 하면서 성공하지 못하는 이유로 다음 몇 가지를 들 수 있다.

- **무계획** 트레이더 중에는 직감이나 예감, 떠도는 소문, 추측 그리고 자신이 향후 시장의 가격 변동에 대해 뭔가 알고 있다는 믿음을 근거로 트레이딩을 하는 사람들이 많다.
- **너무 높은 리스크 수준** 투자 고수라고 하는 사람들 중에도 리스크 수준을 너무 높게 정한 탓에 파산에 이르는 사람이 많다. 여기서 말하는 너무 높은 리스크 수준이란 안정적이라고 판단되는 리스크 수준에서 50% 혹은 100%가량 높은 정도를 말하는 것이 아니다. 공격적 전략임을 어느 정도 감안한다고 해도 적정 수준의 500% 혹은 1,000%에

달하는 정도로 리스크 수준을 높게 설정하는 사람들을 많이 봤다.

비현실적인 기대치 초보 트레이더 중에도 자신이 낼 수 있는 수익에 대한 기대치를 비현실적으로 높게 잡는 사람들이 많다. 이는 자신들이 펀더멘털(기초경제여건) 자료를 기초로 트레이딩을 시작할 수 있으며, 워낙 똑똑하기 때문에 별다른 훈련을 받지 않아도 또 충분한 정보가 없어도 높은 수익률을 기록할 수 있다고 믿는 데서 비롯된 현상이다.

선물 트레이딩 시스템으로 작업을 시작했을 때 좀 이해하기 힘든 사실이 하나 있었다. 당시 나의 고객 가운데는 의사와 치과의사가 차지하는 비중이 상당히 높았다. 그들이 선물시장으로 몰리는 이유는 고소득자이다 보니 웬만한 손실은 감수할 수 있을 정도가 되기 때문이라고 생각했다. 그런데 돌이켜 생각해보면 꼭 그런 것만은 아니었다. 상품 트레이딩 시장에 의사나 치과의사들이 그렇게 많이 몰렸던 진짜 이유는 자신의 지능과 능력에 대한 자신감 때문이었다. 다시 말해 이들은 의학 분야에서 성공을 거둔 만큼 다른 분야에서 성공을 거두는 것은 식은 죽 먹기라고 생각했던 것이다. 어찌 보면 자신의 능력에 대해 지나칠 정도로 확신이 있었다고도 할 수 있다. 선물 트레이딩과 같은 매우 특수한 분야에서도 자신의 능력을 충분히 발휘할 수 있을 것으로 믿었던 것 같다.

사실 의사라는 직업을 가진 사람들은 머리가 좋은 사람들임에 틀림이 없다. 의사가 되려면 좋은 대학에도 들어가야 하고 어려운 시험도 치러야 하며 성적도 좋아야 한다. 게다가 의과대학을 졸업한 사람은, 수많은 사람들이 갈망하지만 극히 일부만이 거머쥘 수 있는 성공을 이미 거둔 사람들이다. 머리도 좋고 성공으로 가는 첫 번째 관문을 멋지게 통과한 경험이 있는 사람이라면 트레이딩 분야에서도 성공할 수 있을 것이라고 믿는 것은 어찌 보면 당연한 일이다.

실제로도 의사나 치과의사 가운데는 자신들이 오래지 않아 트레이더로서 성공할 것이라고 믿는 사람들이 많다. 트레이딩 행위가 너무 단순하고 쉬워 보여서 얼마든지 잘할 수 있을 것처럼 느껴진다. 그러나 내가 관찰한 바로는 이들 가운데 상당수가 비현실적인 기대치 때문에 결국 트레이더로서 성공하지 못했다. 어떤 직업 분야에서 성공했다고 해서 트레이딩 분야에서도 반드시 성공한다는 보장은 없다.

이미 설명한 바와 같이 트레이딩이란 것이 단순하기는 하지만 결코 쉽지는 않다는 사실을 이들은 깨닫지 못했다. 트레이딩이 얼마나 단순한 것인지 아는 데에도 많은 시간과 노력이 필요하다. 그러고도 또 오랜 기간을 두고 실패를 거듭하고 나서야 그 단순한 기본 원칙을 지켜나가기가 얼마나 어려운지를 비로소 알게 된다.

터틀의 경우를 한번 생각해보자. 우리 모두는 터틀이라는 이름으로 동일한 트레이딩 방법을 배웠고 그 기간도 2주일이었다. 그런데 같은 것을 배운 터틀 중에는 전혀 수익을 내지 못한 사람도 있었다. 다른 사람들이 전화로 주문하는 내용을 들을 수 있었기 때문에 어떤 행동을 해야 하는지 또 어떻게 방향을 잡아야 하는지를 판단하는 데 활용할 수도 있었을 것이다. 그런데도 개중에는 배운 대로 혹은 들은 대로 행동하지 않는 사람들이 있었다.

🐢 터틀식 자금 관리 : 게임판을 이탈하지 말라

트레이딩의 기본 목표는 게임판에 머물러 있는 것이다. 시간은 당신의 편이다. 양의 기댓값을 지닌 시스템이나 방법은 결국 당신을 부자로 만들어줄 것이고 때로는 당신이 생각하는 이상의 큰 부를 안겨줄 수도 있다. 하지만 이 모든 것이 가능하려면 우선은 트레이딩을 계속해야만 한다. 트레이딩을 그만두는 순간 모든 가능성은 사라지고 만다. 트레이더한테 사망 선고는 다음 두 가지 형태로 내려진다. 하나는 서서히 목을 죄어오는 죽음이고 또 하나는 급작스런 죽음이다. 전자는 고통과 좌절 때문에 결국 트레이딩을 중지하는 지경을 의미하며 후자는 이른바 '파산'을 의미한다.

초보 트레이더들은 고통을 참아내는 자신의 능력을 과신하는 경향이 있다. 실제로는 그렇게 할 수 없으면서 30% 혹은 40%, 심지어 50% 혹은 70%의 자본감소까지 감수할 수 있다고 생각하는 사람들이 상당히 많다. 이와 같은 잘못된 믿음이 트레이딩에 치명적인 영향을 미칠 수 있다. 이로 인해 투자 자본의 감소와 함께 엄청난 손실을 본 후에 트레이딩에서 완전히 손을 떼거나 아니면 적절치 못한 시점에 다른 시스템으로 갈아타는 우를 범할 수 있기 때문이다.

미래에 대한 불확실성 또한 트레이딩을 어렵게 만드는 요소이며 사람들은 불확실성을 아주 싫어한다. 이러한 측면에서 보면 현실은 안타깝기만 하다. 즉, 시장은 예측 불가능하며 투자자들이 바랄 수 있는 것은 고작해야 비교적 오랜 기간 동안 시장에서 먹힐 만한 트레이딩 기법을 손에 넣는 것뿐이다. 그렇기 때문에 트레이딩에서의 불확실성을 가능한 한 크게 감소시켜줄 수 있는 트레이딩 방법을 찾아내야 한다. 시장은 이미 충분히 불확실한데 부실한 자금 관리로 인해 변동성까지 키워 여기에 보태줄 필요는 없는 것이다.

터틀 트레이딩은 향후의 시장 추세라든가 트레이딩이 성공할지 여부 등을 예측하는 것이 아니기 때문에 터틀은 동일한 기대치를 가지고 각각의 트레이딩에 임한다. 이와 같은 맥락에서 가능한 한 어떤 시장이든 투자 자본에 대한 리스크 노출 수준을 모두 동일하게 하는 것을 원칙으로 한다. 터틀 방식은 적절한 조정을 통해 상대적 변동성과 시장 간의 리스크 수준을 표준화한 것이기 때문에 터틀식 자금 관리 방식을 사용한다면 꾸준히 수익을 올릴 가능성이 높아진다.

시장별로 각각 한 개의 계약만을 트레이딩 대상으로 하는 등의 단순화된 전략 혹은 변동성 요소를 표준화하지 않은 트레이딩 방법은 어떤 시장의 중요성이 다른 시장에서의 중요성보다 과도해지는 결과를 가져온다. 이에 따라 한 시장에서 큰 수익을 내고 다른 시장에서는 작은 손실을 냈다고 하자. 그렇다 하더라도 손실이 난 시장에서의 계약 규모가 훨씬 큰 경우에는 큰 수익으로도 그 손실액을 메울 수가 없게 된다.

대다수 트레이더들이 거의 직감적으로 이와 같은 사실을 인지하고 있으면서도 막상 특정 시장에서 트레이딩할 계약의 수를 결정할 때는 아주 단순한 기제를 사용하려고 하고 또 실제로도 그렇게 하고 있다. 예를 들어 트레이딩 계정 2만 달러당 S&P500 선물계약 1개를 트레이딩한다는 식이다. 이들은 아마 지난 10년 동안에도 이와 동일한 트레이딩 공식을 사용했을 것이며, 실제 그 기간 동안 S&P500 선물시장의 변동성은 극히 심했다. 이러한 접근법은 불필요하게 수익의 변동성을 심화시킬 수 있다.

터틀식 리스크 관리 : 막차를 타지 않으려면 규칙을 지켜라

이미 언급한 바와 같이 데니스와 에크하르트는 각 시장별 포지션 크기를 결정할 때 각 시장의 일일 가격 변동량을 기준으로 한 매우 혁신적인 방법을 사용했다. 이때의 가격은 고정 달러*를 기준으로 한 것이다. 이들은 각 시장별로 가격의 상승 및 하락의 폭을 반영하여 트레이딩할 계약의 수를 결정했다. 각 시장별 트레이딩할 계약의 수는 변동성 지표인 N값을 기준으로 조정이 되기 때문에 각 트레이딩에서 일일 변동성의 크기가 다소 작아지는 경향이 있다.

트레이더 중에는 트레이딩을 개시했을 때의 가격과 포지션을 청산해야 하는 지점의 가격 차이를 이용하여 리스크 수준을 측정하려는 사람들도 있다. 그러나 이것은 리스크를 측정하는 여러 가지 방법 가운데 하나에 지나지 않는다. 1987년 10월 당시에는 어느 시점에서 포지션을 청산했어야 했는지가 전혀 중요하지 않았다. 왜냐하면 하룻밤 사이에 모든 것이 진행돼버리는 바람에 손을 쓸 겨를조차 없었기 때문이다.

당시 내가 시장 진입 가격과 손절 가격의 차이에만 의존하는 방법

---

*고정 달러 인플레이션 부분을 제거한 실질 달러 가치 – 옮긴이

을 사용했다면 다른 터틀보다 4배나 많은 손실을 봤을 것이다. 대다수 터틀들이 2-ATR 손절(청산) 기준을 사용하고 있었지만 나는 1/2-ATR 손절 기준을 사용하고 있었으므로, 내가 만약 단순히 진입 가격과 청산 가격과의 격차만을 기준으로 했다면 다른 터틀에 비해 포지션의 크기가 4배는 더 컸을 것이라는 계산이 나온다.

그런데 다행스럽게도 데니스는 변동성을 기준으로 한 포지션 크기 결정법으로 리스크를 관리하는 쪽을 택했고 나 또한 이 방법을 따랐기 때문에 투자 계정 대비 포지션의 크기가 다른 터틀의 경우와 동일했다. 따라서 가격 쇼크에 대한 익스포져 또한 동일했다. 나는 이 방법이 우연히 탄생된 것은 아니라고 생각한다. 필경 데니스와 에크하르트는 터틀이 감수할 수 있는 최대 리스크 수준을 결정할 때 과거 가격 쇼크가 발생했을 당시의 경험을 떠올렸을 것이고 이를 바탕으로 변동성을 감안한 결정 기준을 사용하게 됐을 것이다.

데니스와 에크하르트가 트레이딩 원칙을 전수할 때 했던 가장 현명한 일은 모든 터틀에게 허용 가능한 리스크 수준의 한계를 부여한 점이다. 이러한 조치는 자본감소는 물론이거니와 특히나 가격 쇼크에 대한 익스포져에도 중요한 의미가 있었다.

이미 언급한 바와 같이 데니스와 에크하르트는 우리가 취한 포지션을 몇 개 단위로 세분화했다. 그리고 1-ATR이 투자 계정의 1%가 되는 선에서 계약의 수를 결정하여 각 단위의 크기를 정했다. 예를 들어 트레이딩 계정의 크기가 100만 달러이면 이 값은 1만 달러(1%)가 된다. 따라서 특정 시장의 1-ATR을 구한 후 1만 달러를 이 값으로 나누어 트레이딩할 계약의 수를 결정한다. 우리는 이렇게 정한 계약의 수를 간단히 단위의 크기라고 불렀다. 변동성이 크거나 계약의 규모가 큰 시장은 변동성이 작거나 계약의 규모가 작은 시장에 비해 단위의 크기가 더 작았다.

데니스와 에크하르트는 트레이딩 경험이 어느 정도 있는 사람이라면 누구나 알고 있고 또 반드시 알아야 하는 사실이 있다고 보았다. 수많은 시장들이 서로 깊이 연관돼 있으며 큰 추세가 끝나는 시점에 침체기가 찾아오고 이내 모든 상황이 투자자에게 불리하게 전개된다. 또한 서로 별 상관이 없어 보이는 시장들도 큰 추세가 끝나고 변동성이 커지는 시기가 오면 상호 긴밀한 연관성을 갖게 된다.

하루아침에 가격 쇼크의 폭탄을 맞았던 1987년 10월 당시를 떠올려보라. 그날 우리가 발을 담그고 있던 거의 모든 시장의 상황이 우리에게 불리하게 전개됐다. 이러한 날벼락에 대항하기 위해 데니스와 에크하르트는 우리의 트레이딩 크기에 일정한 한계를 부여했다. 첫째, 각 시장별 최대 트레이딩 크기는 4단위였다. 둘째, 상호 연관성이 높은 시장들의 경우 최대 트레이딩 크기는 6단위였다. 셋째, 주어진 방향하에서의 최대 트레이딩 크기는 10단위였다(예: 매수 포지션 10 혹은 매도 포지션 10). 상호 연관성이 없는 시장인 경우에는 트레이딩 크기가 12단위까지 상향 조정될 수 있었다. 이와 같은 한계가 없었더라면 데니스는 그날 1억 달러 이상을 날리고 말았을 것이다.

나는 자신들이 터틀 시스템의 과거 실적을 검증해봤는데 그 시스템이 잘 먹히지 않았다든가 수익이 나지 않았다고 주장하는 사람들을 심심찮게 봤다. 이런 사람들이 하는 말은 대충 이런 식이다. "트레이딩 단위를 제한한 규칙만 빼고 다른 규칙은 다 지켰다." 그러나 트레이딩 단위 제한이야말로 터틀 시스템의 핵심 중의 핵심이라 할 수 있다. 이 규칙이야말로 막차를 타지 않게 도와주는 기제이기 때문이다.

금리선물 트레이딩이 그 좋은 예다. 우리는 유로달러, 미 재무부 장기 채권, 90일 만기 재무부채권, 2년 만기 재무부채권 등 각기 다른 4개의 금리시장에서 트레이딩을 했다. 일정 정도의 움직임 중에 4개 시장 모두에서 진입 신호가 포착됐다. 대개 우리는 이 4개 가운데 진입 신호가 먼저 나타난 순서대로 2개를 선택하여 포지션을 취한다.

외환선물의 경우에도 마찬가지다. 우리는 프랑스 프랑화, 영국 파운드화, 독일 마르크화, 스위스 프랑화, 캐나다 달러화, 일본 엔화 등을 대상으로 트레이딩을 했다. 하지만 주어진 시점에서 각 시장 가운데 단 2개 혹은 3개에 대해서만 포지션을 취했다.

이와 같은 단위 제한 규칙이 수많은 손실 트레이딩으로부터 우리 터틀들을 보호해주었다. 제일 마지막으로 진입 신호가 나타난 시장은 대개 그 움직임이 크지 않으며 따라서 손실 시장이 될 가능성이 높다.

과거의 가격 쇼크를 떠올려보라

특정 시스템의 리스크 수준 혹은 특정 포지션에 내재된 리스크를 평가하는 가장 좋은 방법은 지난 30년 혹은 50년 동안 발생했던 주요 가격 쇼크 사건을 살펴보는 것이다. 재앙이 엄습했을 당시 어떤 포지션에 어떤 영향이 미쳤는지를 살펴본다면 어느 정도의 리스크 수준이 50%의 자본감소를 가져오는지 혹은 어느 정도의 리스크 수준이 파산을 몰고 오는지를 비교적 정확히 판단할 수 있을 것이다. 컴퓨터 시뮬레이션 소프트웨어를 활용하면 그런 시기에는 어떤 포지션을 취해야 하는지 또 발생할 수 있는 자본감소폭은 어느 정도인지를 쉽게 확인할 수 있다.

자, 이제 훨씬 더 심각한 사태가 벌어졌을 경우를 한번 생각해보자. 물론 이런 사태를 떠올린다는 사실 자체가 그다지 유쾌한 일은 아니겠지만 어차피 그런 일이 벌어지지 않을 것이라 장담할 수는 없는 이상 대비할 필요는 분명히 있다. 알카에다가 무역센터 빌딩이 아니라 맨해튼의 어딘가 다른 장소를 공격했다면 어떻게 됐을까? 뉴욕이 아니라 도쿄나 런던, 프랑크푸르트에서 그런 일이 벌어졌다면 어떻게 됐을까?

예기치 못했던 대사건이 터졌을 때는 아무래도 공격적인 트레이딩 방식을 취하는 트레이더가 더 큰 손실을 입을 가능성이 많다. 100% 이상의 수익이 보장된다는 식의 달콤한 속삭임이 귓가를 간질일 때면 더더구나 이 부분을 마음에 새겨둘 필요가 있다.

WAY of the TURTLE

터틀 트레이딩의 기초는 바로 시장 상태를 알려주는 도구들이라고 생각한다. 기초 단위 중에는 지표, 지시기, 비율 등과 같이 특정한 이름으로 불리는 것들도 있지만 나는 이 모두를 보다 일반적인 범주로 묶었다. 본 장에서는 추세추종 시스템의 기초 단위에 초점을 맞춰 논의를 전개할 것이다. 말하자면 시장이 안정된 상태에서 추세적 상태로 전환되는 시점 그리고 추세적 상태에서 다시 안정된 상태로 되돌아가는 시점을 알려주는 도구들이 여기에 해당한다. 간단히 말해 이 도구들은 추세가 시작되는 시점과 추세가 끝나는 시점이 언제인지를 알려준다.

chapter 09

터틀 트레이딩의 기초

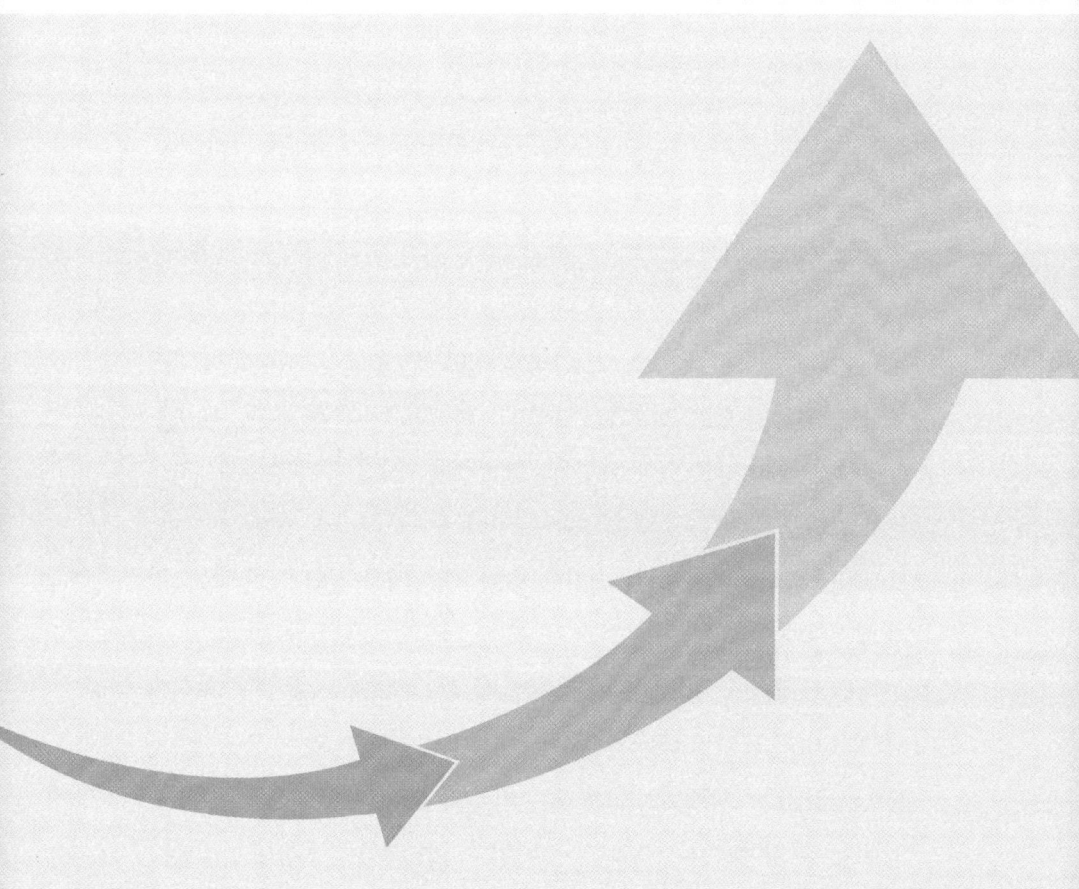

제9장
터틀 트레이딩의 기초

온갖 잡지에 '마법의 도구'인 것 마냥 소개된 것들에 너무 현혹되지 말라. 우선은 기본 원칙을 제대로 활용하는 방법을 배우는 것이 순서다. 사용하는 도구의 크기나 규모가 중요한 것이 아니라 그 도구를 얼마나 잘 활용하느냐가 중요한 것이다.

    2장에서 안정적–비변동적, 안정적–변동적, 추세적–비변동적, 추세적–변동적 등으로 표현되는 다양한 시장 상태에 관해 설명한 바 있다. 또한 트레이딩 행위가 이루어지고 있는 그 시장이 어떤 상태에 있는지 판단할 수 있는 능력을 갖추는 것이 중요하다고도 했다. 자신의 트레이딩 스타일에 불리한 시장 상태일 때는 시장 진입을 피해야 하기 때문이다.

    터틀 트레이딩의 기초는 바로 시장 상태를 알려주는 도구들이라고 생각한다. 기초 단위 중에는 지표, 지시기, 비율 등과 같이 특정한 이름으로 불리는 것들도 있지만 나는 이 모두를 보다 일반적인 범주로 묶었다. 본 장에서는 추세추종 시스템의 기초 단위에 초점을 맞춰 논의를 전개할 것이다. 말하자면 시장이 안정된 상태에서 추세적 상태로 전환되는 시점 그리고 반대로 추세적 상태에서 다시 안정된 상태로 되돌아가는 시점을 알려주는 도구들이 여기에 해당한다. 간단히 말해 이 도구들은 추세가 시작되는 시점과 추세가 끝나는 시점이 언제인지를 알려준다.

그런데 트레이더에게는 안타까운 일이지만, 언제 어디서나 들어맞는 기본 도구는 존재하지 않으며 큰돈을 벌게 해주는 비밀스런 공식 같은 것도 딱히 없다. 우리로서는 다만 추세가 시작되거나 끝날 확률이 높아지는 시점을 찾아내는 데 도움이 되는 도구를 찾아내는 것이 최선이다. 자신에게 유리한 쪽으로의 확률이 약간 높은 수준이라고 하더라도 큰 수익을 낼 가능성이 있기 때문에(카지노 주인에게 한번 물어보라) 그와 같은 도구를 찾아내는 것만으로도 목적은 충분히 달성되는 셈이다.

터틀 프로그램의 기본 도구들

이제 터틀 프로그램 과정에서 배웠던 것들을 포함하여 가장 보편적인 트레이딩 시스템이라 할 추세추종 시스템의 기본 도구부터 살펴보기로 하자. 추세가 시작되는 시점과 추세가 끝나는 시점을 결정하는 방법들이 여기에 해당한다. 물론 여기에 내놓은 이 작업의 결과가 결코 완벽하다고는 할 수 없다.

이번 장에서는 먼저 기본 도구들을 살펴보고 다음 장에서 보다 구체적인 활용을 알아보기로 하자. 본 장에서 설명할 트레이딩 시스템의 기본 도구는 다음과 같다.

- **돌파** 특정 기간 동안 가격이 최고점 혹은 최저점을 뚫고 나가는 상황을 말한다. 이는 초기 터틀 시스템에서 주로 사용했던 도구다.
- **이동평균** 특정 기간 동안의 연속적인 가격 평균을 말한다. 매일의 가격을 추가하여 계산하기 때문에 새로운 가격이 형성될 때마다 평균이 오르락내리락 한다는 데서 이동평균이라는 명칭이 붙었다.
- **변동성 채널** 이동평균에 표준편차나 ATR과 같은 시장 변동성 지표를 바탕으로 한 특정한 수치를 추가한 것이다.
- **시간기준 청산** 가장 단순한 청산 전략으로서 미리 정해놓은 특정 시점(예: 10일 후 혹은 80일 후에 포지션을 청산함)에 트레이딩 포지션을 청산하고 시장에서 나오는 것을 말한다.
- **단순 대조** 현재 가격을 과거의 가격과 비교하는 것을 말한다.

이제 위 기본 요소들에 관해 보다 자세히 살펴보고 이 기본 요소들이 추세추종 시스템에 어떻게 사용될 수 있는지를 설명할 것이다.

돌파

돌파에 관해서는 앞에서 이미 언급했고 돌파와 우위의 관계에 대해서도 설명했다. 신고가는 추세가 시작됐다는 사실을 나타내는 가장 강력한 지표다. 돌파 전략에서 최고가 혹은 최저가를 계산할 때 사용하는 일수는 참여하려는 시장 추세의 유형에 따라 달라진다. 기준 일수가 적다는 것은 단기 추세일 가능성이 그만큼 높다는 것을 의미한다. 반면에 일수가 많다는 것은 장기 추세일 가능성이 높다는 의미다. 돌파 전략은 전체 시장 추세를 나타내는 다른 지표와 함께 사용할 때 더 효과적이다. 진입 신호와 청산 신호 포착을 위해서는 돌파를, 그리고 전체 추세를 파악하기 위해서는 이동평균을 사용하는 돈키언 추세 시스템이 그 좋은 예다.

이동평균

이동평균은 특정 기간 동안의 가격 평균을 지속적으로 계산한 값을 말한다. 이동평균의 가장 간단한 형태인 단순이동평균simple moving average은 특정한 일수의 가격 평균을 나타낸다. 10일 종가이동평균은 이전 10일간의 종가를 평균한 것이고 70일 고가이동평균은 이전 70일간의 고가를 평균한 것이다.

이보다 복잡한 이동평균들도 있는데 이 가운데 가장 보편적으로 사용되는 것이 바로 지수이동평균exponential moving average이다. 지수이동평균은 전일 평균값을 취해 이를 현재 가격과 혼합하여 계산한다. 그림 9-1은 20일 지수이동평균과 70일 지수이동평균 등 두 가지 형태의 이동평균을 나타낸 것이다.

표를 보면 20일 이동평균선이 가격과 보다 근접한 형태로 움직이고 6월 중순경에 이르러 70일 이동평균선을 초월하면서 상향 추세가 시작됐다는 사실을 알 수 있다. 이때가 가장 일반적인 진입 신호라 할 수 있다. 다시 말해 20일 이동평균, 즉 단기 이동평균이 70일 이동평균, 즉 장기 이동평균을 상향 교차하는 시점에서 트레이딩이 이루어진다. 이 경우 진입 시점은 6월 초가 된다.

그림 9-1
20일 및 70일 지수이동평균

이 외에도 시스템 설계자와 연구자들이 다양한 형태의 이동평균을 고안했다. 이들 시스템 설계자들은 각종 요소들을 추가한 복잡한 형태의 이동평균 개념을 소개하고 있지만 실전에서 사용했을 때 이런 도구들이 훨씬 유용하다고 볼 수는 없으며 곡선맞춤$^{curve\ fitting*}$의 여지 및 비현실적인 검증 결과를 도출할 가능성이 더욱 높아진다. 잠재적 단점에 관해서는 11장에서 보다 상세히 다룰 것이다.

---

*곡선맞춤 현실적으로 얻을 수 있는 데이터를 이용하여 그 데이터들을 표현할 수 있는 가장 이상적인 수학적인 직선, 혹은 곡선을 얻어내는 기술. 간단히 말해 실재하는 곡선을 수학적으로 가장 비슷하게 구현하는 것 – 옮긴이

변동성 채널

변동성 채널은 추세의 시작을 알리는 아주 좋은 지표다. 특정 이동평균선을 중심으로 상하로 확장된 가격 변동 범위(변동성 채널)를 상회하는 수준에서 가격 돌파가 이루어졌다면 이는 가격이 상승세를 타고 있다는 의미다. 다시 말해 추세가 시작됐을 가능성을 나타낸다. 다음 장에서 변동성 채널을 기초로 하고 있는 각기 다른 두 가지 시스템을 검토할 생각이다.

그림 9-2는 80일 이동평균선과 함께 변동성 채널을 표시한 것이다. 가운데 선이 80일 이동평균선이고 상하의 선이 변동성 채널이다. 그래프를 보면 오른쪽 부분을 제외하고 대부분의 가격이 채널 내에

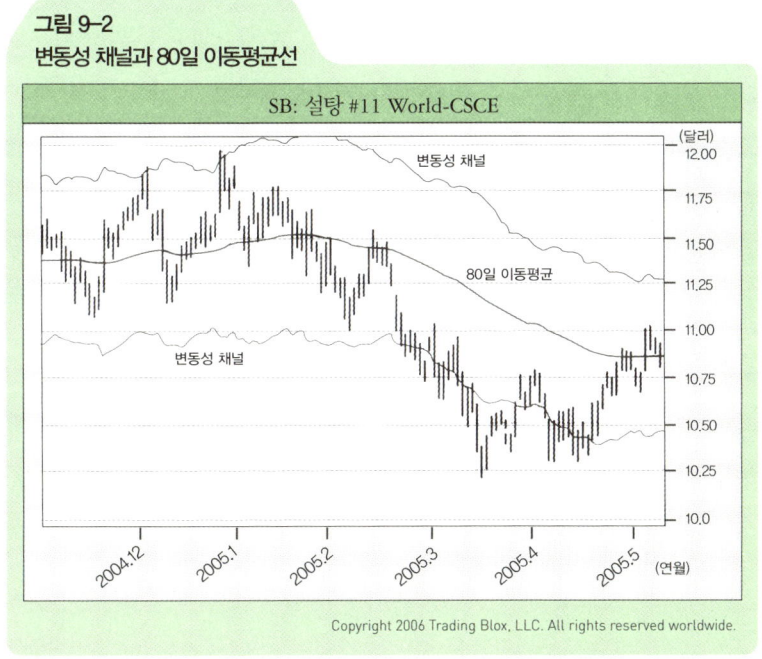

그림 9-2
변동성 채널과 80일 이동평균선

머물고 있다. 그래프의 중반보다 오른쪽에서는 가격이 채널을 하회하고 있으며 이동평균선도 서서히 하향 곡선을 그리고 있음을 확인할 수 있을 것이다.

시간기준 청산

시간기준 청산은 아주 단순한 형태이지만 매우 효과적이고 유용한 청산 도구가 될 수 있다. 또한 추세 붕괴로 인한 자본감소폭을 줄이는 데도 도움이 된다. 왜냐하면 시간기준 청산의 경우 이동평균이나 돌파를 통해 자본감소가 일어난 사실을 감지하기 전에 이미 청산이 이루어지기 때문이다.

단순 대조

가장 단순한 수준에서 추세추종 전략을 고려하고 있다면 보다 단순한 기제를 고안하여 추세 시작 시점을 알아낼 수도 있다. 그와 같은 방법 가운데 하나가 이전 기간의 가격을 단순 비교해보는 것이다. ATR과 같은 변동성 기준 지표를 사용하여 가격을 추가 검토할 수도 있다. 예를 들어 현재 가격이 100일 전의 가격을 2-ATR 초과할 때 매수하는 식이다.

이외에 또 다른 유형의 단순 대조 전략을 사용하는 시스템에 관해서는 10장에서 더 자세히 다룰 것이다.

🌱 그리고 그 외의 사항들

시간이 지나면서 수없이 많은 형태의 지표들이 고안되어 나왔다. 기술이 고도로 발달한 요즘에는 트레이더들 스스로가 자신만의 공식을 설계하고 자신만의 지표를 만들어내는 일이 훨씬 수월해졌다. 또한 트레이딩 관련 잡지들이 새로운 지표들과 그것을 기초로 한 시스템들을 연일 소개하고 있다. 여기에 소개한 지표나 시스템의 기본 도구 외에 더 상세한 내용을 알고 싶으면 뒷부분에 소개한 참고 서적을 살펴보기 바란다. 하지만 일단 이 주제와 관련하여 깊이 들어가기 전에 우선 몇 가지 주의사항부터 일러두고자 한다.

나는 추세추종 시스템을 일례로 들어 설명할 생각이지만 그 내용은 다른 트레이딩 유형에도 적용될 수 있는 것이다. 시장이 상승 추세를 타기 시작하면 조만간 추세추종의 기본 도구들에 따라 매수 진입 신호를 방출하기 시작할 것이다. 이 모든 도구들을 적절히 조율하여 시장 추세보다 조금 더 빠르게 혹은 조금 더 느리게 반응하게 하는 것이 가능하다. 그러므로 어떤 기본 도구를 사용하여 시스템을 구성하든지 간에 각 시스템이 모두 유사한 결과를 나타낼 것이다.

내가 하고자 하는 말은 과거 시장에서 완벽하게 먹혔던 이른바 핵폭탄 급의 첨단 지표를 찾는 것만이 능사는 아니라는 것이다. 그보다는 이상에서 설명한 아주 기초적인 도구들만을 사용한 단순한 형태의 시스템을 구성하는 편이 더 나을 수 있다. 이 부분에 관해서는 10장에서 보다 상세히 다룰 것이다.

WAY of the TURTLE

트레이더 중에는 사후검증이라 일컬어지는 이른바 과거 자료 검증 자체를 신뢰하지 않는 사람들이 꽤 있다. 그중에는 업계에서 나름대로 성공한 사람들도 상당수 끼어 있다. 이들은 과거가 그대로 되풀이되는 일은 없기 때문에 과거의 자료를 검증하는 것은 무의미하다고 생각한다. 사적 검증이 무의미하다고 생각하는 사람들에게 나는 이런 질문을 던지고 싶다. 그렇다면 사적 검증에 대한 대안은 있는가? 과거에 대한 정보 없이 어떻게 트레이딩 전략을 선택할 것인가? 트레이딩 시점은 어떻게 결정할 것인가? 대체 이 모든 의문을 어떻게 해소할 생각인가?

chapter 10

터틀 트레이딩 시스템

제10장
터틀 트레이딩 시스템

단순성을 유지하라. 세월의 검증을 거친 아주 단순한 방법이 복잡한 방법보다 항상 한 수 위의 결과를 가져올 것이다.

본 장에서는 장기 추세추종 시스템으로 더 잘 알려져 있는 터틀 트레이딩 시스템에 관해 살펴볼 것이다. 시스템에는 다음과 같은 것들이 있다.

- **ATR 채널 돌파** ATR을 변동성 지표로 사용하는 변동성 채널 시스템
- **볼린저 돌파** 표준편차를 변동성 지표로 사용하는 변동성 채널 시스템
- **돈키언 추세** 추세 필터를 바탕으로 한 돌파 시스템
- **시간기준 청산 돈키언 추세** 추세 필터와 시간기준 청산을 바탕으로 한 돌파 시스템
- **이중이동평균** 더 빠른 이동평균선이 더 느린 이동평균선을 교차할 때를 트레이딩 시점으로 잡는 시스템. 다른 시스템과 달리 매수 포지션과

> 매도 포지션 가운데 하나는 반드시 취하게 된다.
>
> **삼중이동평균** 가장 느린 이동평균을 기준으로 형성된 추세의 방향에서 더 빠른 이동평균선이 더 느린 이동평균선을 교차할 때 트레이딩하는 시스템

이들 시스템의 차이점이 무엇인지 정확히 알아볼 필요가 있었다. 그래서 나는 일련의 사적史的 시뮬레이션 과정을 통해 지난 10년 동안 각 시스템을 사용한다고 가정했을 때 어느 정도의 수익을 올릴 수 있는지를 알아보았다. 본 장에서는 7장에서 논했던 척도를 활용하여 각 시스템의 상대적 성과를 비교해볼 것이다.

우리에게 유일한 정보는 과거의 데이터다

트레이더 중에는 사후검증backtesting이라 일컬어지는 이른바 과거 자료 검증 자체를 신뢰하지 않는 사람들이 꽤 있다. 그중에는 업계에서 나름대로 성공한 사람들도 상당수 끼어 있다. 이들은 과거가 그대로 되풀이되는 일은 없기 때문에 과거의 자료를 검증하는 것은 무의미하다고 생각한다. 이러한 유형의 논쟁에 익숙하지 않은 독자들도 있을 것이다. 그래서 일단은 그와 같은 검증 작업이 반드시 필요하다는 사실을 납득시키는 데 주안점을 두고자 한다.

사적 검증이 무의미하다고 생각하는 사람들에게 나는 이런 질문을 던지고 싶다. 그렇다면 사적 검증에 대한 대안은 있는가? 과거에 대

한 정보 없이 어떻게 트레이딩 전략을 선택할 것인가? 트레이딩 시점은 어떻게 결정할 것인가? 대체 이 모든 의문을 어떻게 해소할 생각인가?

당신이 지니고 있는 유일한 정보는 시장에 관한 과거 자료뿐이다. 트레이딩 규칙이나 시스템에 의존하지 않고 독자적 판단 기준에 따라 행동하는 이른바 재량 트레이딩* 트레이더라고 하더라도 과거의 시장가격 변동을 판단의 기준점으로 삼았던 경험은 있을 것이다. 그렇다면 역시 과거를 참고하고 있는 것이다. 따라서 아무리 아니라고 해도 결국은 사적 검증에 의존하고 있는 셈이다.

능력 있는 트레이더라면 수년간의 트레이딩 경험을 바탕으로 나름의 시스템을 개발할 수도 있다. 이들은 수익 기회를 창출해주는 반복적 패턴에 주목한다. 그런 다음 그 기회를 활용할 수 있게 설계된 도구를 사용하여 트레이딩에 임한다. 어떤 트레이더들은 수개월 동안 각종 차트를 열심히 들여다보고 과거에 시장이 어떻게 움직였는지를 알아낸 연후에 비로소 트레이딩에 나서는 경우가 종종 있다. 시장의 미래를 가장 잘 예측해주는 지표가 바로 과거 자료에 숨어 있다는 사실을 잘 알고 있기 때문이다.

요즘은 컴퓨터의 발달로 인해 동일한 자료라도 전보다 훨씬 빠르고 손쉽게 검증 작업을 할 수 있다. 컴퓨터 시뮬레이션을 이용하면 트레이딩에 나서기 전에 먼저 특정 전략에 대해 보다 정밀한 분석을 할 수가 있다. 유망한 전략이라고 생각하고 트레이딩에 나섰는데 전혀

---

*재량 트레이딩 시스템이 아니라 주관적 판단에 따른 트레이딩. 시스템 트레이딩과 반대되는 개념-옮긴이

예상치 못한 이유 때문에 그 전략이 제 기능을 발휘하지 못하는 경우가 종종 있다. 그러므로 무턱대고 시장에 참가했다가 크게 손실을 보는 것으로 자신이 선택한 전략의 오류를 깨닫는 것보다야 미리 컴퓨터 시뮬레이션 같은 사전 분석 작업을 통해 오류 여부를 확인한 연후에 트레이딩에 나서는 것이 백번 낫지 않겠는가.

일부 트레이더가 과거 자료에 바탕을 둔 시뮬레이션 작업을 신뢰하지 않는 이유는 사후검증의 결과가 왜곡될 여지가 너무 많기 때문이다. 컴퓨터를 활용하여 시장에서 먹힐 것 같은 방법을 찾아내는 일은 그리 어렵지 않을지 모르지만 그렇게 찾아낸 방법이 정작 실제 시장에서 먹힐지 그렇지 않을지는 미지수다. 하지만 이 부분은 이와 관련하여 가장 공통적으로 나타나는 문제, 즉 과잉최적화만 피한다면 얼마든지 극복할 수 있다. 이 주제에 관해서는 11장에서 다룰 것이다.

시뮬레이션 작업을 통해 미래의 트레이딩 전망을 정확하게 예측할 수 있는 것은 아니지만 적어도 특정 접근법이 미래 시장에서 수익을 낼 수 있는지 여부를 결정하는 방법 정도는 제공해준다. 완벽한 해법을 찾는다면 혹시 수정구슬이나 타임머신이 도움이 될지 모르겠다. 하지만 그런 것들이 존재하지 않는 이상 현재로서는 이 방법이 최선의 대안임에 틀림이 없다.

진정한 전문가 vs. 사이비 전문가

전문가에 대한 대중의 오해 혹은 잘못된 믿음 때문에 뜬금없는 조언들이 넘쳐난다고 생각한다. 어느 분야에서든 마찬가지겠지만 무엇이 어떻게 진행되고 있는지를 제대로 이해할 수 있는 진정한 전문가의 수는 극히 제한돼 있다. 특정 분야에서 능력을 발휘하지만 진정한 전문가라고 보기 어려운 사람들도 많다. 이들은 수집하는 정보와 지식의 양도 방대하기 때문에 비전문가의 눈으로는 진정한 전문가와 이들 사이비 전문가를 분간하기가 어렵다.

사이비 전문가들은 어느 정도의 기능은 발휘하지만 자신들이 몸담고 있는 분야를 제대로 이해하고 있지는 못하다. 진정한 전문가에게는 엄격한 규칙 같은 것은 없다. 이들은 해당 분야를 정확히 이해하고 있기 때문에 굳이 규칙 따위가 필요치 않은 것이다. 하지만 사이비 전문가는 다르다. 이들은 이해가 부족하기 때문에 다른 전문가들이 행하는 것을 열심히 지켜본 다음에 그것을 그대로 따라한다. 이들은 무엇을 해야 하는지는 알고 있지만 그것을 왜 해야 하는지는 모른다. 그래서 이들은 전문가들이 하는 말을 잘 듣고 난 다음 아무짝에도 쓸모없는 이런저런 규칙들을 만들어낸다.

어떤 사람이 진정한 전문가인지 사이비 전문가인지를 판별할 수 있는 방법이 하나 있다. 바로 그 사람이 쓴 글을 살펴보는 것이다. 무엇을 어떻게 하라는 것인지가 불분명하거나 따라하기 너무 어렵다고 생각되면 이것은 분명 사이비 전문가가 쓴 글임에 틀림이 없다. 불분명한 글은 불분명한 사고에서 비롯되는 것이기 때문이다. 진정한 전문가는 아무리 복잡하고 어려운 개념이라도 누구나 이해하기 쉽게 설명할 수 있는 능력이 있다.

사이비 전문가의 또 한 가지 특징은 복잡한 과정이나 기법을 적용하는 방법을 잘 알고 있고 그 부분에 대한 훈련도 충분히 돼 있지만 기법들에 내재된 한계점에 대해서는 잘 알지 못한다는 것이다.

이제 트레이딩의 세계로 눈을 돌려보자. 트레이딩과 관련한 복잡한 통계적 분석 작업에 능한 소위 전문가라는 사람들이 시뮬레이션을 통해 1,000회에 걸쳐 모의 트레이딩을 실행한 다음 어떤 결론을 도출했다고 하자. 그런데 이들은 단 2주일분의 극히 제한된 자료를 토대로 한 분석이라는 사실을 도외시한 채 그대로 어떤 결론을 도출한다. 이들은 수학에는 능할지 모르지만 지난 2주일 동안의 상황과 다음 주의 상황이 완전히 다르다면 그렇게 얻은 수학적 자료가 아무런 의미가 없다는 사실을 이해하지 못한다.

경험과 훈련, 그리고 지식과 지혜를 혼동하지 말라.

시스템의 기본 요소들

본 장에서 설명한 검증 작업은 공통된 시장 포트폴리오 및 공통된 자금 관리 알고리즘을 사용하여 수행했다. 시스템 규칙의 변화로 인해 검증의 결과가 왜곡되는 것을 차단하기 위해서였다. 검증 작업에 사용된 변수로는 다음과 같은 것들이 있다.

시장

검증 포트폴리오상의 시장에는 오스트레일리아 달러화, 영국 파운드화, 옥수수, 코코아, 캐나다 달러화, 원유, 목화, 유로화, 유로달러, 비육우, 금, 구리, 난방유, 무연 휘발유, 일본 엔화, 커피, 소, 돼지, 멕시코 페소화, 천연가스, 대두(콩), 설탕, 스위스 프랑화, 은, 미 재무부

중기 채권, 미 재무부 장기 채권, 밀 등이 있다.

    위 시장은 유동성이 높은(거래량이 많은) 미국 시장에서 선정한 것이다. 유동성이 높은 시장이 각 시장 간 연관성이 더 높기 때문에 유동성이 낮은 시장은 검증 포트폴리오에서 제외했다. 또 과거 자료 제공사들 가운데 대다수가 외국 시장 정보는 별도로 판매하고 있기 때문에 검증의 대상을 미국 시장으로 제한하기로 결정했다. 그리고 되도록 우리가 얻은 결과를 다른 트레이더들도 쉽게 재현할 수 있게 한다는 쪽으로 검증의 방향을 잡았다.

자금 관리

    여기서 사용한 자금 관리 알고리즘은 터틀식 자금 관리 알고리즘과 동일하다. 한 가지 차이점이 있다면 보다 공격성을 낮추기 위해 수치를 절반으로 줄여 적용한 부분이다. 요컨대 1-ATR을 트레이딩 자본의 1%로 하지 않고 0.5%로 했다. 즉, 검증 대상 계약의 수는 트레이딩 자본의 0.5에 해당하는 자금을 해당 시장의 ATR로 나누어 구했다. 이때 ATR은 트레이딩 주문을 낸 시점에서의 달러 가치를 기준으로 한다.

검증 대상 기간

    각 시스템 공히 1996년 1월부터 2006년 6월까지의 자료를 대상으로 검증이 이루어졌다.

터틀 트레이딩 시스템

검증 결과를 보기 전에 우선 각 시스템에 관해 보다 상세히 살펴보도록 하자.

ATR 채널 돌파 시스템

ATR 채널 돌파 시스템은 평균 실질가격변동폭^{ATR}을 변동성 지표로 사용하는 변동성 채널 시스템이다. 상단 변동성 채널은 350일 종가이동평균에 7-ATR을 더해 설정하고 하단 채널은 동일한 이동평균에서 3-ATR을 빼서 설정한다. 이 시스템상에서는 전일 종가가 상단 채널을 돌파할 때 매수하고 전일 종가가 하단 채널을 돌파할 때 매도가 이루어진다. 그리고 종가가 다시 이동평균 수준으로 돌아올 때 포지션을 청산한다.

PGO^{Pretty Good Ocillator}로 알려진 시스템도 ATR 채널 돌파 시스템의 일종이며 이 시스템은 척 르보 시스템 트레이더스 클럽^{Chuk LeBeau's System Trader's Club} 포럼의 마크 존슨이 개발한 것이다. 또 이 시스템은 다음에 설명할 볼린저 돌파 시스템의 변종이기도 하다.

그림 10-1은 ATR 채널 돌파 시스템의 변동성 채널을 나타낸 것이다. 중앙의 선은 350일 이동평균선이고 위쪽에 있는 선은 350일 이동평균에 7-ATR을 더해 정한 상단 변동성 채널, 아래쪽의 선은 350일 이동평균에 3-ATR을 뺀 하단 변동성 채널이다.

그림 10-1
ATR 채널 돌파 시스템

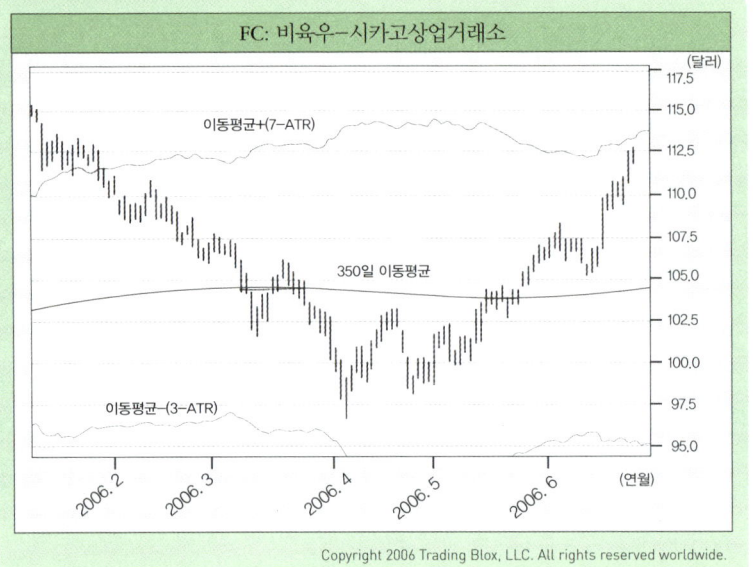

볼린저 돌파 시스템

이 시스템은 척 르보Chuk LeBeau와 데이비드 루카스David Lucas가 1992년에 펴낸 『기술적 접근법을 취하는 트레이더를 위한 선물시장 분석 안내서Technical Traders Guide to Computer Analysis of the Future Markets』에서 소개한 시스템이다(이동평균 일수는 다르고 변동폭은 표준편차를 사용하여 정함).

볼린저 밴드는 존 볼린저John Bollinger가 고안한 변동성 채널이다. 이 시스템상에서 볼린저 밴드는 350일 이동평균에서 종가 기준 표준편차 2.5를 가감하여 설정한다. 전일 종가가 상단 채널을 돌파할 때 매수하

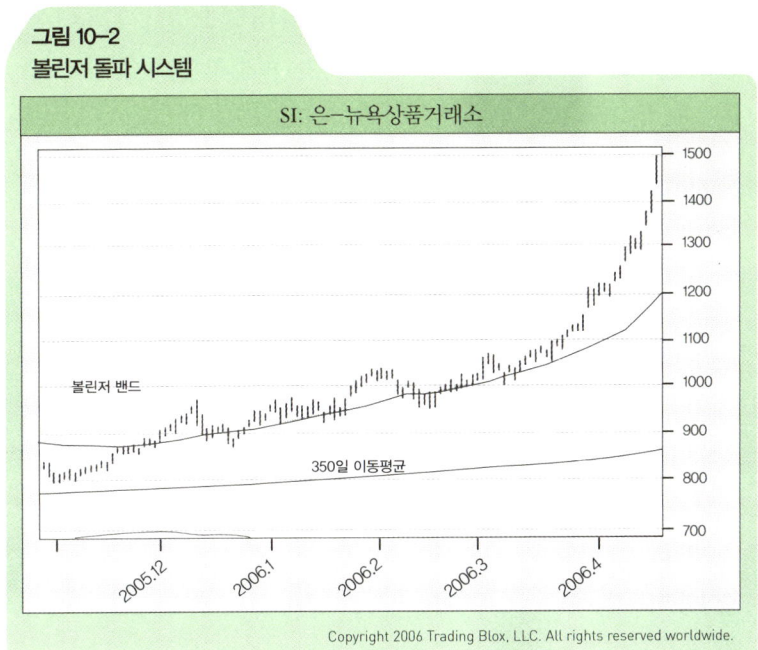

그림 10-2
볼린저 돌파 시스템

고 전일 종가가 하단 채널을 돌파할 때 매도한다. 종가가 이동평균 수준으로 복귀할 때 포지션을 청산한다. 그림 10-2는 볼린저 돌파 시스템의 변동성 채널을 나타낸다.

돈키언 추세 시스템

5장에서 설명한 바 있는 돈키언 추세 시스템은 오리지널 터틀 시스템을 단순화한 버전이라고 보면 된다. 진입은 20일 돌파, 청산은 10일 돌파를 사용하며 350일/25일 지수이동평균 추세 필터도 포함된다. 이 시스템에서는 더 빠른 이동평균선을 기준으로 트레이딩을 한다. 25일 이동평균선이 350일 이동평균선을 상향 교차할 때는 매수만 하고 25일 이동평균선이 350일 이동평균선을 하향 교차할 때는 매도만 한다. 또한 오리지널 터틀 시스템과 마찬가지로 2-ATR 손절 규칙도 사용한다.

그림 10-3은 돈키언 추세 시스템의 돌파 레벨과 이동평균선을 나타낸다. 가격에 근접한 선이 단기 이동평균선이고 맨 아래 선이 장기 이동평균선이다. 그래프상에서는 롱 포지션의 추세가 진행 중이다. 따라서 이러한 장세일 때는 매수만 이루어질 것이다. 가격 위아래로 들쭉날쭉하게 되어 있는 선은 돌파 레벨을 나타낸다. 돌파 레벨의 최고점은 신고가가 탄생하면 즉각 이를 반영하여 따라간다. 반면 최저

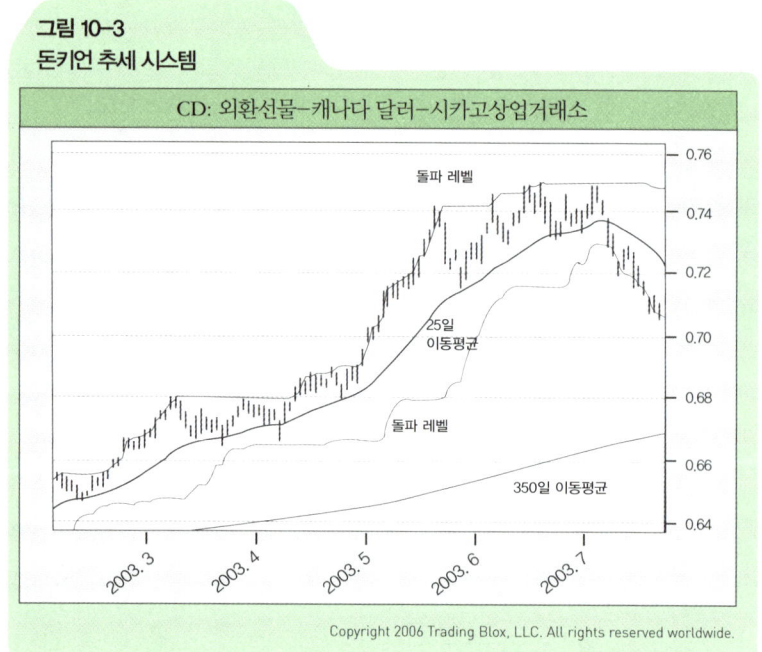

그림 10-3
돈키언 추세 시스템

점은 그렇지 않다는 점에 주의하라.

그래프를 보면 3월 7일에 형성됐던 이전 고점 0.6802를 돌파한 시점인 4월 10일에 매수가 이루어질 것이라는 사실을 알 수 있다. 그리고 3월 말의 가격 돌파 시도가 실패한 부분에도 주목할 필요가 있다. 이는 가격 저항의 아주 좋은 사례다. 두 번째로 이 저항선에 근접했을 때 비로소 가격 돌파가 이루어질 수 있었다. 그리고 큰 폭의 되돌림 없이 가격이 6센트나 올라 0.74선까지 치고 올라갔다. 이와 같은 가격 수준에서는 상품을 매도하려는 트레이더는 없고 더 높은 가격에라도 매수에 나서려는 트레이만 있을 것이다. 때문에 가격의 상승은 가속화된다.

시간기준 청산 돈키언 추세 시스템

돈키언 추세 시스템의 일종인 시간기준 청산 돈키언 추세Donchian Trend with Time Exit 시스템은 청산 시 돌파 대신에 시간기준 기법을 사용한다. 트레이딩이 이루어지고 나서 80일 후에 포지션을 청산하지만 손실제한 규칙은 사용하지 않는다.

시장에 진입하는 것이 중요한 것이 아니라 청산 시점이 중요하다고 말하는 트레이들이 많다. 이 시스템은 바로 이와 같은 입장을 취하는 트레이더에게 알맞다고 하겠다. 이 시스템의 성과를 다른 시스템의 성과와 비교해보면 매우 단순한 청산 기준이 이보다 훨씬 복잡한 청산 기준과 어떻게 다른지 금방 확인할 수 있을 것이다.

이중이동평균

이중이동평균은 100일 이동평균선이 350일 이동평균선을 상향 교차할 때 트레이딩이 이루어지는 매우 단순한 형태의 트레이딩 시스템이다. 다른 시스템들과 달리 이중이동평균은 매수 포지션 아니면 매도 포지션으로 트레이더가 시장에 항상 참여하고 있는 상태가 된다.

그림 10-4는 이중이동평균 시스템의 이동평균선을 나타낸다. 100일 이동평균선이 가격에 더 근접해 있다. 7월 말에 100일 이동평균선이 350일 이동평균선을 상향 교차하면서 매수가 이루어지게 된다. 당신도 이미 알고 있겠지만 이중이동평균 시스템은 장기 추세 시스템이고 다른 시스템과 비교할 때 트레이딩의 빈도는 그다지 높지 않다.

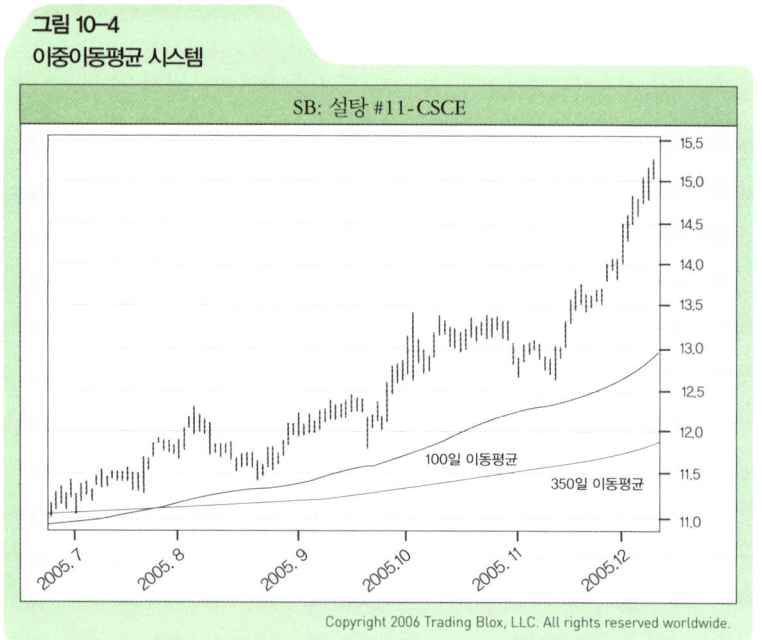

그림 10-4
이중이동평균 시스템

삼중이동평균

이 시스템은 150일 이동평균, 250일 이동평균, 350일 이동평균 등 모두 3개의 이동평균을 사용한다. 150일 이동평균선이 250일 이동평균선을 상향 교차할 때 트레이딩이 이루어진다. 이 시스템에서는 350일 이동평균을 추세 필터로 사용한다. 고로 150일과 250일 이동평균선이 350일 이동평균선과 동일한 방향을 취했을 때만 트레이딩할 수 있다. 150일과 250일 이동평균선 모두가 350일 선보다 상위에 있을 때가 매수 시점이고 둘 다 하위에 있을 때가 매도 시점이다. 이중이동평균 시스템과 달리 이 시스템의 경우 트레이더가 시장에 항상 참여하지는 않는다.

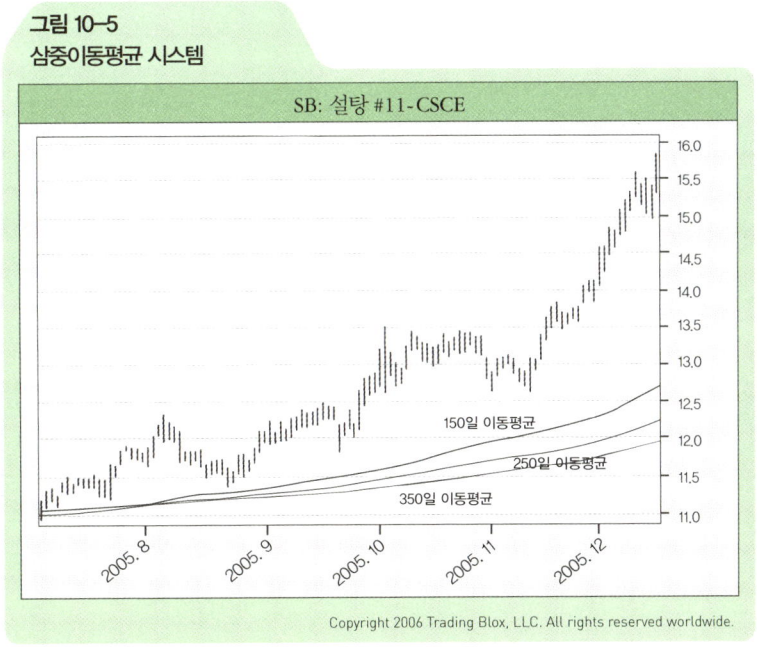

그림 10-5
삼중이동평균 시스템

그림 10-5는 삼중이동평균 시스템의 이동평균선을 나타낸다. 맨 위쪽에 있는 선은 150일 이동평균선이고 중간은 250일 이동평균선, 그리고 맨 아래는 350일 이동평균선이다. 그림을 보면 세 가지 유형의 이동평균선이 상승 추세선을 천천히 따르고 있음을 볼 수 있다. 삼중이동평균 시스템의 경우 맨 위쪽의 이동평균선이 중간 이동평균선 아래로 떨어질 때 포지션을 청산한다.

다음 단계로 넘어가기 전에 우선 각 시스템의 상대적 성과부터 예측해보도록 하자.

시간기준 청산 시스템은 일반적인 돌파 청산 시스템에 비해 얼마나 저조한 성과를 보일까? 이 두 가지 시스템 중에 MAR지수가 더 높은 쪽은 어디일까? 삼중이동평균 시스템은 이중이동평균 시스템에 비해 얼마나 나은 성과를 나타낼까? 자신이 예측한 것과 실제 결과가 어떤지 비교해보는 것도 좋을 것이다.

각 시스템의 성과 비교

자금 관리, 포트폴리오, 진입일과 청산일 등 동일한 검증 자료를 기준으로 우리의 트레이딩 시뮬레이션 소프트웨어인 트레이딩 블록스 빌더Trading Blox Builder를 이용하여 총 6개 시스템의 성과를 검증했다. 1996년 1월부터 2006년 6월까지 각 시스템의 모든 트레이딩 행위가 시뮬레이션의 대상이 됐다. 표 10-1은 이 6개 시스템의 상대적

표 10-1 시스템의 성과 비교

시스템	CAGR%	MAR지수	샤프지수	트레이딩(회)	승률(%)	최대 자본 감소(%)	자본감소 기간(개월)
ATR 채널돌파	49.5	1.24	1.34	206	42.2	39.9	8.3
볼린저 채널돌파	51.8	1.52	1.52	130	54.6	34.1	7.8
돈키언-추세	29.4	0.80	0.99	1,832	39.7	36.7	27.6
돈키언-시간	57.2	1.31	1.35	746	58.3	43.6	12.1
이중이동평균	57.8	1.82	1.55	210	39.5	31.8	8.3
삼중이동평균	48.1	1.53	1.37	181	42.5	31.3	8.5

Copyright 2006 Trading Blox, LLC. All rights reserved worldwide.

성과를 나타낸 것이다.

맨 먼저 시간기준 청산 시스템을 검증했는데 그 결과를 보고 적잖이 놀랐다. 처음에 예상했던 것보다 성과가 훨씬 좋았고 심지어 돌파기준 청산 시스템보다 더 나은 성과를 나타낸 것이다. 시스템의 성과를 좌우하는 것은 청산 시점이라는 것이 일반적인 생각이다. 그런데 이 결과를 보면 우위가 있는 시장 진입이 시스템의 수익성을 높이는 데 중요한 역할을 한다고 볼 수 있다.

그리고 돈키언 시스템이 다른 시스템에 비해 저조한 성과를 나타냈다는 부분에도 주목할 필요가 있다. 이는 터틀 프로그램이 지녔던 초반의 우위성이 다소 상실됐다는 것을 의미한다. 돈키언 시스템이 이처럼 저조한 성과를 나타낸 가장 큰 이유는 트레이더 효과(이 부분에 대해서는 11장에서 설명할 예정) 때문이라고 생각한다.

표 10-1에서 또 하나 눈에 띄는 부분은 이중이동평균 시스템이 이보다 한층 복잡한 시스템인 삼중이동평균 시스템보다 더 나은 성과를

나타냈다는 점이다. 이는 복잡한 시스템이라고 해서 반드시 더 우수한 것은 아님을 보여주는 증거이며 이와 같은 증거는 이외에도 수두룩하다.

표에 제시된 시스템은 모두가 가장 기본적인 형태의 시스템들이다. 이 가운데 이중이동평균 시스템, 삼중이동평균 시스템, 시간기준 청산 돈키언 추세 시스템 등 세 가지 시스템은 손실제한 규칙을 활용하지 않는다. 이는 트레이딩의 금과옥조 가운데 하나라 할 '손실제한' 원칙을 위배하는 것이지만 리스크가 조정된 이 시스템들은 다른 시스템과 동일하거나 심지어 더 나은 성과를 나타내고 있다.

◉ 잠깐, 손실제한 규칙에 대하여

트레이딩 시스템에 손실제한(손절) 부분이 없으면 뭔가 불안해하는 트레이더들이 많다. 그런데 이중이동평균 시스템에 이 손실제한 요소를 가미하면 어떻게 될까? 이런 생각을 하는 사람들이 의외로 많은 것 같다. 이들은 주위 사람들이나 경험이 많은 다른 트레이더에게 이와 같은 질문을 하곤 한다.

나는 속으로 끙끙대지만 말고 한번 시험을 해보고 그 결과를 직접 눈으로 확인하는 것이 백번 낫다고 생각한다. 그림 10-6은 시장 진입 시점부터 시작해서 다양한 ATR 기준에 따른 손실제한 요소를 이중이동평균 시스템에 추가했을 때의 결과를 나타낸 것이다.

그림에서 손실제한 설정이 없었을 때 MAR 지수가 가장 높았다는

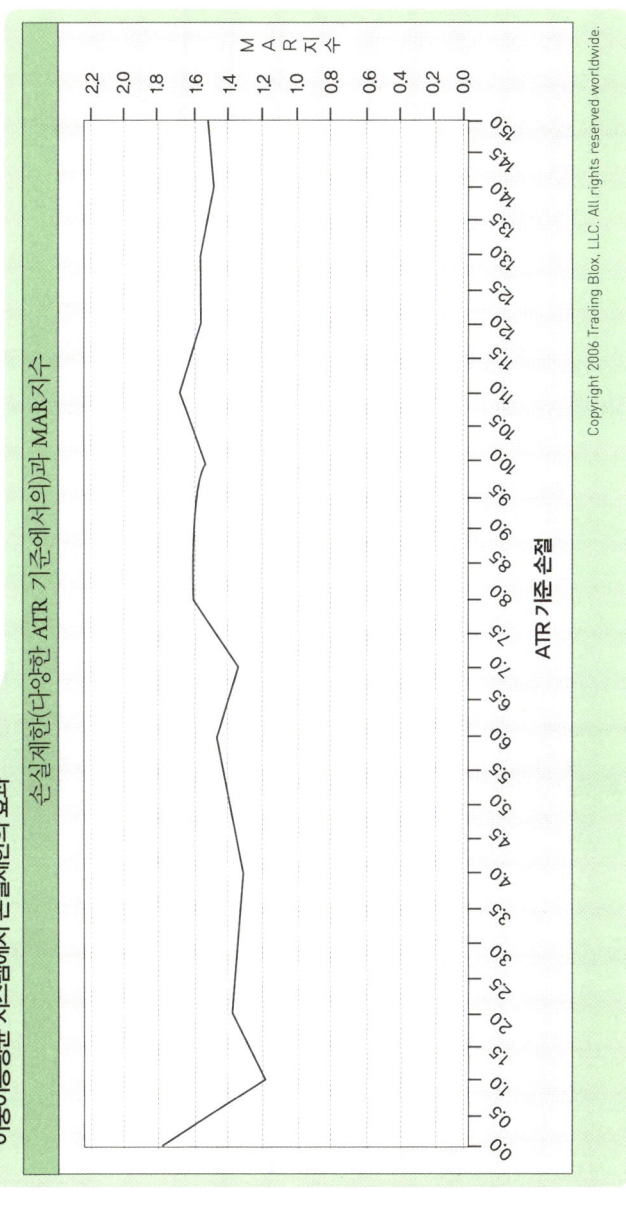

그림 10-6
이중이동평균 시스템에서 손실제한의 효과

점에 주목하라. 실제로 손실제한 요소가 없을 때 CAGR%, MAR지수, 샤프지수, 자본감소, 자본감소 기간 등 전 성과 지표에서 더 나은 결과를 나타낸다. 삼중이동평균 시스템의 경우도 마찬가지다. 손실제한 규칙이 있을 때 각 성과 지표의 수치가 더 낮게 나타났다. 손실제한 기준을 10-ATR 이상으로 정한 경우(이때는 손실제한 요소가 없을 때와 비슷한 결과를 나타냄)를 제외하고 돈키언 추세 시스템에서도 이와 유사한 결과가 나타났다. 반드시 손실제한 요소를 넣어야 한다는 것이 일반적인 생각인데 이상의 결과들은 이것과는 어긋난다.

그렇다면 대체 그 이유는 무엇일까? 그동안 자본금을 지키는 데 있어 손절매가 가장 중요하다고 배우지 않았던가? 그런데 손절매를 하지 않는데도 어떻게 자본감소가 일어나지 않는 것일까?

트레이더 중에는 트레이딩에서 가장 신경 써야 할 부분이 손실 트레이딩이 연속적으로 일어나지 않도록 하는 것이라고 믿는 사람들이 상당히 많다. 트레이딩 기간이 며칠밖에 되지 않는 이른바 단기 트레이더라면 연속적 손실 트레이딩에 신경을 써야 하는 것이 맞지만 추세 추종자들에게는 해당 사항이 없다. 추세추종자들의 경우 자본감소는 추세 전환 때문에 발생하는 것이고, 추세 전환은 대개 큰 추세 이후에 나타난다. 또 변동성이 큰 시장에서 이러한 추세 전환이 나타나기도 한다.

우리 터틀들은 유리한 추세가 진행되는 동안에 축적했던 수익의 일부를 포기하는 것도 추세추종자들이 행하는 트레이딩의 일부라는 사실을 잘 알고 있었다. 그리고 상당량의 자본감소가 있을 수 있다는 사실도 알고 있었다. 그럼에도 불구하고 터틀 중에는 자본감소 자체를 못 견뎌하는 사람들도 있었다. 자본 손실의 영향을 가장 크게 받았던 사람들의 경우에는 특히 더 그러했다. 수익을 내기가 무섭게 손아귀에서 그 돈이 빠져나가는 것을 지켜보는 것만큼 고통스러운 일도 없다.

따라서 추세추종자에게 자본감소를 일으키는 것은 진입 리스크가 아니라 진입 후 포지션을 유지하는 동안에 발생하는 손실 트레이딩이다. 이 부분에 관해서는 11장에서 더 상세히 다루기로 하고 각 시스템의 성과 검증 결과에 다시 집중하도록 하자.

각 시스템의 성과에 생긴 변화

이상의 검증은 2006년 6월까지의 자료를 대상으로 한 것이라는 점을 기억하기 바란다. 그 이후로 시간이 좀 흘렀다. 그러니 그 사이에 각 시스템의 성과에 어떤 변화가 생겼을지 궁금할 것이다.

2006년 6월까지의 자료를 기준으로 한다면 어떤 시스템을 선택하여 검증을 할 것인가? 여기서 두 가지 시스템을 고를 수 있다면 어떤 것을 골라야 할까? 어쨌거나 나는 2006년 11월까지로 기간을 연장하여 검증을 했고 그 결과가 표 10-2에 제시돼 있다.

CAGR%와 MAR 지수만 대충 살펴보면 2006년 6월 이후 몇 개월 동안 추세추종 시스템의 성과가 전반적으로 좋지 않았다는 사실을 알 수 있다. 가장 눈에 띄는 것은 각 성과 지표의 변화량이다. 표 10-3은 CAGR%와 최대 자본감소폭의 변동률을 나타낸 것이다.

표 10-2 2006년 11월까지의 시스템 성과 비교

시스템	CAGR%	MAR 지수	샤프지수	트레이딩 (회)	승률(%)	최대 자본 감소(%)	자본감소 기간(개월)
ATR 채널돌파	45.9	1.15	1.27	216	43.1	40.0	8.3
볼린저 채널돌파	49.2	1.44	1.47	136	53.7	34.1	7.8
돈키언-추세	27.4	0.75	0.94	1901	38.7	38.7	27.6
돈키언-시간	57.1	1.31	1.34	773	59.1	43.6	12.1
이중이동평균	49.1	1.04	1.34	222	36.9	47.2	8.3
삼중이동평균	41.2	0.97	1.21	186	41.9	42.3	8.5

Copyright 2006 Trading Blox, LLC. All rights reserved worldwide.

표 10-3 2006년 6월까지의 성과와 2006년 11월까지의 성과 비교

시스템	CAGR% (2006년 11월)	CAGR% (2006년 6월)	변동률(%)	최대자본감소 (2006년 11월)	최대자본감소 (2006년 6월)	변동률(%)
ATR 채널돌파	45.9	49.5	-7.3	40.0	39.9	0.3
볼린저 채널돌파	49.2	51.8	-5.0	34.1	34.1	0.0
돈키언-추세	27.4	29.4	-6.8	38.7	36.7	5.4
돈키언-시간	57.1	57.2	-0.2	43.6	43.6	0.0
이중이동평균	49.1	57.8	-15.1	47.2%	31.8	48.4
삼중이동평균	41.2	48.1	-14.3	42.3	31.3	35.1

Copyright 2006 Trading Blox, LLC. All rights reserved worldwide.

대체 어떻게 된 것일까? 어떻게 이렇게 큰 변화가 나타날 수 있는가? 6월까지의 자료를 대상으로 했을 때 가장 좋은 성과를 냈던 시스템에서 자본감소폭이 50%나 증가한 이유가 대체 무엇인가? 5개월 동안 다른 시스템들은 형편없는 성과를 나타낸 것에 비해 가장 단순한 형태의 청산 요건을 사용했던 시스템의 경우 성과상의 변화가 거의 없었던 이유는 무엇인가?

그렇다면 이와 같은 결과를 기반으로 자신의 성과 기대치를 달성하는 데 가장 적합한 시스템을 구성하려면 어떻게 해야 하는가? 다시 말해 자신의 기대치에 가장 부합하는 시스템을 구성하려면 어떻게 해야 하는가?

이와 같은 의문들은 11장에서 논의할 주제들과 자연스럽게 연결된다. 11장에서는 이 부분을 중점적으로 다룰 것이다. 이는 시뮬레이션 검증에서 얻을 수 있는 결과와 실제 트레이딩에서 기대할 수 있는 결과 간의 차이점은 물론이고 검증된 결과와 실제 트레이딩 결과 간에 이와 같은 차이를 발생시킨 요인들이 무엇인지를 이해하는 데 도움이 될 것이다.

WAY of the TURTLE

자신들이 새로 개발한 소프트웨어나 트레이딩 시스템을 팔아볼 속셈으로 무책임한 마케팅 기법이나 비현실적인 사후검증 결과를 이용하려는 사람들이 있다는 사실을 명심해야 한다. 판매자 가운데는 자신들이 개발한 그 시스템이, 광고하는 만큼의 성과를 내지 못할 것이라는 사실을 잘 알고 있는 사람들도 많다. 또 자신들이 판매하려는 그 시스템이 실제보다 더 좋은 성과를 내는 것처럼 보이게 하기 위해 검증 결과를 조작하는 사람들이 많다. 그러나 시스템 판매자 중에 이렇게 파렴치한 사람들만 있는 것은 아니다. 시스템을 개발하는 데 기초가 된 방법에 오류가 있다거나 과거 자료 검증을 통해 도출한 결과를 미래의 성과를 예측하는 데 사용하는 것에는 일정한 한계가 있다는 사실을 모른 채 정말 그 시스템이 좋은 성과를 낼 것이라는 사실을 굳게 믿고 제품을 판매하려는 사람들도 있다.

chapter 11

거짓말, 빌어먹을 속임수 그리고 사후검증

제11장
거짓말, 빌어먹을 속임수 그리고 사후검증

협잡꾼과 사기꾼이 어둠침침한 곳에 몸을 숨기고 순진한 사람들이 걸려들기만 기다리고 있다. 절대 이들의 먹잇감이 되지 말라.

'스톤헨지 플러스 시스템'이 단 5년 만에 5,000달러를 100만 달러로 불려주었다. 스톤헨지 플러스는 나사의 한 과학자가 화성 탐사 로봇인 로버를 개발할 때 사용했던 것과 동일한 방법을 외환 트레이딩에 적용하여 만들어낸 트레이딩 시스템이다. 정확도 90% 이상을 자랑하는 이 시스템은 지난 10년 동안 단 한 차례도 손실을 낸 적이 없다. 이번에 이 시스템 100개를 한정 판매하기로 했다. 이 기회를 놓치지 마시라! 단돈 1,999달러에 스톤헨지 플러스를 손에 넣을 수 있는 절호의 기회다!

— 시스템 판매상이 낸 광고문 중 —

트레이딩 경험이 조금이라도 있는 사람이라면 또 트레이딩에 관심이 있는 사람이라면 누구나 한번쯤 이런 광고를 접했을 것이다. 하지만 광고에 혹해 제품을 구매하려는 사람들이 주의해야 할 것이 있다. 자신들이 새로 개발한 소프트웨어나 트레이딩 시스템을 팔아볼 속셈으로 무책임한 마케팅 기법이나 비현실적인 사후검증 결과를 이용하려는 사람들이 있다는 사실을 명심해야 한다. 판매자 가운데는 자신들이 개발한 그 시스템이, 광고하는 만큼의 성과를 내지 못할 것이라는 사실을 잘 알고 있는 사람들이 많다. 또 자신들이 판매하려는 그 시스템이 실제보다 더 좋은 성과를 내는 것처럼 보이게 하기 위해 검증 결과를 조작하는 사람들도 많다. 그러나 시스템 판매자 중에 이렇게 파렴치한 사람들만 있는 것은 아니다. 시스템을 개발하는 데 기초가 된 방법에 오류가 있다거나 과거 자료 검증을 통해 도출한 결과를 미래의 성과를 예측하는 데 사용하는 것에는 일정한 한계가 있다는 사실을 모른 채 정말 그 시스템이 좋은 성과를 낼 것이라는 사실을 굳게 믿고 제품을 판매하려는 사람들도 있다.

물론 과거 자료에 대한 검증의 한계점이나 함정을 능숙하게 피해 갈 줄 아는 구매자들도 있다. 그렇지만 안타깝게도 이러한 범주에 속하는 사람들은 극히 적은 데다 경험이 별로 없는 초보 트레이더로서는 좋은 검증 방법을 사용하여 개발한 시스템과 그렇지 못한 방법을 사용한 시스템을 구별해내기가 여간 힘든 것이 아니다.

초보자들은 그렇다 치고 베테랑 트레이더 중에도 시뮬레이션에서는 좋은 성과를 나타냈던 시스템이 실제 트레이딩에서는 저조한 성과를 나타내는 이유가 무엇인지 모르는 사람들이 있다. 이와 같은 현상이 존재한다는 사실을 알고 어떻게든 보완하기는 하는데 그 원인에 대해서는 여전히 모르고 있다. 과거 자료를 기준으로 한 사후검증 결과와 실제 트레이딩의 결과에 차이가 나타나는 원인으로는 크게 네 가지를 들 수 있다.

> **트레이더 효과** 최근에 큰 수익을 낸 시스템일 경우 다른 트레이더들이 이 시스템에 주목할 것이고 따라서 이와 유사한 시스템을 사용하여 트레이딩에 나설 가능성이 높아진다. 따라서 이 시스템을 사용했을 경우 처음보다 그 성과 수준이 낮아지게 된다.
>
> **무작위(랜덤) 효과** 과거 자료를 기준으로 한 검증 결과는 순수 무작위 자료를 기준으로 한 결과보다 더 좋게 나타난다.
>
> **최적화 패러독스** 30일 이동평균 대신에 25일 이동평균을 선택하는 것과 같이 특정 매개변수를 결정하는 행동이 사후검증의 예언적 가치를 떨어뜨린다.
>
> **과잉최적화 또는 곡선맞춤** 너무 복잡해서 그 시스템의 예언적 가치가 상실될 수도 있다. 시스템과 과거 자료의 적합성이 너무 높은 경우 시장 행동에 약간의 변화만 있어도 성과가 떨어질 수 있다.

트레이더 효과

관찰자 효과는 물리학에서 나온 개념으로서 특정 현상을 측정하는 행동 자체가 그 현상에 영향을 미치고 관찰자의 관찰 행동 자체가 실험을 방해하는 요소로 작용하는 것을 말한다. 트레이딩에서도 이와 유사한 현상이 나타난다. 즉, 트레이더의 트레이딩 행동 자체가 애초에 트레이딩이 성공할 것으로 기대하게 만들었던 시장 조건을 변화시키는 것이다. 나는 이를 트레이더 효과라고 부른다. 어떤 일이나 현상이 꾸준히 반복되어 나타나면 몇몇 시장 참여자들이 그와 같은 현상에 주목하게 된다. 마찬가지로 최근 몇 년간 꾸준히 좋은 성과를 낸 트레이딩 전략은 수많은 트레이더의 눈에 띄게 마련이다. 하지만 너무 많은 트레이더들이 이 전략을 사용하게 되면 이 전략도 예전만큼의 성과를 내기 어려워진다.

돌파 전략을 한번 예로 들어보자. 상대적으로 매수나 매도 행위가 적은 이른바 엷은 시장$^{\text{thin market}}$에서 돌파가 일어났을 때 수많은 트레이더들이 매수에 나선다고 하자. 이런 상황일 때 수익을 낼 수 있는 방법은 무엇일까? 어떤 전략을 사용해야 돈을 벌 수 있을까?

이런 경우에 다른 트레이더보다 먼저 매수 주문을 낸다. 그러면 이것이 가격 상승으로 이어지고 다른 트레이더들은 높아진 가격 수준에서 매수에 나서게 된다. 이때 매도 주문을 내고 자신의 포지션을 청산한다면 짭짤한 수익이 보장될 것이다. 이 경우 다른 매수자의 행동을 자신에게 유리하게 이용하기 위해 가격을 효과적으로 변동시켰다고 할 수 있겠다.

자신이 금 트레이딩을 주로 하는 트레이더라고 하자. 그런데 애크미 사가 대량 매수 주문, 즉 8월물 금선물에 대해 410.50달러에 1,000계약의 역지정가 매수 주문$^{\text{buy stop order}}$을 내놓았다면 어떻게 해야 할까?

***역지정가 매수 주문** 가격이 상승하여 주문 시의 지정 가격에 도달하면 지체 없이 시장가로 매수가 실행되도록 하는 주문-옮긴이

만약 애크미의 지정가에 이르기까지 이 계약물을 대량 매수할 수 있다면 실제로 이 지정가에 도달했을 때 매도하여 큰 수익을 낼 수 있다. 현재 가격이 지정가로부터 격차가 큰 경우에는 애크미의 매수 주문이 실행되도록 하기 위해 가격을 변동시키는 데에는 많은 돈이 들어갈 것이다. 그런데 지정가와 시장가의 격차가 크지 않은 경우, 예를 들어 시장가가 408.00달러 정도 된다고 하면 몇 차례의 매수 주문을 통해 시장가를 올릴 수 있고 따라서 애크미의 역지정가 매수 주문이 실행될 수 있을 것이다.

이 경우 매수에 나섰다가 바로 매도하는 것이기 때문에 돌파 자체의 의미가 달라질 수밖에 없다. 트레이더 효과를 감안하지 않았을 경우, 돌파는 저항선이 붕괴되는 것을 의미하고 따라서 돌파가 이루어졌을 때 트레이더에게 유리한 방향으로 가격 변동이 일어날 가능성이 더 커진다. 하지만 오로지 돌파를 위해 가격을 상승시키려는 목적으로 추가 매수에 나서는 순간 돌파의 의미는 달라져버렸다.

다음의 예를 들어 이 같은 개념을 보다 자세히 살펴보도록 하자. 408.00달러 혹은 그 이상의 가격으로 매수하려는 사람은 없는데 409.00달러 이상이면 1,000계약을 매도하겠다는 사람이 있다고 하자. 이와 같은 매도 주문은 가격이 409.00달러를 넘지 않도록 해주는 일종의 천장 혹은 저항선의 역할을 한다. 누군가 대량의 매수 주문을 내기 전에는 시장가가 410.50달러(애크미 사의 역지정가)까지 상승하지 않을 것이고 따라서 돌파도 이루어지지 않을 것이다. 그러므로 돌파 시스템의 시뮬레이션 상황에서 이 시장 상황을 바라보면 돌파도 없고 따라서 트레이딩도 이루어지지 않는 것으로 나타날 것이다.

이런 상황에서 시장에 진입하여 1,000계약을 409.00달러에 매수 주문을 낸다고 가정해보라. 저항선이었던 409.00달러의 매도 주문이 사라졌고 이제 이 가격으로 계약물을 매도할 사람은 더는 없다. 그래서 추가로 100계약의 매수 주문을 냈는데 411.00달러에 체결됐다고 하자. 이렇게 되면 애크미의 역지정가 매수 주문이 시장가로 실행되므로 1,000계약의 시장가 매수가 이뤄질 것이다. 따라서 이 트레이더는 1,000계약을 411.00달러에 매도하는 데 성공했다.

애크미는 잘 샀다고 회심의 미소를 지을지 모르지만 정작 트레이딩을 멋들어지게 성공시킨 쪽은 이 트레이더다. 이제 추가로 매수한 100계약을 처분하기만 하면 모든 일이 마무리된다. 그런데 가장 최근에 형성된 그 가격에 매수하겠다고 나서는 사람은 없기 때문에 이보다는 낮은 가격에 매도를 해야 하고 따라서 애초의 시장가 407.00달러에 100달러를 매도해야 했다. 100계약의 트레이딩에서 100온스당 4달러의 손실이 났으므로(411-407) 총 손실액이 4만 달러가 된다. 하지만 1,000계약 트레이딩에서 100온스당 2달러의 수익(총 20만 달러)이 났으므로 결국 총 16만 달러의 수익(수수료는 고려하지 않았음)이 발생한 셈이다. 눈 깜짝할 새에 이루어낸 성과치고는 나쁘지 않은 성적이다.

그렇다면 돌파 시스템상에서 자신들에게 승산이 있다고 생각했던 애크미 쪽 트레이더에게는 어떤 상황이 벌어졌을까? 이들은 자신들의 사후검증 결과가 지시하는 것과는 전혀 다른 이유 때문에 대형 포지션에 진입을 한 상황이다. 이것이 바로 트레이더 효과라는 것이다.

이에 관한 사례 하나를 들어보도록 하겠다. 몇 년 전에 꽤 오랫동안 좋은 성과를 냈다는 이유로 트레이더들 사이에 상당히 인기를 끌었던 시스템이 하나 있었다. 그래서 수많은 브로커들이 자신의 고객에게 이 시스템을 권하기 시작했다. 이 시스템을 사용한 총 트레이딩 규모가 수억 달러에 이른다는 말까지 들은 적이 있다. 그런데 이 시스템의 인기가 최고조에 달한 이후부터 이를 사용한 트레이딩의 성과가 점차 둔화되는 현상이 나타났다. 지난 20년 동안의 자료를 대상으로 한 사후검증의 결과보다 자본감소폭이 훨씬 컸고 그 기간도 훨씬 길었다.

이 시스템에는 노련한 트레이더의 먹잇감이 될 만한 결함이 있었다. 종가가 특정 수준을 돌파했다면 그다음 날 아침 개장 시에 매수 혹은 매도 주문이 나가게끔 되어 있는 시스템이었다. 그런데 이 시스템을 사용하는 트레이더들은 매수 혹은 매도 주문이 이루어질 가격 수준을 모두 알고 있다. 때문에 예를 들어 매수 주문이라면 다른 트레이더보다 빨리 주문을 접수하기 위하여 밤 동안 주문을 넣어놓을 것이다. 그리고 개장 직후 상승세에서 포지션을 청산하겠다는 계획을 세울 것이다. 하지만 같은 시스템을 사용하는 트레이더들이 많아짐으로 하여 매수 주문이 폭주하고, 이에 따라 이튿날 시가는 예상보다 훨씬 높아진다. 시스템의 성과가 급격히 떨어지는 원인 가운데 하나는 이와 같은 예측 매수에 있다고 생각한다. 예측 매수는 짧은 시간 나타났던 우위성을 금세 소멸시켜버린다.

이보다 더 심각한 상황은 시스템의 개발자가 시장 포트폴리오를 구성할 때 목재시장이나 프로판시장과 같은 비유동적 시장도 포함시켰다는 사실이다. 비유동적인 시장의 경우 상대적으로 적은 거래량에도 가격이 크게 변동할 수 있으며, 이와 같은 시스템을 사용하는 많은 트레이더들이 비유동적인 시장에서 트레이딩을 한다.

그 정도로 우둔하지는 않은 트레이더들도 있다. 이들은 반복되는 패턴을 눈에 익히고 이를 이용한다. 때문에 각자 자신의 시스템을 스스로 개발하는 편이 훨씬 낫다. 자신만의 시스템을 개발하여 사용한다면 이른바 트레이더 효과 때문에 자신 혹은 자신의 시스템이 지닌 우위성이 사라질 가능성이 현저히 줄어든다. 다른 사람들은 나의 매수 및 매도 시점이 언제인지 모를 것이기 때문이다.

우리가 데니스의 자금을 운용할 때 모두가 거의 동일한 시점에 시장에 진입하는 일이 종종 있었다. 시장의 트레이더들은 우리의 대량 주문을 접수할 때부터 이러한 유형의 주문이 당분간은 계속될 것이라는 사실을 알고 있었다. 이 때문에 장내 트레이더와 브로커가 우리가 주문을 내기에 앞서 먼저 시장가를 변화시키기 시작하는 경우도 있었다. 우리가 지정가 주문limit order 방식을 사용하는 이유 가운데 하나도 이것이다. 만약 터틀의 주문을 감지하고 시장에서 가격을 변화시키려는 움직임이 보일 때는 주문을 철회할 수 있기 때문이다.

사실 이렇게 앞서서 시장가 변동을 주도하는 것은 상당한 리스크를 떠안는 일이다. 때때로 나는 매수하고 싶은 종목이 있을 때 실제와는 반대 방향으로 가짜 주문을 먼저 내기도 한다. 우리가 주문을 내면 기대 심리 때문에 우르르 몰려 시장가에 변화가 생기기 쉽다고 판단될 경우에 그렇다. 이 가짜 주문의 방향에 맞춰 시장가격이 변동하면

*****지정가 주문** 가격을 지정하는 매수, 매도 주문—옮긴이

원래 주문을 취소하고 시장가에 근접한 수준에서 다시 지정가 주문을 낸다.

예를 들어보면 다음과 같다. 100계약을 매수하고 싶을 때 가짜 주문, 매도 주문을 먼저 낸다. 계약물의 매수호가는 410달러이고 매도호가는 412달러인 상태에서 100계약을 415달러에 매도한다는 주문을 낸다. 이 매도 주문의 영향으로 매수호가는 405달러, 매도호가는 408달러로 내려갈 수 있다. 이때 가짜 주문을 취소하고 410달러 지정가에 매수 주문을 내면 현재의 매도호가인 408달러 혹은 원래의 매수호가였던 410달러 수준에 매수할 수 있다.

물론 이런 편법을 자주 사용한 것은 아니고 다른 트레이더들이 우리가 뭘 하는지 알 수 없게 하는 데 꼭 필요한 정도에 한해 가끔 쓰기도 했다. 어떤 의미에서 보면 이것은 포커판에서의 블러핑*과 비슷한 면이 있다. 그러나 블러핑이 매번 통하는 것은 아니며 그러다가 상대가 눈치를 채고 '콜'**이라도 하게 되면 결국 베팅한 판돈을 모두 잃고 말 수도 있다. 그런데 이 블러핑을 가끔씩 사용하면 상대방은 진위를 확신하기 어렵다. 더욱이 자신이 정말로 좋은 패를 가지고 있을 때 상대가 '콜'을 선언하도록 압박할 수도 있기 때문에 크게 도움이 된다. 이렇게 콜이 계속되면 판돈이 점점 커지므로 정말 좋은 패를 가지고 있는 경우에는 그야말로 대박의 기회를 얻을 수 있다.

이따금씩 사용하는 블러핑으로 자신이 무엇을 하고 있는지를 상대

---

*블러핑 자신의 패가 상대방보다 좋지 않을 때 상대를 기권하게 할 목적으로 거짓으로 강한 베팅이나 레이스를 하는 것-옮긴이

**콜 상대의 블러핑을 의심하여 동일한 베팅으로 맞섬으로써 상대의 패를 공개하게 하는 것-옮긴이

방이 알아내기 힘들게 만드는 것과 마찬가지로 터틀은 리처드 데니스의 트레이딩 방향을 알아내려고 애쓰는 사람들이 아무런 감도 잡지 못하도록 갖가지 혼동 요소를 사용한다. 개중에는 돌파 시점에 매수를 하는 사람도 있었고 돌파 바로 직전 혹은 직후에 매수를 하는 사람도 있었다. 어쨌거나 우리가 만들어낸 다양한 위장술은 우리가 행한 주문이 소기의 목적을 달성하게 하는 데 큰 도움이 됐다.

트레이더 효과는 일선 트레이더의 주문 행위에 어떤 영향을 미치게 하려는 의도적인 시도나 노력 없이도 발생한다. 너무 많은 트레이더가 주어진 시장 현상을 이용하려 한다면 그러한 현상이 지닌 우위성(적어도 당분간은 지속되는)이 사라질 수도 있다. 이들의 과도한 주문이 우위성을 희석시키기 때문이다. 이와 같은 문제는 상대적으로 우위성 크기가 작은 이른바 차익거래형 트레이딩에서 흔하게 나타난다.

무작위 효과

대다수 트레이더들은 무작위적 우연이 트레이딩 결과에 미치는 영향력이 어느 정도인지에 대해 잘 모른다. 그래도 투자자들보다는 트레이더들이 그나마 나은 편이다. 연금 기금과 헤지펀드 등을 운용하고 이에 대한 의사결정을 내리는 등의 일을 하는 유능한 투자자들조차 무작위 효과가 어느 정도인지 잘 알지 못한다. 무작위 효과는 사건의 성격에 따라 그 영향력의 정도가 천차만별이라서 과거 자료를 대상으로 한 시뮬레이션 작업에서 무작위 사건을 포함시켰을 경우 효과의 편차가 상당히 커진다. 여기서는 장기 추세추종 시스템에서 무작위 사건이 미치는 효과의 범위에 관해 살펴볼 것이다.

E-비율 부분을 살펴보기 위해 컴퓨터로 시뮬레이션을 실행했다. 동전 던지기 결과에 따라 매수, 매도가 무작위로 배열된다는 상황 설정이다. 일단 나는 동전 던지기 결과에 따라 무작위로 시장에 진입하는 사건들로 구성된 완벽한 시스템을 만들어냈다. 이 시스템은 시간 기준 청산 시스템으로서 20일에서 120일 이내의 기간 중 특정 시일 이후를 청산 시점으로 삼고 있다. 10장에서 각종 추세추종 전략을 비교할 때 사용했던 것과 동일한 자료를 가지고 100차례에 걸쳐 검증을 시행했다. 이 시뮬레이션에서 가장 좋은 결과를 나타낸 경우가 수익률은 16.9%를 기록하고 10.5년 내에 100만 달러를 550만 달러로 증가시킨 사례였다. 반면에 가장 저조한 결과를 나타낸 경우는 매년 20%의 손실을 낸 사례였다. 이 같은 결과는 무작위 사건의 효과가 천차만별이라는 사실을 뒷받침한다.

여기에 약간의 우위성 요소가 추가된다면 어떤 현상이 벌어질까? 무작위 시장 진입 조건을 충족시키기 위해 돈키언 추세 시스템에 사용되는 추세 필터를 우리가 만든 시스템에 포함시켜 추세추종 시스템과 유사한 시스템을 만들었는데, 막상 그 시스템의 방향이 주요 추세와 동일하다면 어떻게 될까? 추세추종 시스템으로 자금을 운용하는 펀드의 실적을 조사해보면 각 기관의 성과 차이가 크게 나타난다. 그러므로 위와 같은 질문에 대한 해답을 찾는 것 자체가 상당히 흥미로운 작업이라 하겠다. 특정 펀드의 성과가 좋다면 아마도 그 펀드 매니저는 우수한 전략과 실행 능력 덕분에 그와 같은 성과를 올린 것이라고 말할 것이다. 그렇지만 실제로 이처럼 뛰어난 성과는 우수한 전략이 아니라 무작위 효과의 결과일 수도 있다. 약간의 우위성이 있을 때 무작위 효과가 결과에 어느 정도나 영향을 미치는지를 생각해보면 보다 쉽게 이해할 수 있을 것이다.

양(+)의 우위성을 지닌 추세 필터를 100% 무작위 시스템에 추가하면 100차례 검증의 성과 평균이 상당히 높아진다. 나의 시뮬레이션에서도 평균수익률이 32.46%로 높아졌고 평균 자본감소는 43.74%로 낮아졌다. 추세 필터를 추가해도 개별 검증 간의 성과 편차는 여전히 높게 유지됐다. 100차례의 무작위 검증 가운데 가장 좋은 성과를 나타난 경우는 수익률 53.3%, MAR지수 1.58, 최대 자본감소폭 33.6% 등을 기록한 사례였다. 가장 저조한 성과를 나타낸 경우는 수익률 17.5% 그리고 최대 자본감소 62.7%를 기록한 사례였다.

운 혹은 무작위 효과는 트레이더와 펀드의 성과에 지대한 영향을 미친다. 물론 아주 유능한 트레이더들은 인정하려 들지 않겠지만 말이다. 투자자들은 실적 자체의 가치를 실제보다 과대평가하는 경향이 있다. 예를 들어 특정 펀드에 투자하는 사람은 흔히들 이번에도 그 펀드의 과거 실적에 버금가는 성과가 나타날 것이라고 기대한다. 문제는 과거의 실적만을 기준으로 한다면 그 실적에 운적인 요소가 얼마나 개입됐는지를 알아낼 방법이 없다는 데 있다. 보다 정확하게 말해 평균 수준의 운이 개입되어 뛰어난 실적을 올린 것인지 아니면 엄청난 행운이 개입됐기 때문에 평균 수준의 실적이나마 낸 것인지를 도무지 분간할 수가 없다. 무작위 효과가 너무 크고 또 워낙 공통적인 요소라서 그 효과의 존재 및 범위를 명확히 파악할 수가 없다.

앞에서 얘기한 100차례의 시뮬레이션 중 최고의 실적에 대해 생각해보자. 덜 공격적인 수준에서, 그러니까 터틀처럼 25% 수준에서 트레이딩을 했다면 검증 사례 가운데 하나는 10년 동안 25.7%의 수익률과 17.7%의 자본감소를 기록하는 것으로 나왔다. 지금까지 설명한 것처럼 무작위로 시장에 진입한 트레이더는 향후 이와 동일한 수준의 성과를 내기 어렵다는 사실을 우리는 잘 알고 있다. 무작위 트레이딩에는 우위성이 존재하지 않기 때문이다. 그러나 안타깝게도 사람들은 오직 실적에만 초점을 맞춘다. 실제로는 어떤지 알 수 없고 행운 혹은 우연적 요소가 개입된 덕분에 나온 결과임에도 그 펀드의 매니저가 실적에 도움이 되는 무언가를 했으리라고 생각해버린다.

우연적 유전자

무작위 효과를 이해하는 또 한 가지 방법은 자연적으로 존재하는 것들을 살펴보는 것이다. 지력, 키, 미적 능력, 음악적 재능 등 이 모든 특성 또한 무작위 효과의 결과물이다. 정도의 차이는 물론 있겠지만 어떤 사람이 특정 형질에 대해 좋은 유전자를 보유하고 있다면(부모 모두 이러한 유전적 형질을 보유하고 있는 경우) 다른 사람보다 그와 같은 형질을 보유할 가능성이 더 크다. 하지만 그 형질이 평균보다 훨씬 넘어서는 것이라면 이에 대해서는 보장할 수 없다. 예를 들어 아버지와 어머니가 모두 키가 크다면 자녀의 키도 크겠지만 두 분의 키가 평균을 훨씬 넘는 수준이라면 자녀의 키는 양친보다는 작을 가능성이 많다.

유전학과 통계학에서는 이것을 평균으로의 회귀 혹은 회귀 효과라고 한다. 부모의 키가 매우 큰 경우 그 부모는 키가 큰 유전자와 함께 키와 관련하여 우연적으로 갖게 된 유전자까지 함께 지니고 있다. 그런데 우연적 유전자를 지닌 사람은 자신의 유전자는 자식에게 물려줄 수 있지만 그 우연적 요소까지 물려주지는 못한다. 그래서 큰 키의 유전자와 우연적 유전자가 혼합되어 평균 이상으로 키가 아주 큰 부모인 경우에, 이 부모한테서 태어난 자녀는 부모보다는 작은 키를 갖게 된다. 왜냐하면 부모에게 나타났던 '우연적' 유전자 배열을 자녀한테서 또 다시 기대하는 것은 어렵기 때문이다.

투자자에게 불리한 소식

성과지수를 기준으로 고실적 펀드와 저실적 펀드를 구분하기 시작할 때 무작위 효과와 맞닥뜨리게 된다. 유능하지만 불운한 트레이더보다 평범하지만 운이 좋은 트레이더가 더 많기 때문이다.

1,000명의 트레이더로 구성된 세계가 있다면 이 가운데 정말 뛰어난 트레이더는 5~6명 정도에 불과하고 80%가 평범한 수준의 트레이더다. 운에 기대지 않고 좋은 실적을 낼 수 있는 트레이더는 5~6명에 불과한 반면, 행운이 필요한 트레이더는 800명이나 된다는 이야기다. 그 800명 중 2%인 16명이 운이 좋아서 뛰어난 성과를 낸다고 하면(앞서의 검증 작업 결과 실제로 운 때문에 좋은 성과를 낸 트레이더의 수는 이보다 더 많다), 좋은 실적을 내는 트레이더는 21~22명이다(5~6+16). 결과적으로 뛰어난 실적을 거둔 트레이더 가운데 실제로 능력이 뛰어난 트레이더는 4분의 1밖에 되지 않는다는 이야기다.

운과 시간

시간은 단지 운이 좋았던 트레이더보다는 능력이 뛰어난 트레이더의 편이다. 10년 동안 운이 좋았던 트레이더가 16명이었다고 하자. 이후 15년 동안은 이들의 성과가 평균에 근접할 가능성이 매우 높아진다. 그런데 단 5년 동안의 성과만을 기준으로 한다면, 실제로는 능력이 그다지 뛰어나지 않지만 단지 운이 좋은 관계로 뛰어난 능력을 지닌 사람처럼 보이는 트레이더의 수가 훨씬 더 많아진다. 관찰 대상 기간이 짧아질수록 무작위 효과의 강도가 더 커지기 때문이다.

우리의 검증 시뮬레이션에서 검증 대상 기간을 더 짧게 하여 2003년 1월부터 2006년 6월까지 단 3년 6개월간의 자료를 기준으로 삼는다면 어떻게 될까? 이 경우 무작위 진입 시스템의 평균 성과는 수익률 35%, MAR지수 1.06으로 나타났고, 볼린저 돌파 시스템은 수익률 52.2%, MAR지수 1.54로 나타났다. 이중이동평균 시스템은 수익률 49.7%, MAR지수 1.25를 기록했으며, 삼중이동평균 시스템은 수익률 48.5%, MAR지수 1.50을 기록했다.

무작위 효과 검증 시뮬레이션에서 100차례의 검증 결과 운이 좋았던 트레이더는 얼마나 됐을까? 오로지 운이 좋아서 최고의 성과를 냈던 사람은 몇이나 될까? MAR지수가 1.54 이상이었던 것은 100차례 가운데 17차례였고 이 가운데 수익률이 52.2% 이상이었던 경우가 7차례였다. 이 검증 사례에서 운이 가장 좋았던 트레이더는 수익률 71.4%, 자본감소 34.5%, MAR지수 2.07 등의 성과를 기록한 것으로 나타났다. 3년이라는 짧은 기간의 실적을 기준으로 성과의 높고 낮음을 평가하려는 유혹에 빠질 때 반드시 고려해야 하는 부분이 바로 이

것이다.

단기 실적만을 판단의 기준으로 삼으려 할 때마다 이 점을 상기하기 바란다. 눈에 보이는 그 실적의 대다수가 능력이 아니라 운에서 비롯된 것이라는 사실을 말이다. 어떤 트레이더가 있을 때 그 사람이 평범하지만 운이 좋은 부류에 속하는지 아니면 정말로 뛰어난 능력을 지닌 일류 트레이더 집단에 속하는지 알고 싶다면 실적의 이면에 있는 사람 자체에 초점을 맞춰 실적 혹은 성과의 본질을 철저하게 따져볼 필요가 있다. 훌륭한 투자자는 과거 실적이 아니라 사람 자체에 투자한다. 이들은 미래의 고실적을 보장하는 데 필요한 능력과 자질이 무엇인지 잘 알고 있고 또 그저 평범한 수준의 실적을 올리겠다 싶은 사람들의 특징도 잘 알고 있다. 이것이야말로 무작위 효과를 극복하는 최선의 방법이다.

과거 자료를 기초로 시뮬레이션 검증을 하고 있는 사람들이 들으면 귀가 솔깃할 만한 사실이 하나 있다. 그것은 다름 아니라 사후검증의 결과가 시스템 자체의 우수성에서 비롯된 것이 아니라 무작위 효과에서 기인한 것이라는 사실을 쉽게 알아낼 방법이 있다는 점이다. 이 부분에 관해서는 12장에서 보다 상세히 다루도록 하고 우선 여기서는 사후검증 결과가 실제 결과와 일치하지 않는 나머지 이유 두 가지를 살펴보도록 하자.

최적화 패러독스

　검증된 결과와 실제 결과가 다르게 나타나는 또 한 가지 이유는 이른바 최적화 패러독스에서 찾을 수 있다. 특히 컴퓨터 시뮬레이션을 처음 접하는 트레이더들이 온갖 오류와 혼동 상황에 빠져드는 것도 이 때문이다. 최적화는 시스템 트레이딩에 사용할 수치 자료를 결정하는 과정을 말하며 이때 특정 숫자를 사용한 계산 작업이 요구된다. 이와 같은 숫자를 매개변수라고 한다. 예를 들어 장기 이동평균에서의 일수도 매개변수고 단기 이동평균에서의 일수도 또 하나의 매개변수가 된다. 최적화는 이러한 매개변수에 가장 적합한 수치를 선택 혹은 할당하는 과정이다.

　트레이더들 중에는 최적화가 곡선맞춤을 유도하고 저조한 성과로 이끌기 때문에 나쁜 것이라고 말하는 사람들이 많다. 그러나 나는 이것이 대단히 잘못된 생각이라고 말하고 싶다. 최적화가 제대로 이루어지기만 하면 이보다 더 좋은 도구도 없을 것이다. 매개변수의 변화와 성과 특성과의 관계성을 이해하는 것이 이를 무시하는 것보다는 훨씬 도움이 된다.

　성과 척도로서의 매개변수를 조사해보면 특정 시스템의 성과가 그 시스템의 우수성에서 비롯된 것이 아니라 무작위 효과 혹은 과잉최적화에서 비롯된 것이라는 사실이 드러날 때가 종종 있다. 간단히 말해 최적화란 각기 다른 수치에 대해 특정 매개변수를 다양하게 변화시켰을 때의 효과를 관찰하고, 이를 통해 얻은 정보를 이용하여 실제 트레이딩에 사용할 특정 매개변수 값을 결정하는 과정이라고 할 수 있다.

최적화가 나쁜 것이라거나 위험한 것이라고 믿는 트레이더는 대개가 최적화 패러독스를 제대로 이해하지 못하기 때문이다.

최적화 패러독스는 다음과 같이 표현할 수 있다. 매개변수의 최적화를 통해 개발한 시스템은 미래의 성과 수준을 더 높여주지만 시뮬레이션이 보여준 만큼의 성과를 나타내지는 못한다. 그러므로 최적화는 시스템의 성과 수준은 높여줄지라도 시뮬레이션의 예측력은 떨어뜨리는 경향이 있다. 최적화 패러독스의 원인에 대한 이해 부족 때문에 과잉최적화나 곡선맞춤과 같은 문제 요소에 거부감을 갖고, 또 이 때문에 시스템의 최적화를 주저하는 트레이더들이 많다. 하지만 나는 '적절한' 최적화는 항상 바람직한 것이라고 주장한다.

적절한 최적화를 통해 찾아낸 매개변수를 사용하면 향후 실제 트레이딩에서 더 나은 성과를 낼 가능성이 높아진다. 한 가지 예를 들어 설명하도록 하겠다. 두 가지 매개변수를 지닌 볼린저 돌파 시스템이 있다고 하자. 그림 11-1은 진입점entry threshold 매개변수에 따른 MAR 지수의 변화 양상을 나타낸 그래프다. 여기서 진입점 매개변수는 변동성 채널의 폭을 의미하며 1부터 4까지의 표준편차로 표시된다.

그림 11-1
진입점(표준편차)에 따른 MAR지수의 변화

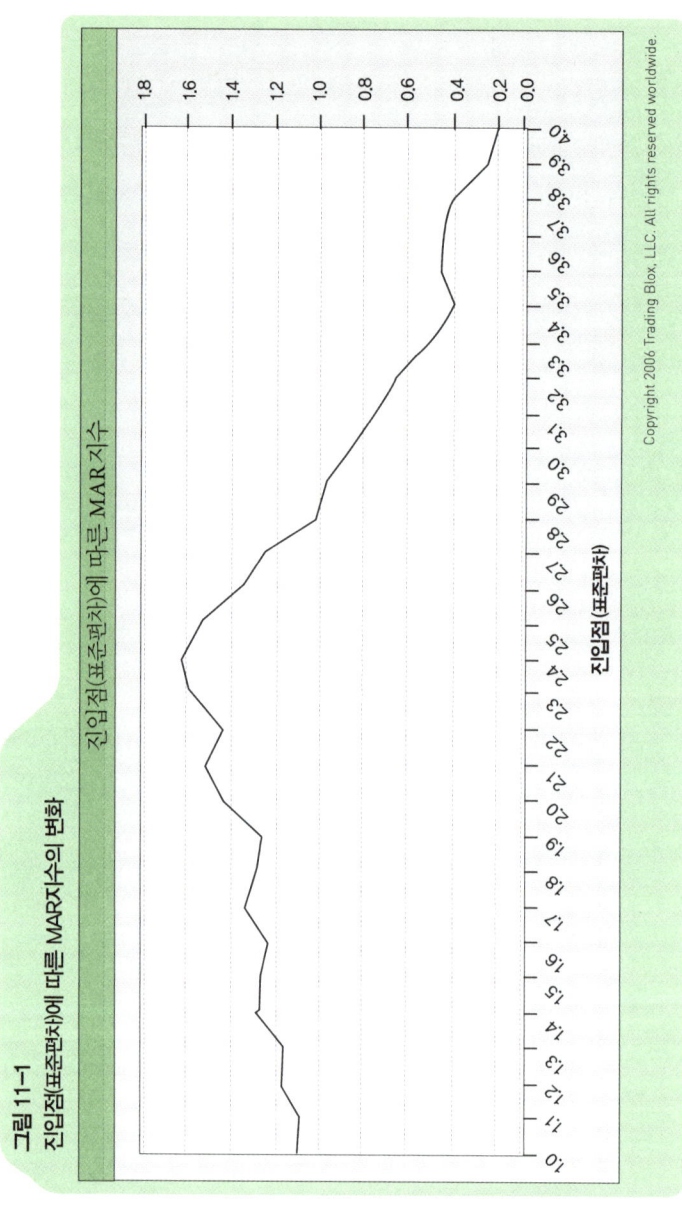

진입점(표준편차)에 따른 MAR지수

표준편차가 2.4인 채널의 폭에서 MAR지수가 최고점을 기록한 부분에 주목하라. 표준편차가 2.4보다 낮거나 높은 지점에서는 MAR지수가 이보다 낮게 나타난다.

이제 최적화는 유익한 것이라고 했던 앞서의 주장으로 돌아가자. 채널의 폭을 최적화하지 않고 그냥 임의로 3.0으로 했다고 가정해보자. 고등학교 통계학 시간에 정규분포에서는 모든 수치의 99% 이상이 평균의 표준편차 3 이내에 분포한다고 배웠다. 단순히 이런 이유 때문에 3.0으로 정한 것이다. 미래가 과거와 거의 유사하다면 표준편차 2.4를 진입점으로 삼았을 때보다 표준편차 3을 진입점으로 삼았을 때의 자본감소가 더 크게 나타났을 것이다. 이 두 가지 경우가 어떤 차이가 있는지를 보다 분명히 하자면 이렇다. 10.5년을 기준으로 했을 때 2.4에서의 검증 결과 자본감소는 동일하게 나타났고 수익 규모는 3.0에 비해 8배나 컸으며 수익률도 54.5% 대 28.2%로 2.4 쪽이 크게 앞섰다.

최적화를 하지 않는 것은 무지와 우연에 모든 것을 맡기는 것이나 다를 바가 없다. 매개변수 변화의 효과를 살펴봄으로써 이제 우리는 진입점 매개변수가 시스템의 성과에 미치는 효과에 관해 그리고 성과 결과와 각 매개변수 간의 민감도 수준에 관해 더 많은 부분을 알게 됐다. 채널의 폭이 너무 좁으면 트레이딩 빈도가 높아지고 따라서 성과 수준이 낮아지는 결과를 초래한다. 반면에 폭이 너무 넓으면 진입 시점을 잡지 못해서 큰 시장 추세를 놓치게 되는 경우가 많으므로 이 또한 성과 수준을 낮추는 결과로 이어진다. 과잉최적화나 곡선맞춤에 대한 우려 때문에 최적화를 망설인다면 트레이딩의 성과를 한층 향상시키고 미래를 위한 더 나은 시스템을 개발하는 데 필요한 귀중한 정보를 놓치고 말 것이다.

이번에는 중요한 매개변수를 몇 가지 더 소개하도록 하겠다. 매개변수의 변화에 따른 각각의 성과 수치들이 산 모양 혹은 언덕 모양의 그래프를 형성하고 있는 그림 11-2와 11-3을 참고하기 바란다.

이동평균 일수 매개변수

그림 11-2는 이동평균 일수에 따른 MAR 지수를 나타낸 그래프다. 여기서 이동평균 일수는 볼린저 밴드 변동성 채널의 중앙을 의미하며 150부터 500까지로 표시된다. 그래프를 보면 350일 지점에서 MAR 지수가 가장 높은 것을 알 수 있다. 그리고 350일보다 적거나 많은 일수에서는 MAR 지수가 낮게 나타났다.

그림 11-3은 청산점exit threshold 매개변수의 변화에 따른 MAR 지수 그래프를 나타낸 것이다. 청산점은 청산 시점을 규정하는 매개변수다. 앞서 볼린저 돌파 시스템을 논할 때 이 시스템의 경우 전일 종가가 변동성 채널의 중앙에 있는 이동평균선과 교차할 때 포지션을 청산한다고 했다. 이번 검증에서 나는 종가와 이동평균선의 교차가 이루어지기 전 혹은 후에 청산이 이루어지면 어떻게 되는지를 확인하고 싶었다. 양(+)의 청산점은 롱 포지션의 경우 표준편차가 이동평균보다 큰 것을 의미하고 숏 포지션의 경우 표준편차가 이동평균보다 작은 것을 의미한다. 음(-)의 청산점은 위와는 정반대로, 롱 포지션의 경우 표준편차가 이동평균보다 작은 것이고 숏 포지션의 경우 표준편차가 이동평균보다 큰 것을 의미한다. 이 매개변수 값이 '0'이면 원

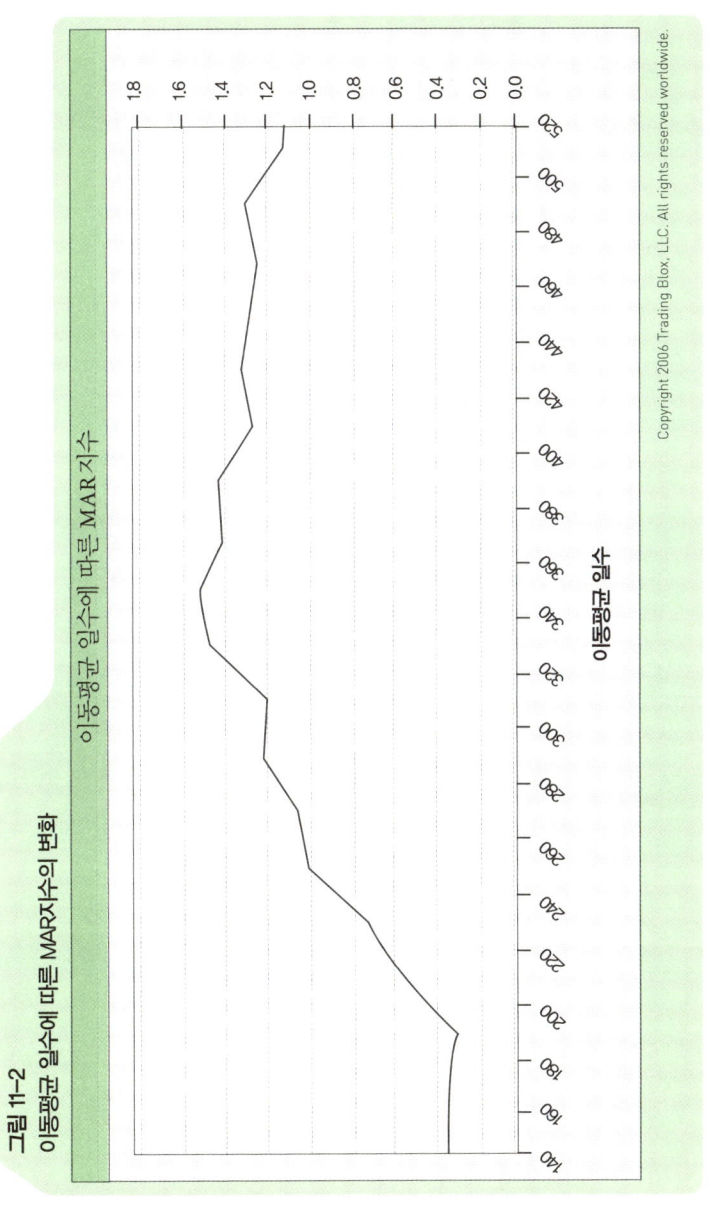

그림 11-2
이동평균 일수에 따른 MAR지수의 변화

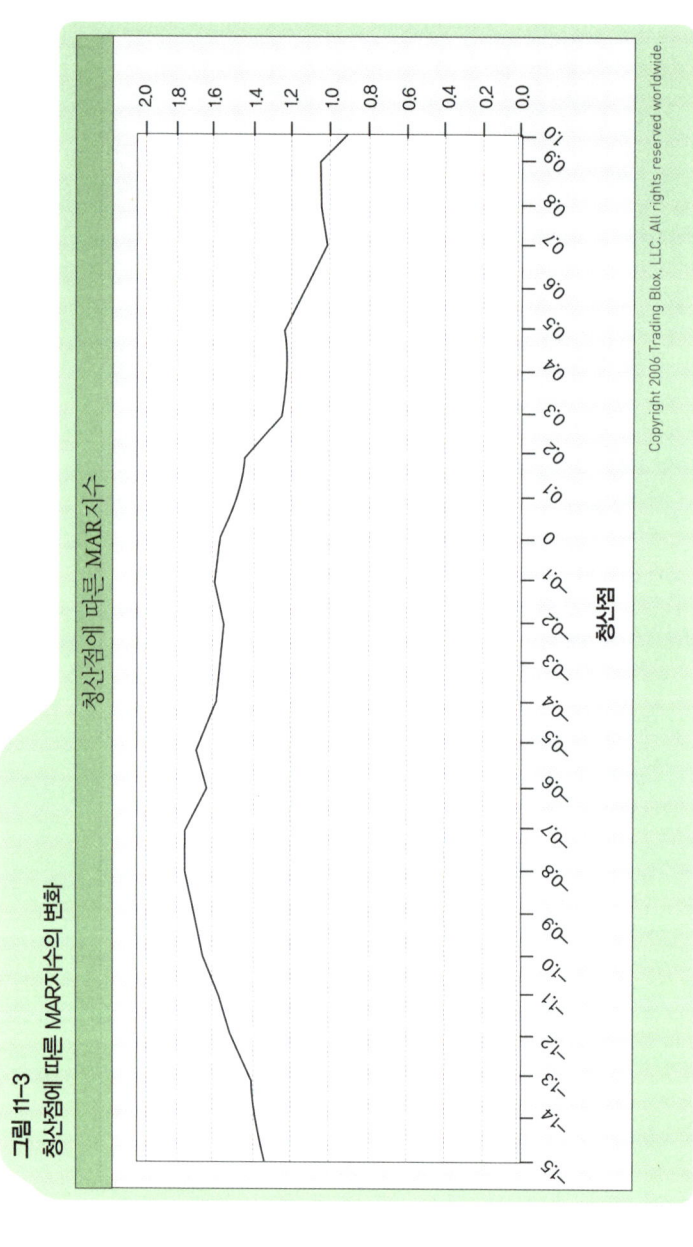

그림 11-3
청산점에 따른 MAR지수의 변화

래 시스템과 동일하게 이동평균선에서 청산이 이루어진다.

그림 11-3과 같이 청산점이 -1.5에서 1.0으로 변화될 때 어떤 현상이 나타날지 한번 생각해보라. 그림을 보면 이번 검증에서는 청산점이 -0.8일 때 MAR지수가 가장 높은 것으로 나타났다. 그리고 청산점이 -0.8보다 크거나 작을 때 MAR지수가 더 낮게 나타났다.

예측력의 기준

과거 데이터에 의한 시스템 검증은 트레이더가 직면하게 될 미래 상황과 과거와의 유사성 정도만큼의 예측력을 지닌다. 미래 상황이 과거와 유사할수록 미래의 트레이딩 결과는 이 시뮬레이션의 결과와 유사할 것이다. 그런데 이를 특정 시스템을 분석하는 도구로 사용하는 데 한 가지 문제점은 미래는 절대 과거와 같을 수 없다는 것이다. 단지 인간의 행동 특성에 본질적인 변화는 없으며 이 불변적 특성이 시장에 반영된다는 사실, 그리고 그 불변의 정도를 십분 활용하려는 것이 바로 시스템 트레이딩일 따름이다. 비록 정확하게 일치하지는 않겠지만 과거를 통해 실제와 근접한 미래상을 예측할 수 있는 것도 사실이다.

하지만 최적화된 매개변수를 가지고 실행한 검증의 결과는 특정한 트레이딩의 성과를 대표하게 된다. 따라서 이를 다른 상황, 특히 미래 상황으로 일반화시키기는 힘들다. 미래가 과거와 정확히 일치한다면 시뮬레이션 검증 결과가 실제 트레이딩에서도 그대로 나타나겠지만 그것은 절대 있을 수 없는 일 아니겠는가!

이제 제시된 그래프들을 살펴보자. 각 그래프는 한 개의 봉우리를 지닌 산 혹은 언덕의 형태를 띠고 있다. 그림 11-4에 제시된 그래프는 주어진 매개변수를 중심으로 한 그림이다.

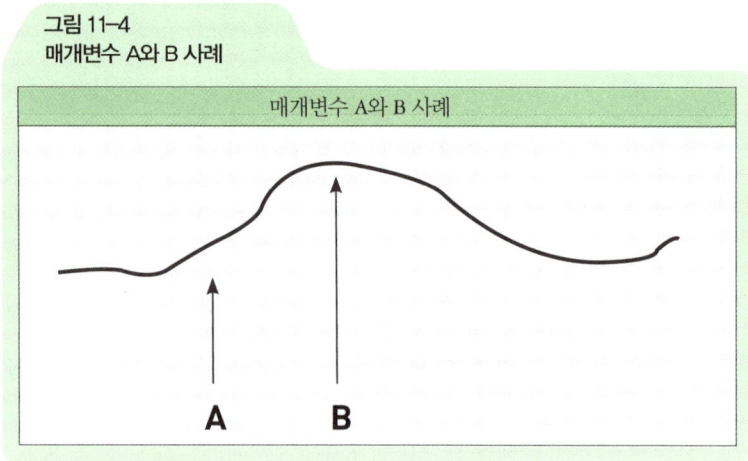

그림 11-4
매개변수 A와 B 사례

A에서의 결과는 최적화되지 않은 매개변수에서의 결과를 나타내며 B에서의 결과는 최적화된 매개변수상의 결과를 나타낸다고 하자. 이 결과만을 놓고 보면 B가 더 나은 매개변수이겠지만 미래에 행해질 실제 트레이딩의 결과는 이보다 더 나쁘게 나타날 것이다.

트레이딩의 결과를 기준으로 하면 A는 B보다 못한 매개변수지만 예측력을 기준으로 하면 A가 B보다 더 낫다. 왜냐하면 A 지점에서 트레이딩을 하는 경우 매개변수 A에서의 사적 검증의 결과를 기준으로 했을 때 실제 트레이딩의 결과는 이보다 좋을 수도 있고 나쁠 수도 있기 때문이다. 요컨대 두 가지 결과가 모두 나타날 수 있다는 것이다.

그 이유는 무엇일까? 이 부분을 보다 분명히 이해하기 위해 다음과 같은 장면을 생각해보자. 미래의 특정 시점에 실제로 트레이딩을 한다면 그 결과는 그래프상에서 오른쪽이나 왼쪽 방향으로 얼마간 이동한 지점에 표시될 것이다. 그러나 그 방향이 어느 쪽인지는 알 수가 없다. 그림 11-5는 A와 B 지점에서 실제 트레이딩을 했을 때 달라질 수 있는 결과의 범위를 표시한 것이다. 우리는 이를 오차 한계라고 명명할 것이다.

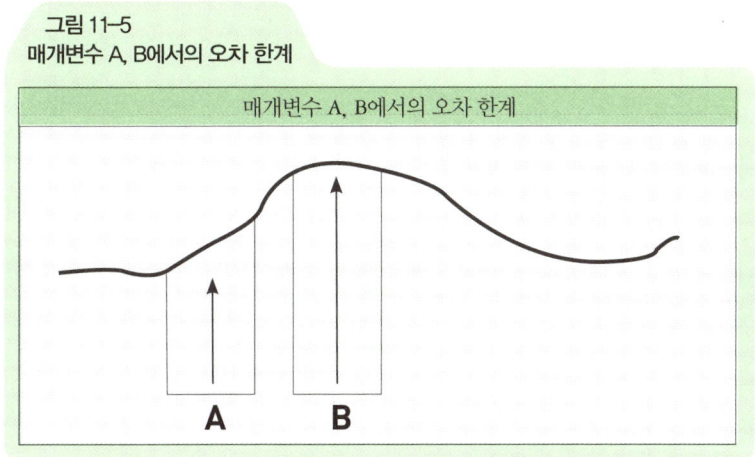

그림 11-5
매개변수 A, B에서의 오차 한계

매개변수 A의 경우 최적의 매개변수가 그래프상에서 A의 왼쪽으로 이동하면 A 지점에서보다 낮은 성과가 나타날 것이고 A의 오른쪽으로 이동하면 A 지점에서보다 높은 성과가 나타날 것이다. 그러므로 매개변수 A에서의 검증 결과는 미래가 어떤 방향으로 변화하는지에 상관없이 괜찮은 예측력을 지닌 것으로 평가할 수 있다. 미래를 예측할 때 그 결과가 실제보다 높을 수도 낮을 수도 있다는 두 가지 가능성을 모두 보여주고 있고 또 두 가지 결과가 나올 확률 역시 비슷하기 때문이다.

그런데 매개변수 B는 그렇지가 않다. 그래프상에서 B 지점을 중심으로 왼쪽이나 오른쪽 등 어느 방향으로 이동하든 성과는 더 낮은 것으로 나타난다. 이는 매개변수 B로 검증을 하면 예측 결과가 실제보다 더 높게 나타날 가능성이 많다는 것을 의미한다. 매개변수 하나의 효과도 이러한데 만약 여러 가지 매개변수에 걸쳐 이와 같은 효과가 복합적으로 작용한다면 미래 예측의 결과와 실제 결과와의 간극은 더 크게 벌어질 것이다. 즉, 최적화된 매개변수를 많이 사용하여 검증을 하면 할수록 미래 결과에 대한 예측력은 그만큼 떨어진다는 이야기가 된다.

최적화 패러독스는 온갖 속임수와 사기의 근원이었다. 부도덕하고 파렴치한 수많은 시스템 판매자들이 지극히 단기간의 자료를 대상으로 한 검증에서 최적화를 통해 만들어낸 높은 수익률과 신빙성 없는 결과를 이용했다. 자신들도 실제 트레이딩에서는 절대 달성할 수 없는 결과라는 사실을 뻔히 알면서도 특정 시장에 최적화되어 부풀린 결과를 이용했다. 하지만 최적화를 통한 검증이 미래의 결과를 과장하는 경향이 있다고 해서 최적화 작업을 해서는 안 된다는 것은 아니다. 사실 최적화는 이후 설명할 견고한 트레이딩 시스템을 구성하는 데 매우 중요한 요소다.

과잉최적화 혹은 곡선맞춤

사기꾼들은 비현실적인 결과를 산출하기 위해 여러 방법들을 사용한다. 이러한 방법 중 가장 비열한 것은 의도적으로 시스템의 과잉최적화 혹은 곡선맞춤을 시도하는 일이다. 과잉최적화와 최적화를 혼동하는 경우가 종종 있지만 이 두 가지는 엄연히 다른 것이다.

과잉최적화는 시스템들이 너무 복잡해질 때 등장한다. 사적 검증의 결과를 향상시키기 위해 해당 시스템에 규칙을 추가하는 것은 가능하다. 그런데 이렇게 추가한 규칙들이 몇몇 중요한 트레이딩에만 영향을 미치기 때문에 과잉최적화 문제가 대두되는 것이다. 이렇게 규칙을 추가하면 과잉최적화가 발생할 소지가 있다. 수익곡선상의 중요 기간 동안 이루어지는 트레이딩의 경우 특히 그렇다. 예를 들어 최고 정점에 가장 근접한 지점에서 청산을 하도록 한 규칙은 트레이딩의 성과를 높여주는 역할을 하겠지만 이것이 다른 상황에 충분히 적용되지 않는다면 과잉최적화의 문제로 이어질 수 있다.

나는 시스템 판매자들이 자신이 판매하는 시스템의 성과가 저조하자 이와 같은 기법을 동원하여 시스템의 성과를 높여보려고 시도하는 장면을 수도 없이 목격했다. 이들은 오리지널 시스템의 성능을 향상시켰다고 하면서 이름 뒤에 '플러스'나 'II'를 붙여 판매하기도 한다. 성능이 '향상'됐다고 선전하는 시스템을 보고 한번 구매해볼까 생각한 적이 있다면 '향상'의 뒷받침이 된 규칙의 실체 혹은 본질을 분명히 파악할 필요가 있다. 그래야만 그와 같은 규칙의 추가 혹은 과잉최적화가 자신에게 전혀 득 될 것이 없다는 사실을 알게 된다.

이를 보다 분명히 이해하려면 과잉최적화의 극단적인 사례를 살펴보는 것이 도움이 될 것이다. 자료의 과잉최적화를 통해 구성된 시스템을 예로 들어보겠다. 우선은 가장 단순한 시스템인 이중이동평균 시스템을 예로 든 다음 여기에 규칙들을 추가하여 자료의 과잉최적화를 시도하기로 하겠다.

일단 이 시스템이 지난 6개월 동안 큰 폭의 자본감소가 발생한 시스템이라고 하자. 따라서 자본감소의 문제를 해결하고 성과를 향상시키기 위해 새로운 규칙 몇 가지를 추가할 것이다. 그리고 자본감소 수준이 특정 수치에 근접할 때 포지션의 크기를 줄일 것이고, 이를 벗어났을 때 다시 원래의 포지션 크기로 복귀할 것이다.

이와 같은 계획을 실행하기 위해 일단 최적화해야 할 두 가지 새로운 매개변수를 이 시스템에 추가하도록 하자. 포지션 크기의 감소량과 감소 시기가 바로 그것이다. 시뮬레이션상의 수익곡선을 살펴보고 자본감소가 38%에 이르렀을 때 포지션의 90%를 감소시키면 더 이상의 자본감소를 막을 수 있을 것으로 보았다. 이 새로운 규칙을 추가하면 수익률은 41.4%(이 규칙이 추가되지 않았을 때의 수익률)에서 45.7%로 증가하고 자본감소는 56.0%에서 39.2%로 감소하며 MAR지수는 0.74에서 1.17로 높아진다. 이런 결과를 보고 사람들은 "와, 정말 대단한 규칙이다. 이제 시스템이 전보다 훨씬 좋아졌다"고 할 것이다. 그러나 이것은 완전히 잘못된 생각이다.

문제는 이 규칙이 먹히는 경우는 전체 검증 가운데 단 한 차례뿐이라는 데 있다. 이 만족스러운 결과는 검증의 막바지에서 볼 수 있으며 나는 이 수익곡선에 관한 모든 정보를 이용하여 이 규칙을 만들었고 따라서 이 시스템은 의도적으로 이 자료에 맞춰져온 것이다. "그게 뭐 어떻다는 건가?"라고 반문할 수도 있을 것이다. 그렇지만 그림 11-6에 제시된 그래프의 형태를 보라. 그래프상에서 우리는 자본감소가 시작된 부분에서 자본감소점drawdown threshold을 변화시켰던 것이다.

여기서 우리가 37%보다 낮은 자본감소점을 사용한다면 트레이딩의 성과가 급격히 떨어진다는 사실을 알 수 있을 것이다. 실제로 자본감소점이 1%만 달라져도 연간 45.7%의 수익을 내던 것이 0.4%의 손실을 내는 것으로 바뀌고 만다. 성과가 이처럼 급락하는 이유는 실제 사례에서 찾아볼 수 있다. 1996년 8월에 이 규칙을 적용했던 때가 있었는데 포지션 크기를 너무 많이 감소시킨 바람에 시스템 자체가 자본감소로 인한 손실분을 만회해줄 만큼의 수익을 내기 힘들었다.

정리하자면 이것은 그다지 좋은 규칙이라고는 할 수 없을 듯하다. 자본감소가 검증의 막바지에 이르러 발생했기 때문에 한번 반짝 효과를 나타냈던 것뿐이다. 트레이더들은 이 현상을 흔히 낭떠러지(매개변수 수치가 아주 조금만 변해도 결과에 큰 차이가 나타나는 현상)라고 부른다. 낭떠러지가 나타났다는 것은 자료에 대한 과잉최적화가 있었다는 확실한 증거이고 따라서 실제 트레이딩에서는 검증 작업에서 나타난 것과는 사뭇 다른 결과가 나타날 가능성이 높다. 역설적으로 이는 매개변수의 최적화가 필요한 또 한 가지 이유가 된다. 즉, 낭떠러지 현상이 언제 나타나는지를 볼 수 있고 따라서 실제 트레이딩에 나서기 전에 문제의 근원을 개선할 여지가 생기기 때문이다.

그림 11-6
자본감소점에 따른 MAR지수의 변화

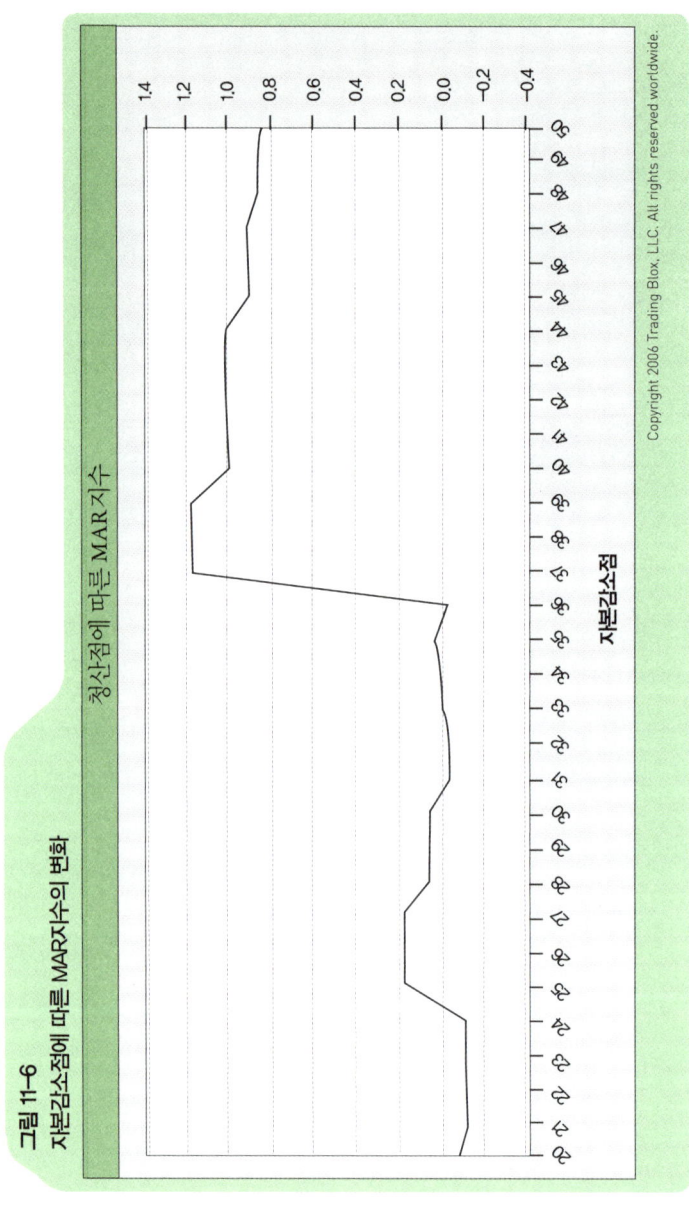

표본 크기의 중요성

2장에서 간략히 언급했다시피 통계적 관점에서 볼 때 소수 사례를 대상으로 한 작업에서는 극히 제한된 정보밖에 얻지 못한다는 사실에도 불구하고 사람들은 특수한 현상이 나타난 소수 사례에 너무 큰 비중을 두는 경향이 있다. 이것이야말로 과잉최적화의 주요 원인이 된다. 광범위한 사례에 걸쳐 효과를 나타내지 못하는 규칙은 부적절한 과잉최적화의 원인이 될 수 있고 이 때문에 사후검증과 실제 트레이딩의 결과에 차이가 나타나게 된다.

대다수 사람들이 이런 부분을 미처 생각하지 못하기 때문에 의도하지 않은 상태에서 과잉최적화의 문제가 발생하기도 한다. 그 좋은 사례가 바로 계절성에 관한 검증이다. 10년간의 자료를 대상으로 계절성의 효과를 검증하는 경우 대상 자료가 10년치밖에 없으므로 당연히 한 계절의 현상은 기껏해야 10개 사례로 한정될 것이다. 표본의 크기가 10이면 통계적 가치가 거의 없다고 해도 무방하다. 따라서 이와 같은 자료를 사용한 검증으로는 미래의 성과를 제대로 예측하기가 어렵다.

표본 크기 부분은 무시한 채 컴퓨터를 이용하여 가장 완벽한 과잉최적화의 방법을 찾아내려 한다고 하자. 10년간의 자료를 살펴본 결과 수년간에 걸쳐 9월의 성과가 저조하게 나타났다면 9월의 포지션 크기를 감소시키는 규칙을 추가한 후 검증을 시도할 수 있다. 컴퓨터를 이용하면 실적이 저조한 계절(특정 달)이 언제인지 찾아내서 이때 포지션의 크기를 줄이는 것이 가능하다.

나도 이와 같은 시도를 해보았다. 4,000차례의 검증을 실시하면서 매달 초에 포지션을 감소시킨 다음 특정 일수 동안 일정 비율로 포지션을 줄여가다가 그 기간이 지난 후에 다시 원래 포지션 크기로 복귀시켰다. 이때 검증에 사용했던 10년간의 자료에서 주목할 만한 두 부분을 발견했다. 9월 초 이틀 간 그리고 7월 초 25일간 포지션의 크기를 96% 감소시키면 훨씬 좋은 성과를 기대할 수 있었다. 그렇다면 이 규칙을 추가했을 때 성과는 어떻게 달라질까?

이 규칙을 추가하면 수익률은 45.7%에서 58.2%로 증가하고 자본감소는 39.2%에서 39.4%로 약간 상승하며 MAR지수는 1.17에서 1.48로 상승한다. 이와 같은 결과를 보고 또 "역시 좋은 규칙이군. 시스템의 성능이 훨씬 좋아졌어!"라고 할 것이다.

하지만 속단은 금물이다. 이 규칙이 좋은 결과를 나타낸 것은 이 기간 자체에 마법과도 같은 뭔가 신비한 비법이 숨어 있어서가 아니라 지난 과거에 이 기간 동안 엄청난 크기의 자본감소가 일어났었기 때문이다. 동일한 자료에서 향후에도 이와 같은 자본감소가 일어날 것이라 기대하기는 어렵다. 이는 과잉최적화 중에서도 최악에 속하는 사례일 것이다. 그런데 참으로 놀라운 사실은 전혀 그럴 것 같지 않아 보이는 아주 똑똑한 사람들이 이러한 함정에 빠지는 일이 상당히 많다는 것이다.

이 부분에 대해 잘 알지 못하면 이 시스템이 실제 트레이딩에서도 좋은 성과를 낼 것이라고 굳게 믿게 된다. 심지어 자신이 사용하는 시스템과 그 시스템이 내주는 성과를 떠벌리며 친구들이나 가족들의 돈까지 동원하여 무모한 트레이딩에 나서기까지 한다. 그런데 문제는 실제로 이 시스템은 58.2%가 아니라 41.4%의 수익률, 39.4%가 아니라 56.0%의 자본감소, 1.48이 아니라 0.74의 MAR지수를 기록한다는 사실이다. 곡선맞춤으로 인해 성능이 향상된 시스템을 너무도 믿고 있었기 때문에 실제 결과가 이에 미치지 못하면 당황하고 심하게 좌절하게 된다.

다음에는 이번 장에서 논의된 문제들을 피하는 방법에 대해 알아보기로 하겠다. 트레이더 효과를 최소화하고, 무작위 효과를 탐지하고, 과거 자료를 적절히 최적화하고, 과잉최적화를 피하기 위해 특정 시스템에서 실질적으로 얻을 수 있는 것이 무엇인지를 알아내는 방법에 관해 살펴볼 것이다.

기존의 척도는 자료의 변화에 너무 민감하고 또 너무 급격하게 변화하는 경향이 있다. 트레이딩 시스템에 대한 평가를 위해 사적 시뮬레이션 작업을 할 때 매개변수 값에 약간의 변화만 있어도 척도가 크게 달라지는 이유도 바로 여기에 있다. 척도 자체가 로버스트하지 않으므로 (즉, 자료의 일부분에 대한 민감도가 너무 높으므로) 자료의 일부분에 영향을 미치는 무언가가 전체 결과에도 큰 영향을 미칠 수 있다. 이것이 과잉최적화를 유발하기도 하고 비현실적인 결과물로 검증자를 현혹시키기도 한다. 터틀 트레이딩의 첫 단계가 바로 이와 같은 문제를 해결하는 것이다. 요컨대 기초 자료상의 작은 변화에 크게 민감하지 않은 이른바 '로버스트 성과 척도'를 찾아내는 것이 우선이다.

chapter 12

견고한 토대

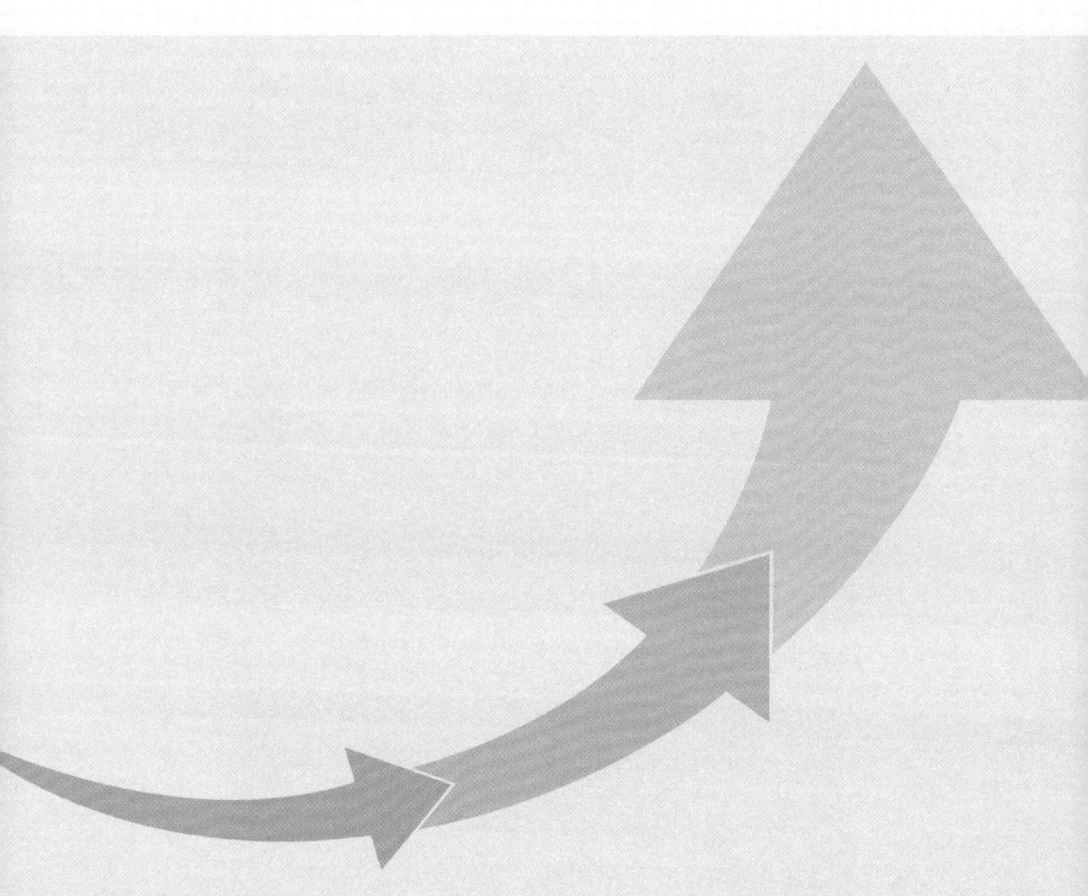

제12장
견고한 토대

부실한 방법이나 시스템으로 트레이딩에 나서는 것은 폭풍이 몰아치는 바다 위에서 보트를 탄 채 저글링을 배우는 것과 마찬가지로 어려운 일이다. 물론 절대 불가능한 일은 아니지만 뒤뚱대는 작은 배 위에서 저글링을 배우는 것이 단단한 땅 위에 안전하게 서서 배우는 것만 하겠는가!

이제 당신은 사후검증에서 불확실한 결과가 도출되는 주요 원인이 무엇인지 어느 정도 알게 됐을 것이다. 그렇다면 이제는 다음과 같은 의문이 고개를 들 것이다.

"실제로 얻을 수 있는 것이 무엇인지를 어떻게 알 수 있는가?"

"앞서 설명했던 여러 가지 문제를 피할 수 있는 방법은 없는가?"

"올바른 검증 방법은 무엇인가?"

이번 장에서는 사후검증의 일반 원칙에 관해 논할 것이다. 이 장을 시작하기에 앞서 사후검증의 예측력이 떨어지는 근본적인 이유가 무엇인지에 대해 확실히 짚고 넘어가야 한다. 그러므로 이 부분을 대충 건너뛰었다면 다시 앞으로 돌아가 찬찬히 읽어보기 바란다.

과거 자료를 가지고 실시한 시뮬레이션으로는 미래 성과에 대해 기껏해야 대략적인 예측밖에 할 수가 없다. 하지만 유능한 트레이더는 이 대략적인 예측만으로도 큰돈을 벌 기회를 잡을 수 있다. 이와 같은 대략적 예측의 오차 범위 혹은 예측이 어긋나는 정도에 영향을 미치는 요인에 관해 확실히 이해하려면 사후검증의 토대가 되는 기본적 통계 개념 몇 가지부터 살펴볼 필요가 있다. 나는 원래 복잡한 공식과 장황한 설명으로 가득 찬 책을 별로 좋아하지 않기 때문에 복잡한 수학은 되도록 피하고 설명은 되도록 간단명료하게 할 생각이다.

검증의 통계적 기초

적절한 검증이 되려면 통계적 검증의 기술記述 능력에 영향을 미치는 통계적 개념뿐 아니라 그와 같은 기술에 내재된 한계까지 함께 고려해야 한다. 부적절한 검증이 돼버리면 실제로는 그렇지 않은데도 검증 결과에 예측력이 있다고 과신하게 된다. 잘못된 검증은 완전히 잘못된 결과를 도출할 수 있다.

11장에서는 사적 시뮬레이션으로는 미래의 성과에 대해 기껏해야 개략적인 전망밖에 할 수 없는 이유가 무엇인지에 관해 설명했다. 이번 장에서는 검증의 예측력을 증가시키고 가능한 한 가장 실제에 근접한 추정치를 도출할 수 있는 방법에 관해 설명할 것이다.

과거 자료를 이용한 검증을 통해 미래의 성과를 예측하는 것은 모집단에서 추출한 표본을 통해 모집단의 특성을 추정하는 통계적 기법과 맥을 같이한다. 표본 추출법의 기본 논리는 표본의 크기가 충분하다면 이 표본에서 도출한 통계치를 이용하여 전체 집단의 통계치를 추정할 수 있다는 것이다. 같은 맥락에서 특정 전략에 따라 이루어진 과거의 트레이딩 사례가 충분히 있다면 이 사례 표본을 가지고 특정 시스템의 향후 성과를 추정할 수 있다는 것이다. 여론조사자들이 모집단의 행동을 추정할 때 사용하는 방법도 이와 유사하다. 예를 들어 미국 내 다양한 사회 집단에서 무작위로 500명을 선정하여 여론조사를 실시한 후 이 결과를 바탕으로 전체 미국 유권자의 투표 행동을 가늠할 수 있다. 과학자들 역시 비교적 소수의 실험 집단을 대상으로 특정 질병에 대한 특정 의약품의 치료 효과를 평가한다.

모집단에서 추출한 표본을 바탕으로 추론을 했을 때 이 추론의 통계적 타당도에 영향을 미치는 주요 요인은 두 가지다. 하나는 표본의 크기이고 또 하나는 표본이 모집단을 대표하는 정도이다. 많은 트레이더와 초보 시스템 검증자들이 개념적 수준에서는 표본 크기에 대해 어느 정도 이해하고 있다. 그런데 검증에서의 표본 크기라고 하면 검증에 사용되는 트레이딩 사례의 수만을 의미한다고 생각하는 데 문제가 있다. 이들은 트레이딩 사례의 수가 아무리 많더라도 특정 규칙이나 개념이 트레이딩 사례 가운데 일부 사례에만 적용되는 경우에는 검증의 통계적 타당도가 현저히 낮아진다는 사실을 이해하지 못한다.

그리고 표본이 모집단을 대표해야 한다는 사실도 무시하기 일쑤다. 주관적 분석이 개입되지 않으면 표본의 모집단 대표성을 파악하기가 상당히 어렵고 또 성가시다는 이유 때문이다. 시스템 검증자의 기본 가설은 한마디로 말해 과거가 미래를 대표한다는 것이다. 이와 같은 가설이 참이고 또 표본(과거 자료)의 크기가 충분하다면 과거 자료에서 추론을 할 수 있고 이렇게 도출한 추론 결과를 미래에 적용할 수 있다. 그런데 표본이 미래를 대표하지 못한다면 그 검증은 유용하지 못하며 검증의 대상이 된 해당 시스템의 미래 성과도 제대로 예측할 수 없다. 그렇게 때문에 이 가설(대표성 가설)이 중요한 것이다.

표본 크기 500이면 오차범위 2% 내에서 다음번 대통령이 누가 될지를 충분히 예측할 수 있다고 하자. 그런데 이 500명이 전부 민주당원이라고 하면 이 표본으로 과연 모집단의 행동을 제대로 예측할 수 있을까? 표본과 달리 모집단에는 공화당원도 포함되어 있을 것이며 그는 표본 조사에서 나타난 결과와는 다른 쪽의 선택을 할 가능성이 높다. 이처럼 표본 추출을 잘못하면 표본에서 어떤 결론을 도출한다 해도, 또 설사 그 결론이 자신이 원하던 것이었다 해도 필연적으로 잘못된 것일 수밖에 없다.

여론조사자들은 표본이 대표하고자 하는 모집단을 해당 표본이 어느 정도나 대표하고 있는지가 상당히 중요하다는 사실을 잘 알고 있다. 대표성이 떨어지는 표본으로 진행한 여론조사는 부정확하고 그렇게 부정확한 여론조사를 실시한 여론조사자는 당장 해고되기 십상이다. 트레이딩에서도 역시 표본의 대표성은 매우 중요하다. 그런데 안타깝게도 표본 추출의 통계적 기초에 대해 잘 알고 있는 여론조사자와는 달리 대다수 트레이더는 그렇지가 못하다. 이 같은 현상은 트레이더가 최근의 일부 자료들을 대상으로 모의 트레이딩을 하거나 사후검증을 할 때 더욱 두드러진다. 이는 민주당원만으로 구성된 표본을 가지고 여론조사를 하는 것과 마찬가지로 무의미한 일이다.

단기간의 자료를 대상으로 검증을 할 때의 문제점은 그 기간 동안에는 시장 상태(2장에서 설명)의 가짓수가 많지 않다는 사실이다. 관찰 대상 기간이 워낙 짧기 때문에 예를 들어 안정적/변동적 시장 상태가 변화 없이 줄곧 유지되는 경우도 있을 것이다. 이럴 때는 평균으로의 회귀와 역추세 전략이 유용하다. 그런데 시장 상태에 변화가 생기면 그 이전 상태를 기준으로 검증했을 때 좋은 성과를 나타냈던 방법은 예전만큼의 효과를 발휘하지 못할 것이다. 나아가 트레이더에게 엄청난 손실까지 안겨줄 수도 있다. 그러므로 검증에 사용하는 트레이딩 사례들이 미래의 성과를 대표할 가능성이 극대화될 수 있도록 해야 한다.

기존의 척도는 견고하지 않다

검증 작업을 통해 우리는 트레이딩 시스템의 상대적 성과를 측정하고 미래의 성과 수준을 평가하며 특정 원칙이나 방법의 이점이 무엇인지 알아내려고 한다. 이때 문제가 되는 것은 우리가 일반적으로 받아들이고 있는 성과 척도들이 그다지 안정적이지 못하다는 점이다. 요컨대 기존의 척도는 견고하지 않다. 이 경우 소수 트레이딩 사례에서 약간의 변화만 있어도 측정치가 크게 달라지기 때문에 특정 원칙이나 방법의 상대적 이점을 평가하기가 어려워진다. 척도가 불안정하면 특정 원칙이나 방법이 실제보다 훨씬 좋아 보이는 효과가 있다. 또 보다 안정적인 척도를 사용하여 검증을 했을 때 기대 이하의 결과가 나타났다는 이유로 특정 원칙이나 방법을 폐기해버리는 경우도 있다.

자료군의 일부에 변화가 있어도 통계치에 큰 변화가 없을 때 이를 '로버스트robust'하다고 한다. 즉, 변수의 영향을 덜 받는다는 의미다. 기존의 척도는 자료의 변화에 너무 민감하고 또 너무 급격하게 변화하는 경향이 있다. 트레이딩 시스템에 대한 평가를 위해 사적 시뮬레이션 작업을 할 때 매개변수 값에 약간의 변화만 있어도 척도가 크게 달라지는 이유도 바로 여기에 있다. 척도 자체가 로버스트하지 않으므로(즉, 자료의 일부분에 대한 민감도가 너무 높으므로) 자료의 일부분에 영향을 미치는 무언가가 전체 결과에도 큰 영향을 미칠 수 있다. 이것이 과잉최적화를 유발하기도 하고 비현실적인 결과물로 검증자를 현혹시키기도 한다.

터틀 트레이딩의 첫 단계가 바로 이와 같은 문제를 해결하는 것이다. 요컨대 기초 자료상의 작은 변화에 크게 민감하지 않은 이른바 '로버스트 성과 척도'를 찾아내는 것이 우선이다.

터틀 지원자로서 처음 면접에 임했을 때 빌 에크하르트가 나에게 던졌던 질문 가운데 하나가 이것이다. "로버스트 통계 추정이 뭔지 알고 있나요?" 질문을 듣고 나는 잠시 동안 멍하니 있다가 이내 솔직히 대답을 했다. "아니요. 잘 모릅니다." (물론 지금은 이 질문에 대해 정확하게 답할 수 있다. 불완전한 정보와 근거가 약한 가설의 문제를 설명하는 통계학의 한 분야가 바로 로버스트 통계학이다.)

이와 같은 질문을 했다는 것은 에크하르트가, 당시에는 물론이고 지금도 역시 거의 알려지지 않은 미지의 지식이나 정보 그리고 사적 자료를 기반으로 하는 조사나 검증의 불완전성을 이미 간파하고 있었다는 이야기다. 나는 빌 에크하르트가 이러한 통찰력을 지녔기 때문에 그토록 오랫동안 꾸준히 좋은 성과를 낼 수 있었다고 생각한다.

그리고 이는 데니스와 에크하르트의 조사 방법이나 사고의 방식이 시대를 훨씬 앞질러갔다는 사실을 뒷받침하는 증거이기도 하다. 터틀 트레이딩에 관해 배우면 배울수록 이들이 업계에 얼마나 큰 공헌을 했는지가 확연히 드러나면서 이 두 사람에 대한 존경심이 더욱 깊어질 뿐이다. 그리고 트레이딩 업계의 현실을 들여다보면 데니스와 에크하르트가 1983년에 이미 통달했던 수준에서 한 뼘도 더 진전된 것이 없다는 사실이 놀라울 따름이다.

로버스트 성과 척도

앞에서는 성과 비교 척도로 MAR지수, CAGR%, 샤프지수 등을 사용했다. 그러나 이와 같은 척도는 검증의 시작일과 마감일에 매우 민감하기 때문에 로버스트 척도라고는 볼 수 없다. 검증 대상 기간이 10년 이하일 경우에는 특히 더 그러하다. 검증의 시작일과 마감일을 몇 개월 정도 조정하면 어떤 현상이 벌어질지 한번 생각해보라. 효과를 확인하기 위해 검증 시작일은 1996년 1월 1일에서 2월 1일로, 검증 마감일은 2006년 6월 30일에서 4월 30일로 변경했다. 이렇게 되면 원래 검증 기간 중에서 앞에서 1개월 그리고 뒤에서 2개월분의 자료가 누락되는 셈이다.

원래의 검증 기간을 기준으로 삼중이동평균 시스템의 성과를 검증했을 때 수익률은 43.2%, MAR지수는 1.39, 샤프지수는 1.25를 기록했다. 그런데 검증의 시작일과 마감일을 변경했을 때 수익률은 46.2%, MAR지수는 1.61, 샤프지수는 1.37로 나타났다. 원래의 검증 기간을 기준으로 ATR 채널 돌파 시스템의 성과를 검증했을 때 수익률은 51.7%, MAR지수는 1.31, 샤프지수는 1.39를 기록했다. 그런데 검증 일수 변경 후 수익률은 54.9%, MAR지수는 1.49, 샤프지수는 1.47로 각각 증가했다.

이 세 가지 척도가 검증 시기에 민감한 이유를 설명하자면 이렇다. MAR지수와 샤프지수를 구하는 공식에서 분자는 수익률이다. 이때 MAR은 CAGR%를, 샤프지수는 월평균수익률을 사용한다. 그런데 이 수익률은 검증의 시작일과 마감일에 상당히 민감하다. 검증 시작일 혹은 검증 마감일에 가까운 시점에서 자본감소가 일어날 때면 최대 자본감소폭 역시 검증의 시작일과 마감일에 민감할 수 있다. MAR지수의 경우 이를 구하는 공식의 분자와 분모가 각각 수익률과 자본 감소폭인데 이 두 가지 모두가 검증일의 시작일과 마감일에 민감하다. 따라서 MAR지수를 구할 때 검증의 시작일과 마감일을 변경하면 그 결과가 크게 달라진다.

CAGR%의 경우 검증의 시작일과 마감일에 민감한 이유는 이것이 검증 시작일과 마감일을 이은 평활선의 기울기를 나타내기 때문이다. 시작일과 마감일이 달라지면 평활선의 기울기가 크게 달라진다. 그림 12-1을 보면 이 같은 효과를 분명히 확인할 수 있다.

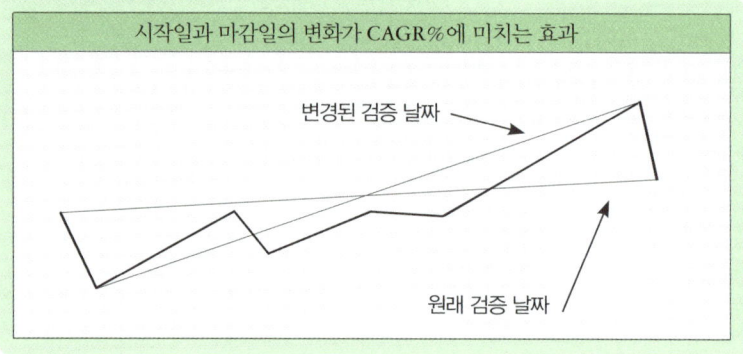

그림 12-1
시작일과 마감일의 변화가 CAGR%에 미치는 효과

그림을 보면 '변경된 검증 날짜'로 표시된 선의 기울기가 '원래 검증 날짜'로 표시된 선의 기울기보다 더 가파르다. 위 사례에서 검증이 시작되던 1996년 1월에 자본감소가 일어났다. 그리고 검증이 마감되기 직전 2개월간, 즉 2006년 5월과 6월에 자본감소가 일어났다. 따라서 검증일 변경을 통해 앞뒤로 3개월의 자료가 검증 대상에서 제외됨으로써 자본감소 상황이 검증 결과에 전혀 반영되지 않은 것이다. 그림 12-1에서 이러한 효과도 확인할 수 있는데 검증 시기의 양 끝단에서 발생한 자본감소 사실이 제외됨으로써 CAGR%를 의미하는 평활선의 기울기가 더 가팔라진 것이다.

회귀연평균수익률, RAR%

CAGR%보다 기울기를 더 잘 표현할 수 있는 것이 바로 단순선형

회귀선이다. 수학을 잘 모르는 사람들이라면 선형회귀선보다는 최적합선 정도로 이해하는 것이 더 빠를 것이다. 선형회귀선 혹은 최적합선은 모든 점들의 중앙을 관통하는 직선이라고 볼 수 있다. 전체적인 방향은 그대로 유지한 채 그래프의 양 끝을 쭉 잡아 당겨 중간의 들쭉날쭉한 부분을 평평하게 폈을 때의 선 형태라고 이해하면 된다.

이 선형회귀선과 이 선이 나타내는 수익률이 합쳐져 새로운 척도가 탄생했으며 나는 이를 회귀연평균수익률regressed annual return(줄여서 RAR%라고 함)이라고 부른다. 이 척도는 검증의 시작과 마감 당시 자료의 변화에 대해 덜 민감하다. 그림 12-2를 보면 그래프의 양 끝점에서 RAR%가 변해도 이 직선의 기울기에는 크게 변화가 없다는 사실을 알 수 있다.

그림 12-2
시작일과 마감일의 변화가 RAR%에 미치는 효과

검증 날짜가 변경되기 이전과 이후를 나타내는 두 직선의 기울기에 큰 차이가 없다. 따라서 앞서와 동일한 방식으로 비교를 해보면

RAR%가 검증의 시작일과 마감일에 덜 민감한 척도라는 사실을 알 수 있다. 원래의 검증 날짜를 기준으로 했을 때 RAR%는 54.07%였는데 검증 날짜를 변경시켰을 때는 54.78%로 증가했다. RAR%가 0.11%밖에 변화하지 않은 것이다. 이와는 대조적으로 CAGR%는 43.2%에서 46.2%로 무려 3.0%나 변화했다. 이 경우 CAGR%는 검증일에 대해 RAR%보다 30배나 더 민감한 것으로 나타난 셈이다.

샤프지수에 사용되는 월평균수익률 역시 변화에 민감하다. 저조한 성과를 나타냈던 앞뒤 세 달을 제거한 것이 월평균수익률에 영향을 미치기 때문이다. 물론 월평균수익률은 CAGR%보다는 덜 영향을 받기는 하지만 말이다. 그러므로 더 안정적인 결과를 도출하려면 CAGR%보다는 RAR%를 사용하는 것이 나을 것이다.

앞서 언급했던 바와 같이 MAR지수에 사용되는 최대 자본감소폭 역시 검증의 시작 일자와 마감 일자에 민감하다. 검증의 양 끝단, 즉 시작 시점과 마감 시점에 큰 폭의 자본감소가 발생하면 성과 척도인 MAR지수에도 큰 변화가 생긴다. 최대 자본감소는 수익곡선상에서 단 한 개 지점의 정보만을 담고 있다. 따라서 최대 자본감소에만 초점을 맞추면 다른 중요한 정보들을 그냥 놓쳐버리기 쉽다. 그러므로 다른 자본감소 사례를 모두 포함하고 있는 것이 훨씬 바람직한 척도라 하겠다. 큰 폭의 자본감소가 일어났던 사례, 즉 32%, 34%, 35%, 35%, 36% 등의 사례가 포함된 시스템이 20%, 25%, 26%, 29%, 36%의 자본감소 사례가 포함된 시스템보다 더 믿을 만하다.

자본감소가 일어나는 기간 또한 중요한 변수가 된다. 30%의 자본감소라고 해서 다 동일한 가치와 의미가 있는 것은 아니다. 같은 30%

의 자본감소라고 해도 이 기간이 2개월 만에 끝나고 다시 신고가를 회복하는 것과 2년 만에 겨우 신고가를 회복하는 것은 엄연히 다르다. 그러므로 자본감소가 일어나는 기간 혹은 회복 기간 자체도 역시 매우 중요한 변수가 된다.

R^4: 새로운 리스크/보상 척도

이 모든 요소들을 다 감안하기 위해 새로운 리스크/보상 척도를 고안했다. 이를 로버스트 리스크/보상 비율$^{RRRR;\ Robust\ Risk/Reward\ Ratio}$이라 칭한다. 그리고 엔지니어 기질이 아직 남아 있어 이런 종류의 작업에 끌리는 터라 새로 고안한 이 척도를 R^4(R-큐브드)라고 부르기도 한다. R^4는 분자로 RAR%를 사용하고 분모로는 내가 '기간 조정 후의 평균 최대 자본감소'라고 칭한 새로운 척도를 사용한다. 이 척도는 평균 최대 자본감소와 기간 조정 등 두 가지 요소와 연관이 있다.

평균 최대 자본감소는 5개의 최대 자본감소 사례를 취해 합산한 후 이를 5로 나누어 구한다. 기간 조정은 평균 최대 자본감소가 발생한 일수를 계산한 후 이를 365로 나눈 다음 평균 최대 자본감소 수치를 곱하면 된다. 평균 최대 자본감소의 기간은 위와 동일한 방법으로 구한다. 즉, 최장 자본감소 기간 5개 사례를 취한 후 이를 5로 나누어 구하면 된다. 그러므로 RAR%가 50%이고 평균 최대 자본감소가 25%, 평균 최대 자본감소 기간이 1년(365일)이라고 하면 구하고자 하는 R^4는 2.0{50%/(25%×365/365)}이 된다. R^4는 자본감소의 정도에서 오는 리스크와 기간에서 오는 리스크를 모두 감안한 리스크/보상 척도다. 이는 검증 일자의 변화에 덜 민감한 척도를 사용했기 때문에 가능한 일이다. 이 척도는 MAR지수보다 로버스트 수준이 더 높다. 다시 말해 검증 작업 시의 사소한 변화가 결과 척도에 큰 영향을 미치지 않는다.

로버스트 샤프지수

일반 샤프지수는 CAGR%를 수익의 표준편차로 나눈 것이다. 그런데 로버스트 샤프지수는 CAGR% 대신에 RAR%를 사용하여 이를 월간 수익의 연간화(연 단위로 환산된) 표준편차로 나눈 것을 말한다. 앞서 RAR%가 CAGR%보다 덜 민감한 척도라고 설명했다. 이와 마찬가지 이유로 로버스트 샤프지수 역시 검증 자료군의 변화에 대해 덜 민감하다. 표 12-1은 로버스트 척도가 일반 척도에 비해 검증의 양 끝단에 위치한 자료의 변화에 덜 민감하다는 사실을 보여준다.

표 12-1에서 보는 바와 같이 로버스트 척도는 기존의 척도보다 변화에 덜 민감하다. R^4는 최대 자본감소 사례가 추가되거나 제거되는 것에 민감하게 반응하지만 MAR지수보다는 덜 민감하다. 단일 자본감소 사례의 효과는 R^4에 사용된 표준화 작업으로 인해 그 영향력이 반감된다.

표 12-1 일반 척도와 로버스트 척도

일반척도	검증기간 (1996년 1월~2006년 6월)	검증기간 (1996년 2월~2006년 4월)	변화율
CAGR%	51.7%	54.4%	5.2%
MAR지수	1.31	1.47	12.2%
샤프지수	1.39	1.46	5%

로버스트 척도	검증기간 (1996년 1월~2006년 6월)	검증기간 (1996년 2월~2006년 4월)	변화율
RAR%	54.7%	4.9%	0.4%
R-큐브드	3.31	3.63	9.7%
R-샤프	1.58	1.6	1.3%

Copyright 2006 Trading Blox, LLC. All rights reserved worldwide.

    이번 검증에서 최대 자본감소에 변화가 없다고 할 때 R^4는 RAR%와 거의 동일한 0.4%의 변화율을 나타낼 것이다. MAR이 5.2%(분자로 사용한 CAGR%의 변화율과 동일)의 변화율을 나타내고 R^4는 0.4%의 변화율을 나타냈다는 사실을 감안한다면 R^4와 RAR%의 변화율이 더욱 의미가 있다.

    7장에서 소개했던 6개 시스템의 성과를 비교해봐도 로버스트 척도가 자료의 변화에 덜 민감한, 훨씬 안정적인 척도라는 사실을 알 수 있다. 2006년 7월부터 11월까지에 해당하는 기간을 검증에 포함시켰을 때 각 시스템의 성과가 크게 낮아졌다는 사실을 상기하기 바란다. 표 12-2와 표 12-3을 보면 비교적 불리하게 전개됐던 수개월간의 시장 상황이 로버스트 척도에 크게 영향을 미치지 않았다는 사실을 알 수 있다. 표 12-2는 각 시스템의 RAR% 변화율과 CAGR% 변화율을 비교한 것이다.

표 12-2 CAGR%와 RAR%의 로버스트 수준

시스템	CAGR% (2006년 6월)	CAGR% (2006년 11월)	변화율	CAGR% (2006년 6월)	CAGR% (2006년11월)	변화율
ATR 돌파	52.4%	48.7%	-7.0%	54.7%	55.0%	0.5%
볼린저 돌파	40.7%	36.7%	-9.8%	40.4%	40.7%	0.6%
돈키언-추세	27.2%	25.8%	-5.2%	28.0%	26.7%	-4.6%
돈키언-시간	47.2%	4%	-0.4%	45.4%	44.8%	-1.4%
이중이동평균	50.3%	42.4%	-15.7%	55.0%	53.6%	-2.6%
삼중이동평균	41.6%	36.0%	-13.5%	41.3%	40.8%	-1.2%
평균 변화율			-8.6%			-1.4%

Copyright 2006 Trading Blox, LLC. All rights reserved worldwide

이 기간 동안 RAR%의 변화율은 CAGR% 변화율의 약 6분의 1에 불과했다. 이는 RAR%가 CAGR%보다 로버스트 수준이 훨씬 높으며 따라서 실제 트레이딩에서 훨씬 안정적인 성과를 나타낼 것임을 보여준다. 새로운 리스크/보상 척도인 R^4 역시 MAR지수에 비해 로버스트 수준이 높았다. 표 12-3은 각 시스템의 R^4와 MAR지수의 변화율을 나타낸 것이다. R^4 척도의 변화율은 MAR지수 변화율의 2분의 1 수준이다.

표12-3 R^4와 MAR지수의 로버스트 수준

시스템	MAR지수 (2006년 6월)	MAR지수 (2006년 12월)	변화율	R^4 (2006년 6월)	R^4 (2006년 12월)	변화율
ATR 돌파	1.35	1.25	-7.4%	3.72	3.67	-1.4%
볼린저 돌파	1.29	1.17	-9.3%	3.48	3.31	-4.9%
돈키언-추세	0.76	0.72	-5.3%	1.32	1.17	-11.4%
돈키언-시간	1.17	1.17	-0.0%	2.15	2.09	-2.8%
이중이동평균	1.29	0.77	-40.3%	4.69	3.96	-15.6%
삼중이동평균	1.32	0.86	-34.9%	3.27	2.87	-12.2%
평균 변화율			-16.2%			-8.0%

Copyright 2006 Trading Blox, LLC. All rights reserved worldwide

 또한 로버스트 척도는 비非로버스트 척도에 비해 우연이라든가 운의 영향에도 덜 민감하다. 예를 들어 특정 유형의 시스템에서 큰 폭의 자본감소가 발생했는데 운 좋게도 당시 휴가 중이었던 터라 트레이딩을 하지 못했던 트레이더가 있다고 하자. 이 트레이더의 트레이딩 성과를 보면 다른 트레이더에 비해 상대적으로 MAR지수가 더 높게 나타날 것이다. 그런데 R^4 척도는 단일 사건의 영향을 크게 받지 않으므로 R^4 척도의 우연적 요소에 대한 민감성이 낮게 나타난다. 비로버스트 척도를 사용하는 경우에 특정한 시장 행동을 반복하게 되는데 이는 타 트레이더에게 이용당할 소지가 있기 때문에 좋은 성과를 내기 어렵다. 비로버스트 척도에 기대느니 차라리 운이나 우연 요소에 의존하는 것이 더 나을지도 모른다. 이 또한 로버스트 척도를 사용해야 하는 한 가지 이유가 된다.

로버스트 척도는 소수 사건의 영향을 크게 받지 않기 때문에 과잉최적화를 피하는 데도 도움이 된다. 과잉최적화의 문제를 논할 때 이중이동평균 시스템의 성능을 향상시키기 위해 특정 규칙을 추가했을 때 어떤 현상이 나타났는지를 돌이켜보자. 자본감소의 크기를 줄이기 시작하는 규칙을 추가하자 CAGR%는 41.4%에서 45.7%로 증가(10.3%)했고 MAR 지수는 0.74에서 1.17로 증가(60%)했다. 이와는 대조적으로 로버스트 척도인 RAR%는 53.5%에서 53.75%로 불과 0.4%밖에 증가하지 않았다. 이와 마찬가지로 로버스트 리스크/보상 척도인 R^4는 3.29에서 3.86으로 17.3% 증가하는 데 그쳤다.

로버스트 척도를 기준으로 평가하면 소수 트레이딩 사례의 변화는 성과에 큰 차이를 일으키지 않는다. 이러한 맥락에서 곡선맞춤은 소수 트레이딩 사례에서 큰 효과가 나타나는 것이지만 로버스트 척도를 사용하면 곡선맞춤의 효과가 크게 나타나지 않는다.

사후검증은 트레이딩 시스템의 미래 성과를 예측하는 한 방식이다. 이제 이 사후검증의 신뢰도에 영향을 미치는 기타 요인들에 관해 살펴보도록 하자.

표본의 대표성

트레이딩 표본과 검증의 결과를 기준으로 미래의 성과를 예측하고자 할 때는 다음과 같은 두 가지 요소가 예측력에 영향을 미친다.

> **검증에 포함되는 시장 상태의 수** 되도록 변동성과 추세 수준이 다양한 시장을 검증 대상에 포함시켜라.
>
> **검증의 기간** 보다 다양한 시장 상태를 아우를 수 있도록, 또한 과거가 미래를 대표하는 수준이 높아지도록 검증 기간을 길게 잡아라.

요컨대 이용 가능한 모든 자료를 검증 대상에 포함시키라고 권하고 싶다. 검증을 할 때 되도록 다양한 시장 상태를 포함시키지 않고 또 검증 기간을 길게 잡지 않으면 결국 해당 시스템의 미래 성과를 잘못 예측하게 된다. 이와 같은 시스템으로 트레이딩에 나서면 손실이 발생할 가능성도 그만큼 높아진다. 검증 대상에 되도록 많은 자료를 포함시키려면 비용도 그만큼 많이 발생하겠지만 잘못된 시스템 예측으로 인해 손실을 발생시키는 것보다는 훨씬 싸게 먹힌다. 과거 20년 동안 서너 차례 정도 발생했던 시장 상태인데 검증 대상에는 포함돼 있지 않았다면 해당 시스템에 그 상태가 반영되지 않았을 것이다. 따라서 막상 그와 같은 시장 상태가 나타나면 시스템이 제 기능을 하지 못할 텐데 얼마나 황당하겠는가?

젊은 트레이더들은 특히나 이러한 유형의 실수를 범하기 쉽다. 이들은 자신이 목격한 시장 상태가 일반적인 시장 상태를 대표한다고 생각한다. 시장이 어떤 과정을 거쳐 현재에 이르렀는지 또 시간이 지남에 따라 상태가 어떻게 변화했는지(이전에 존재했던 시장 상태로 회귀하는 경우도 종종 있음)를 제대로 알지 못한다. 인생에 있어서도 그렇지만 트레이딩 상황에서도 마찬가지로 젊은 사람들은 현재 상태 이전의 과정 혹은 역사를 살펴보는 데 능하지 못하다. 젊다는 건 좋은 거다.

하지만 어리석어서는 안 된다. 역사를 공부하라.

  인터넷 붐이 일었을 당시를 회고해보자. 이전에는 성공적인 방법이었던 것이 더 이상 먹히지 않게 됐을 때 얼마나 많은 트레이더들이 몰락의 길을 걸었던가? 제대로 된 검증을 했다면 성공을 거두었던 트레이딩 방법이 특정한 시장 상태에 의존하고 있다는 사실을 알았을 것이다. 그랬다면 일단 그와 같은 상태가 지났다고 판단될 때 그 방법 또한 같이 폐기했을 것이다. 아니면 어떤 시장 상태에서든 먹힐 수 있는 이른바 로버스트 방법을 채택하는 쪽으로 가닥을 잡았을 것이다. 하지만 안타깝게도 당시 잘나가던 많은 이들이 그렇게 하지 못했다.

표본의 크기

  표본의 크기 개념은 그렇게 복잡하지 않다. 타당한 통계적 추론을 위해서는 표본의 크기가 커야 한다. 표본의 크기가 작을수록 표본에서 유추한 추론의 정확성이 떨어지고 표본의 크기가 클수록 추론의 정확성은 더 커진다. 여기에는 어떤 마법적 요소도 존재하지 않는다. 그저 표본의 크기가 크면 클수록 좋고 적으면 적을수록 나쁠 뿐이다. 표본의 크기가 20보다 작으면 오류가 발생할 가능성이 그만큼 높아진다. 표본의 크기가 100 이상이면 예측력이 더 좋아진다. 시스템 검증의 경우 표본의 크기는 수백 개 정도면 적당하다고 볼 수 있다. 표본의 크기를 결정하는 데 도움이 되는 특수한 공식이나 방법이 있기는 한데 안타깝게도 트레이딩 장면에서 사용되는 것과 같은 유형의 자료에는 해당 사항이 없다. 따라서 트레이딩 자료의 표본에 관한 한 그림 4-2에 제시된 여성의 신장 분포도와 같이 말쑥하게 정돈된 분포도의 모양은 기대하기 어렵다.

하지만 진짜 문제는 표본의 크기를 정확히 알아내는 데 있지 않다. 정말 어려운 문제는 특정 규칙이 소수 사례에만 적용되는 경우이다. 이런 유형의 규칙을 대상으로 할 때는 충분한 크기의 표본을 찾을 방법이 없다.

가격 거품이 최고조에 달했을 때의 시장 행동을 예로 들어보자. 이런 경우 그와 같은 시장 상태에 적용할 수 있는 특정 규칙을 생각해낼 수도 있고 더 나아가 검증까지도 가능할지 모르지만 문제는 표본(사례)이 충분하지 않다는 데 있다. 그러므로 검증에 사용할 수 있는 표본이 많지 않은 경우에는 검증의 결과 또한 신뢰도가 떨어질 수밖에 없다는 사실을 명심해야 한다. 앞서 언급했던 계절성 요소 또한 같은 맥락에서 이야기할 수 있다.

시스템에 새로이 규칙을 추가한 후 검증을 할 때는 특정 규칙이 결과에 영향을 미친 빈도부터 측정해야 한다. 전체 검증 과정에서 특정 규칙이 영향을 미친 경우가 단 네 차례에 불과하다면 그와 같은 규칙이 유용하다는 결론을 내리기에는 통계적 근거가 너무 희박하다. 무작위성 역시 문제의 또 다른 근원이 된다. 이에 대한 한 가지 해결책은 보다 광범위하게 적용될 수 있도록 규칙을 일반화하는 것이다. 규칙이 일반화되면 자연히 표본의 크기도 커질 것이고 따라서 규칙에 대한 검증의 통계적 가치도 그만큼 커질 것이다.

작은 표본 크기와 관련한 문제를 더욱 복잡하게 만드는 것이 두 가지 있다. 하나는 단일 시장 최적화이고 또 하나는 과도하게 복잡한 시스템을 만드는 것이다.

> **단일 시장 최적화** 단일 시장에서는 트레이딩 기회가 그만큼 적게 발생하기 때문에 각 시장별로 최적화를 하게 되면 충분한 크기의 표본으로 검증을 하기가 어렵다.
>
> **복잡한 시스템** 복잡한 시스템에는 규칙도 많이 포함돼 있기 때문에 특정 규칙이 효과를 나타내는 빈도 및 효과의 정도를 파악하기가 힘들다. 따라서 복잡한 시스템의 경우 검증의 통계적 가치를 확신하기가 더 어려워진다.

이와 같은 이유 때문에 단일 시장에 대한 최적화는 되도록 피하고 통계적 가치가 더 큰 단순한 시스템을 선택하라고 권하는 바이다.

과거로부터 미래 들여다보기

이 주제와 관련한 가장 흥미로운 문제 가운데 하나가 '실제 트레이딩에서 거둘 수 있는 실질적 성과가 무엇인지 알아낼 수 있는 방법은 무엇인가?'이다.

이 질문에 대한 해답을 얻으려면 우선 손실에 영향을 미치는 요인, 로버스트 척도에 대한 필요성, 충분한 크기의 대표성 있는 표본의 필요성부터 이해해야 한다. 이 부분들을 충분히 이해했다면 이제 시장의 변화가 트레이딩 성과에 어떤 영향을 미치는지 또 유능한 트레이더가 만들어낸 훌륭한 시스템들의 성과가 들쭉날쭉한 이유는 무엇인지에 관해 생각할 수 있는 기초는 마련된 셈이다. 어느 누구도 특정 시스템이 향후 어떤 성과를 낼지 알 수도 없고 또 예측할 수도 없다. 잠재적 가치를 내포하고 있는 도구를 사용하고 또 그와 같은 가치에 영향을 미치는 요인들을 고려하는 것이 우리가 할 수 있는 최선이다.

행운이나 우연적 요소가 가미된 시스템

특정 시스템이 최근 들어 특히 좋은 성과를 냈다면 아마도 행운이 개입된 결과일 수도 있고 이 시스템에 가장 적합한 시장 상태가 전개된 것일 수도 있다. 그런데 일반적으로 특정 기간에 매우 좋은 성과를 낸 시스템은 그 호시절이 지난 후 고전하는 경향이 있다.

행운으로 인한 좋은 성과가 미래에도 되풀이되리라 기대하지 말라. 물론 그와 같은 행운이 또 일어날 수는 있다. 하지만 행운에 의지하지는 말라. 이후에는 최상의 성과보다는 차선의 성과를 낼 가능성이 아마도 훨씬 높을 것이다.

매개변수 변경

특정 시스템을 사용하여 트레이딩에 나서기에 앞서 시험적으로 해봐야 할 일 가운데 꽤 유용한 것이 하나 있다. 나는 이를 매개변수 변경parameter scrambling이라고 칭한다. 우선 시스템 매개변수 몇 가지를 선정한 다음 이 매개변수의 값을 20%에서 25% 정도 대폭 변화시킨다. 그리고 그림 12-1과 12-2에서 제시했던 최적화곡선의 좌측 하단 부분에서 한 지점을 선택하라. 그런 다음 이 검증의 결과를 살펴보라.

나는 볼린저 돌파 시스템을 사용하여 최적화 수치 350일과 청산점 −0.8을 각각 250일과 0.0으로 변경했을 때 어떤 현상이 나타나는지 알아보기로 했다. 그 결과 RAR%는 59%에서 58%로, R^4는 3.67에서 2.18로 변화했다. 상당히 극적인 변화라고 할 수 있다. 이는 과거 자료를 사용한 검증이 시장에서 행해지는 실제 트레이딩으로 바뀌었을 때 전개될 수 있는 변화의 폭이다.

롤링 최적화 윈도우

검증 상황을 실제 트레이딩 상황으로 옮겨보는 데 필요한 연습 과정 가운데 롤링 최적화 윈도우rolling optimization windows라는 것이 있다. 우선 과거 시기 가운데 한 구간(8년 혹은 10년 단위)을 선정한 다음 그 시점 이전의 모든 자료를 이용하여 이 기간의 자료를 최적화한다. 이때 이용할 수 있는 자료가 그것밖에 없다는 전제하에, 통상적으로 사용하는 최적화 방법을 사용한다. 이 과정을 통해 최적의 매개변수 값을 결정했으면 이후 2년 동안의 자료에 이 값을 적용하여 시뮬레이션을 실행한다. 성과에 어떤 차이가 나타났는가?

시뮬레이션 대상 기간(6년 혹은 8년)을 조금씩 늘려서 미래의 시간 쪽으로 계속 이동하면서 이 과정을 반복한다. 원래의 검증과 첫 번째 롤링의 결과를 비교하면 어떻게 되는가? 원래 매개변수 값을 이용한 검증과 이용 가능한 모든 자료를 기초로 최적화된 매개변수 값을 이용한 검증 결과를 비교하면 어떻게 되는가? 현재의 시간에 이를 때까지 이 과정을 반복하라.

이를 위해 나는 볼린저 돌파 시스템의 최적화를 시도했다. 이때 채널의 폭에 따라 3개 매개변수를 정하여 그 값에 변화를 주었다. 그런 다음 최적의 포지션을 기준으로 최적의 자료군을 선정했다. 대개는 R^4 값이 최대치에 이르는 지점에 근접한 곳이 최적의 포지션이 된다. 10년짜리 5개 기간 자료를 최적화 대상으로 삼았다. 표 12-4는 각 검증 대상 기간의 롤링 최적화 성과를 나타낸 것이다.

표에서 볼 수 있듯이 각 검증의 성과는 롤링 기간에 부여된 검증 값에 따라 달라진다. 더구나 최적화 값은 검증 대상이 된 각 기간 단위마다 각각 다르다. 이와 같은 사실은 검증 절차 그리고 검증 상황에서 실제 트레이딩 상황으로 전환될 때 나타날 수 있는 변동성 수준이 불명확하다는 점을 나타낸다.

표 12-4 볼링 최적화 윈도우 검증 vs. 실제 RAR%

기간	MA	진입	청산	RAR% 검증	RAR% 실제	변동률	R⁴ 검증	R⁴ 실제	변동률
1989 to 1998	280	1.8	-0.8	55.0%	58.5%	6.3%	7.34	5.60	-23.7%
1991 to 2000	280	1.8	-0.5	58.5%	58.8%	0.6%	5.60	5.32	-5.0%
1993 to 2002	260	1.7	-0.7	58.5%	59.3%	1.4%	7.68	3.94	-5.0%
1995 to 2004	290	1.7	-0.6	63.9%	57.7%	-8.3%	5.53	3.90	-29.5%
1997 to 2006	290	1.7	-0.6	55.1%	N/A	N/A	3.90	N/A	N/A

Copyright 2006 Trading Blox, LLC. All rights reserved worldwide

몬테카를로 시뮬레이션

몬테카를로 시뮬레이션은 특정 시스템의 로버스트 수준을 알아내고 '미래 상황은 어떻게 전개될 것인가?'라든가 '과거와는 약간 다른 상황이 전개된다면 어떻게 되는가?'와 같은 질문에 대한 해답을 찾는 방법 가운데 하나다. 과거의 실제 가격 자료를 대표하는 일련의 사건 자료를 이용하여 일반적인 것과는 좀 다른 결과를 도출하는 과정이라고 이해하면 될 것이다.

일반적으로 몬테카를로 시뮬레이션이란 말은 난수亂數, random number를 이용하여 특정 현상을 규명하는 방법을 의미하는 용어다. 수학적으로 정확하게 기술하기 어렵거나 혹은 불가능한 현상을 규명할 때 가장 유용하게 사용할 수 있는 방법이다. 몬테카를로는 카지노로 유명한 모나코의 한 도시 이름에서 유래한 말이다. 카지노에서는 룰렛이나 크랩, 블랙잭 등과 같이 무작위 사건이 결과를 결정하는 게임들이 성행하고 있기 때문이다. 원자폭탄 개발 계획, 즉 맨해튼 계획에 참여했던 과학자들이 이 방법을 사용했고 이때부터 몬테카를로 시뮬레이션이라는 이름이 붙었다.

당시 과학자들은 우라늄의 핵분열 특성을 알아내려고 했다. 그래야만 원자폭탄을 만드는 데 필요한 우라늄의 질량을 결정할 수 있기 때문이다. 농축 우라늄은 값이 상당히 비싸기 때문에 질량 결정에 한 치의 오차도 허용되지 않는다. 또한 질량 평가에 오차가 있어 원자폭탄이 폭발하지 않는 불상사가 발생하면 엄청난 시간과 돈을 낭비하는 결과가 된다. 필요한 양보다 많은 우라늄을 사용할 때도 마찬가지일 것이다. 원자폭탄 내 우라늄 원자의 상호작용 양상이 워낙 복잡했기 때문에 당시의 방법론으로는 이를 정확하게 모형화하는 것이 불가능했다. 상상할 수 없을 정도의 계산을 수행하기 위해서는 막대한 전산 자원이 필요했을 것이다(지금이라고 해도 불가능할 듯).

    핵분열을 일으키는 데 필요한 우라늄의 질량을 결정하기 위해서는 원자핵이 쪼개지면서 방출되는 중성자의 양을 측정해야 한다. 즉 원자핵 분열로 어느 정도의 중성자가 방출돼야 연쇄적인 핵분열이 일어날 수 있는지를 알아내야 한다. 저명한 물리학자인 리처드 파인만Richard Feynman은 수학적 기법을 활용하여 단일 중성자의 상호작용 특성을 알아낼 수 있으며, 중성자가 또 다른 원자핵에 그냥 흡수돼버리는지 아니면 또 다른 원자핵의 분열을 촉발하는지 알아낼 수 있다고 생각했다. 파인만은 난수를 이용하여 원자핵이 쪼개질 때 방출되는 다양한 유형의 중성자를 표시할 수 있다고 보았다. 수천 번에 걸쳐 이러한 작업을 반복한다면 우라늄의 핵분열 특성에 관한 분포도를 얻을 수 있을 것이고 이를 통해 필요로 하는 우라늄의 질량을 구할 수 있을 것이다. 파인만은 이 과정이 워낙 복잡하기 때문에 미래를 정확하게 예측하기는 어렵겠지만 그래도 난수를 이용한 모의실험을 통해 중성자의 특성을 어느 정도 이해할 수 있고 이를 통해 문제의 해답에 대한 실마리를 찾을 수 있다는 사실을 알았다. 결국 파인만은 이런 방법을 통해 우라늄의 각 원자가 각 지점에서 어떤 작용을 하는지 정확하게 예측하지 않고서도 우라늄의 핵분열 특성을 규명할 수 있었다.

또 하나의 트레이딩 세계

시장은 핵분열 반응보다 훨씬 더 복잡한 작용이 일어나는 곳이다. 시장은 수천 개의 인간 행동으로 구성돼 있다. 그리고 그와 같은 행동은 각기 다른 경력과 능력을 기준으로 수많은 개인들이 내린 의사결정의 결과물이다. 때문에 중성자의 반응 특성보다 예측하기가 훨씬 더 어렵다. 그런데 다행스럽게도 파인만이 우라늄 분석에 사용했던 것처럼 우리도 난수를 이용하여 트레이딩 시스템의 특성을 규명할 수 있다. 비록 시스템의 미래 성과를 '정확하게' 예측할 수는 없겠지만 말이다.

상황의 일부가 바뀐다면 역사가 어떻게 전개되는지를 또 하나의 트레이딩 세계를 만들어 검토해보자. 몬테카를로 시뮬레이션을 활용하여 또 하나의 트레이딩 세계를 만드는 데에는 다음의 두 가지 방법이 있다.

> **트레이딩 매개변수 변경** 실제 시뮬레이션의 트레이딩 개시일과 트레이딩 순서를 무작위로 변화시킨 다음 그렇게 뒤섞인 트레이딩의 손실률과 수익률 자료를 이용하여 수익곡선을 조정한다.
>
> **수익곡선 매개변수 변경** 원래 수익곡선의 일부를 무작위로 선정하여 새 수익곡선을 만든다.

이 두 가지 접근법 중에는 수익곡선 매개변수 변경 방법이 그래도 보다 현실적인 수익곡선을 만들어낸다고 할 수 있다. 무작위로 트레이딩 순서를 재배열하는 방법은 자본감소의 가능성을 실제보다 낮게 평가하는 경향이 있다.

　최대 자본감소는 대개 큰 추세가 끝나가는 무렵이나 양(+)의 수익이 증가하는 시기에 발생한다. 이런 시기에는 평상시보다 시장의 상호 연관성이 더욱 커지는 경향이 있기 때문이다. 큰 추세가 끝날 무렵 돌파가 이루어지거나 추세 역전이 일어나면 모든 것이 자신에게 불리한 방향으로 전개되는 것처럼 보인다. 평상시에는 연관성이 없어 보이던 시장이 큰 추세가 끝나고 변동기에 들어서면 갑자기 연관성이 높아진 듯 보이기도 한다. 이런 일들은 선물시장과 주식시장에서 흔히 볼 수 있다.

　트레이딩 매개변수 변경 방법은 트레이딩과 날짜 간의 연관성을 제거하는 것이기 때문에 추세 역전이 수익곡선에 미치는 효과도 동시에 제거된다. 따라서 자본감소의 정도와 빈도가 실제보다 낮게 나타난다. 두 가지 예로 이를 설명하도록 하겠다.

　첫 번째가 2006년 봄 당시 금과 은의 시세 추이다. 이 두 시장에서의 추세추종 시스템을 검증하고자 할 때 트레이딩 매개변수 변경 방법을 사용했다면 아마도 이 두 시장의 자본감소 규모는 수시로 달라졌을 것이고 이것이 개별적 자본감소의 영향력을 상당 부분 줄였을 것이다. 그런데 실제로는 설탕시장처럼 큰 연관이 없을 법한 시장에까지 영향을 미친다. 금시장과 은시장의 가격 폭락이 있었던 2006년 5월 중순부터 6월 중순까지 20일 동안 설탕시장에서도 엄청난 규모의 자본감소가 발생했다. 이처럼 트레이딩 매개변수 변경 방법은 중장기 트레이딩 시스템으로 트레이딩을 하는 과정에서 발생할 수 있는 자본감소의 규모를 실제보다 적게 평가하는 경향이 있기 때문에 그다지 권장할 만한 방식은 아니다.

또 하나의 예는 1987년 미국 주식시장이 붕괴됐을 당시의 일일 자본감소 규모다. 유로달러의 경우 전일 종가와 당일 시가 간의 격차가 엄청나게 컸고 평상시에는 별로 상관성이 없어 보이던 시장에서 취했던 나의 포지션도 악영향을 받았다. 트레이딩 매개변수 변경 방법을 사용한 몬테카를로 시뮬레이션은 그와 같이 실제로 발생한 사건의 리스크 수위를 희석시키는 경향이 있다. 서로 다른 시장에 복수의 포지션을 취하고 있는 상태라면 상호 연관성이 반영되지 않음으로써 불리한 가격 움직임에 영향을 받지 않는 것으로 간주되기 때문이다.

또 다른 방법인 수익곡선 매개변수 변경 방법에서도 중요한 요소가 간과될 수 있다. 큰 추세가 끝날 시점에서 전개되는 손실 발생 기간 및 손실의 정도는 무작위 사건에서 예측할 수 있는 수준을 훨씬 넘어선다는 점이다. 나 역시 검증과 경험을 통해 이와 같은 사실을 알았다. 대규모의 자본감소가 발생하는 시기에는 추세추종 시스템의 수익곡선이 시계열적 상관, 즉 어떤 날의 순변동이 전일의 순변동과 상관이 있는 것으로 나타난다. 보다 간단히 말하자면 자본감소 기간은 무작위 사건이라고 말할 수 없을 만큼 집중적으로 발생하는 경우가 많다는 것이다.

금, 은, 설탕시장에서 큰 폭의 자본감소가 일어났던 2006년 봄의 사례를 다시 한번 들어보자. 이때 일일 순변동만을 매개변수 변경 대상으로 삼은 경우 5월 중순부터 6월 중순까지 수익곡선상에 나타났던 큰 변동폭은 사라지고, 무작위로 추출한 분포도 혹은 실제 수익곡선상에서 기대할 수 있는 정도의 변동폭과 비슷한 수준이 된다.

우리가 개발한 시뮬레이션 소프트웨어로 이 사실을 설명하기 위해 수익곡선의 순변동량을 사용하되 단일 변동량이 아니라 수익곡선상의 복수일을 사용하여 매개변수 변경 작업을 했다. 시뮬레이션 대상이 된 수익곡선은 실제 트레이딩에서 발생할 수 있는 자본감소 기간을 포함하고 있다. 이 검증에서 나는 수익곡선 매개변수 변경의 기준 단위를 20일로 설정했는데 이것이 수익곡선의 자기상관성을 유지시켜주고, 따라서 실제 결과를 훨씬 잘 예측해준다는 사실을 알아냈다.

몬테카를로 시뮬레이션의 결과

몬테카를로 시뮬레이션을 이용해 만들어낸 또 하나의 수익곡선으로 무엇을 할 수 있는가? 일단은 특정 방법을 사용했을 때의 결과 분포도를 만드는 데 사용할 수 있다. 이렇게 만든 분포도를 통해, 시뮬레이션으로 만들어낸 상황과 우리가 알고자 하는 미래가 유사하게 전개됐을 때의 값을 추정할 수 있다. 그림 12-3이 바로 이러한 유형의 분포도다. 시뮬레이션을 통해 2,000개의 또 다른 수익곡선을 만들어낸 후 각 수익곡선의 RAR%를 구하여 그래프상에 분포도로 표시한 것이다.

그래프 상단의 곡선과 교차하는 수직선은 2,000회 시뮬레이션을 한 수익곡선의 90% 이상에서 나타난 RAR% 값을 의미한다. 이 사례에서는 2,000회 수익곡선의 90%에서 RAR%의 값이 42%를 넘는 것으로 나타났다.

이와 같은 유형의 그래프는 매우 유용하다고 할 수 있다. 미래는 미지의 세계이고 따라서 오로지 확률적 기대밖에 할 수 없다는 사실

그림 12-3
몬테카를로 시뮬레이션에 의한 RAR% 분포도

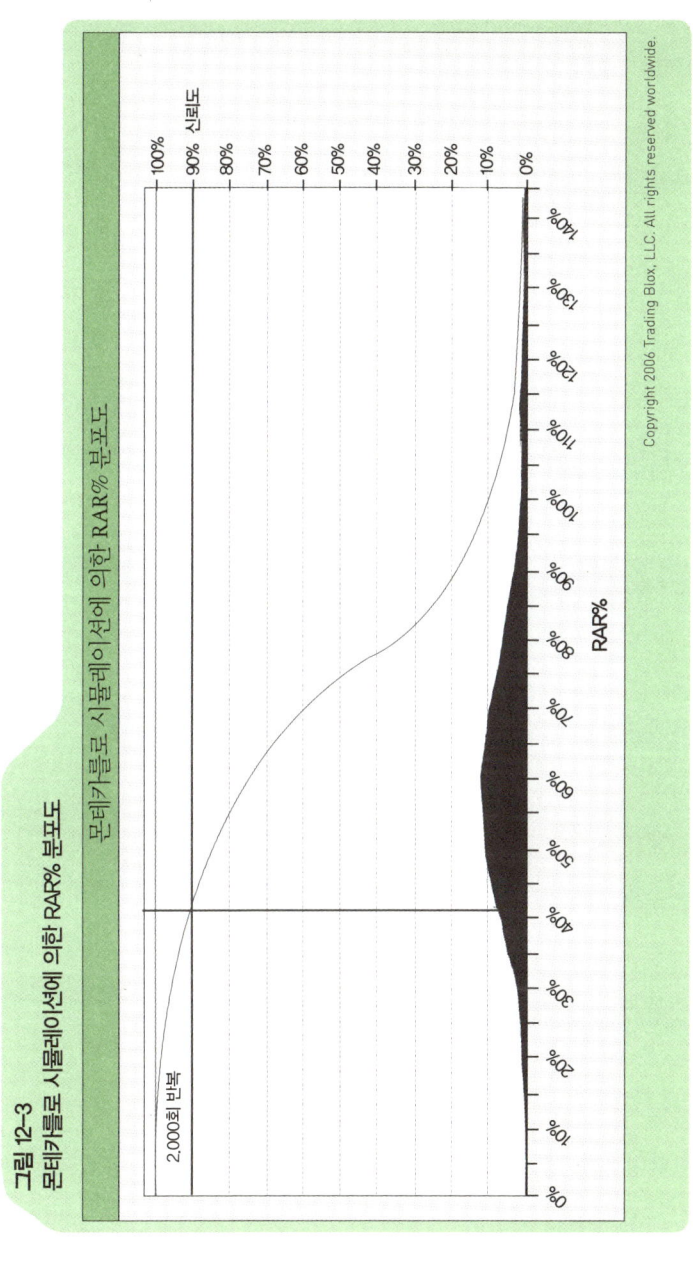

건고한 토대 | 303

을 깨닫는 데 도움이 된다는 측면에서 그렇다.

하지만 이러한 유형의 결과를 너무 일반화시키지 않도록 유의해야 한다. 이와 같은 수치들은 수익곡선에서 얻은 것이고 이 수익곡선은 과거 자료에 의존하고 있다. 따라서 11장에서 언급했던 모든 유형의 함정에 노출될 가능성이 얼마든지 있다는 사실을 명심하라. 시뮬레이션을 통해 만들어낸 세상의 수익곡선은 이를 만드는 데 바탕이 됐던 사적 시뮬레이션의 가치를 넘어서지 못하기 때문에 몬테카를로 시뮬레이션이라고 해서 부실한 검증을 더 좋은 검증으로 만들어주지는 못한다. 최적화 패러독스로 인해 RAR%가 20%나 높게 나타난다면 최적화된 동일한 매개변수 값을 사용한 몬테카를로 시뮬레이션 역시 마찬가지일 것이다.

사후검증의 한계

이상에서 살펴본 바와 같이 사후검증은 미래를 기껏해야 대략적으로밖에 추정해주지 못한다. 미래의 성과를 예측할 때는 민감도가 높은 척도보다는 로버스트 척도가 훨씬 나은 것이 사실이지만 그 과정이 간단치도 또 명확하지도 않다. 그러므로 만약 누군가가 미래의 성과 수준을 정확하게 예측할 수 있다고 말한다면 그 사람은 거짓말을 하는 것이거나 아니면 자신이 말하는 것의 진정한 의미를 모르는 것이 분명하다. 그리고 그런 말을 하면서 무언가를 팔려고 한다면 그 사람은 전자에 해당한다는 것이 나의 지론이다.

13장에서는 당신이 임하는 트레이딩의 로버스트 수준을 보다 향상시키는 데 도움이 되는 방법들에 관해 살펴볼 것이다. 로버스트 트레이딩을 하게 되면 널뛰기 성과가 나타날 가능성이 그만큼 줄어든다.

WAY of the TURTLE

시스템의 로버스트 수준을 향상시킬 수 있는 가장 기본적인 방법은 다양한 시장 조건에 적응할 수 있도록 적절한 규칙들을 추가하는 한편 시장 변화에 덜 민감하도록 시스템을 단순화하는 것이다. 변화하는 시장 조건에 대해 적응력을 키워줄수록 시스템의 로버스트 수준은 더 높아진다. 이와 같은 접근법은 우월한 적응성 덕분에 변화하는 환경 속에서도 살아남을 수 있는 복잡한 유기체의 생존 기제와 유사하다고 볼 수 있다. 복잡한 유기체의 한 예가 바로 인간이다. 인간이라는 생물종은 각기 다른 자연 환경에 적응할 수 있을 만큼의 뛰어난 지력을 보유한 덕분에 사하라 사막에서도 살아남을 수 있고 또 얼음으로 뒤덮인 북극에서도 살아남을 수 있다.

chapter 13

완벽한 시스템

제13장
완벽한 시스템

트레이딩은 단거리 경주가 아니다. 오히려 복싱에 가깝다. 시장은 당신을 흠씬 두들겨 패고 머리를 비틀 것이며, 당신을 때려눕히기 위해 온갖 짓을 다할 것이다. 하지만 그 경기에서 승리하기 위해서는 12라운드가 끝나는 종이 울릴 때까지 링 위에 버티고 서 있어야 한다.

    트레이딩 시스템을 구축하려는 신참 트레이더 중에는 사적 검증에서 가장 좋은 성과를 내는 이른바 '초강력' 단일 트레이딩 시스템을 찾으려는 사람들이 상당히 많다. 이들은 과거 자료 검증에서 더 좋은 성과를 내는 시스템이 미래의 트레이딩에서도 유사한 성과를 낼 것이라고 믿는다. 그리고 어떤 시스템(이를 '알파'라고 하자)보다 CAGR%가 10%, MAR지수가 0.2 높은 시스템(이를 '오메가'라고 하자)을 본다면 오메가가 훨씬 좋아 보이므로 알파를 활용하여 트레이딩을 하는 것은 어리석은 것이라는 판단을 내린다.

    하지만 그 신참 역시 경험이 쌓이면서 완벽한 시스템이라는 것은 존재하지 않는다는 사실을 깨닫게 된다. 특정 유형의 시장 상태에서는 오메가 시스템이 더 좋은 성과를 나타낼지 모르고 또 과거에는 오메가에 유리한 상황이 전개됐기 때문에 사적 검증에서 이 시스템의 성과가 알파의 성과보다 높게 나타난 것일 수도 있다. 안타까운 일이지만 오메가 시스템에 유리했던 과거의 상황이 미래에도 동일한 빈도로 나타난다는 보장은 없다. 다시 말해, 미래의 시장 유형 분포는 과거의 것과 다를 수 있다. 특정 유형의 시장 분포 때문에 오메가 시스템과 알파 시스템의 검증 결과에 차이가 발생한 경우 미래의 시장 분포에 변화가 생긴다면 차이도 사라지고 만다.

이런 경우를 생각해보자. 시장 상태가 추세적이고 비변동적일 때는 오메가 시스템이 유리하고 시장 상태가 추세적이고 변동적일 때는 알파 시스템이 더 유리하다고 하자. 검증 대상 기간이 20년인데 이 가운데 13년 동안은 대체로 비변동적인 시장 상태를 나타냈고 7년 동안은 변동적 시장 상태를 나타냈다고 하자. 미래에도 이와 동일한 시장 분포가 나타난다면 오메가 시스템이 더 좋은 성과를 낼 것이다.

하지만 비변동적 시장 상태를 나타냈던 그 7년 가운데 5년이 이전 10년 동안에 발생했다면 어떻게 될까? 트레이더 효과로 인해 시장 행동에 변화가 생겼고 이 때문에 미래의 시장 상태가 더 변동적으로 바뀐다면 또 어떻게 될까? 변동적 시장 상태에서는 알파 시스템이 더 유리하기 때문에 위 두 가지 경우가 발생한다면 알파 시스템이 더 좋은 성과를 나타낼 것이다. 이와는 달리 비변동적인 상태에서 변동적 상태로 변했다가 다시 비변동적 상태로 변하는 등 시장 상태에 순환적 흐름이 나타나는 경우에는 어떻게 될까? 최근의 변동적 추세에서 비변동적 추세로 복귀했으므로 미래에 오메가 시스템이 더 좋은 성과를 보일 가능성이 더 높아지지는 않을까?

미래를 예측한다는 것

우리는 이와 같은 문제에 대해 정확한 해답을 내놓을 수 있을 만큼의 정보를 갖고 있지 못하다. 이렇게 정보가 부족한 이유는 충분한 자료가 없기 때문이다. 시장 상태가 QQQVVQ의 순서로 변화한다고 하자. 여기서 Q는 비변동 상태가 나타난 기간, V는 변동 상태가 나타난 기간이라고 한다면 일정한 신뢰도 수준에서 미래 시장의 상태가 변동적일지 비변동적일지에 대한 상대적 확률을 예측할 수 있을까? 앞선 장에서도 언급했다시피 검증에 사용할 표본 자료가 6개라면 표본의 크기가 너무 작아서 여기서는 그 어떤 결론도 도출할 수가 없다. 그렇다면 VQQVQVVQQQQVVQ라면 어떨까? 이 경우에는 일정 정도의 순환성이 보이기는 하지만 역시나 수용 가능한 신뢰도 수준에서 어떤 결론을 도출하기에는 충분치 않다. 이러한 상황이라면 미래의 상황을 정확히 예측하기 힘들다는 사실을 인정한 상태에서 적정한 타협점을 찾는 것이 최선이다.

결국 대략적인 부분을 제외하고 각 시스템의 미래 성과를 정확히 예측할 수는 없으며, 이와 같은 현실을 이해하는 것이야말로 로버스트 트레이딩 시스템을 구축하는 데 필수적이다. 트레이딩의 수많은 측면들을 이해하는 데 가장 중요한 첫 단계 역시 이러한 진실을 받아들이는 일이다. 일단 진실을 이해한 연후에는 이를 반영하여 자신이 어떤 행동을 해야 할지에 대한 결정을 내릴 수 있다.

로버스트 트레이딩

로버스트 트레이딩은 미래의 상황이 어떻게 전개되는지에 상관없이 꾸준히 좋은 성과를 나타낼 수 있는 트레이딩 프로그램을 구축하는 일과 밀접한 관계가 있다. 이 작업은, 앞서 언급했다시피, 미래를 정확히 알 수 있는 사람은 아무도 없으며 과거 자료에 기초한 검증에는 본질적으로 상당한 정도의 오차 한계가 존재한다는 사실을 인정하는 데서부터 시작된다.

아이러니하게도 미래의 불확실성을 감안하여 트레이딩 프로그램을 구축하고 나면 트레이딩 성과의 예측력이 더욱 향상된다. 언뜻 모순돼 보이는 이와 같은 결과의 원인은 사실 매우 단순하다. 미래는 불확실하다는 전제하에 트레이딩 프로그램을 구축하는 경우 그 프로그램에는 미래의 불확실성 요소까지 반영되기 때문이다. 이와는 대조적으로 특정한 시장 특성에 관한 가설(거의 대부분이 가설 수준에 불과)을 근거로 수립된 트레이딩 프로그램인 경우, 프로그램 구축의 근거가 됐던 상황이 전개되지 않을 때는 큰 낭패를 보기 쉽다.

그렇다면 특수한 시장 조건에 의존하지 않는 트레이딩 프로그램을 구축할 수 있는 방법은 무엇인가? 여기에는 두 가지 중요한 요소가 있는데 바로 다양성과 단순성이다. 자연 현상에서도 이 두 가지 요소가 로버스트 수준을 어떻게 향상시키는지에 대한 실마리를 얻을 수 있다. 생태계 및 그 생태계에 존재하는 개별 종種의 생존 능력과 트레이딩 프로그램의 로버스트 수준 간에는 상당한 정도의 유사성이 존재한다.

다양성

생태계 차원에서 보면 자연은 절대 한두 가지 종에 의존하지 않는다. 생태계 안에는 포식자, 식량원, 초식동물, 생물의 사체를 먹이로 하는 동물 등 수많은 종이 있다. 다양성이 중요한 이유는 특정 생물종의 개체 수에 급격한 변화가 생겼을 때 이것이 생태계에 미칠 영향을 차단하거나 감소시키는 역할을 하기 때문이다.

단순성

환경이 안정된 상태를 유지하는 한 복잡한 생태계일수록 탄력성이 강하고 복잡한 종일수록 단순 종에 비해 이점이 많다. 그러나 환경에 변화가 많은 시기에는 복잡한 종일수록 멸종의 위험성이 더 크다. 이런 시기에는 바이러스나 박테리아와 같이 단순한 종이 훨씬 유리하다. 단순한 생물체는 특정 환경에 대한 의존성이 더 낮기 때문에 아무래도 생존 능력이 더 뛰어나다. 거대한 유성이 지구와 충돌한다거나 화산 대폭발로 인해 기온이 급락하는 등 생태계에 갑작스러운 변화가 일어날 때는 단순한 것이 훨씬 유리하다. 기후가 크게 변화했는데도 이전 기후에 의존해야 한다면 상당히 불리한 입장에 처하게 된다.

복잡한 종이지만 다양한 환경하에서도 생존할 수 있는 유기체도 존재한다. 대개 지속적으로 변화하는 기후 혹은 환경 조건에서 생존을 거듭해왔기 때문에 변화 속에서도 얼마든지 살아남을 수 있다. 이러한 종을 로버스트 유기체라고 하는데 이들이야말로 로버스트 시스템을 개발하는 데 이용할 수 있는 매우 훌륭한 모델이다.

이제는 이 두 가지를 트레이딩 프로그램에 접목시키는 방법에 대해 살펴보기로 하자. 특정 시장 조건에 의존하게끔 만드는 규칙들을 되도록 최소화하는 것, 이것이 바로 단순성의 원칙이다. 다양성의 원칙은 트레이딩 포트폴리오에 상호 연관성이 별로 없는 시장들을 가능한 한 많이 포함시키는 것과 관련이 있다. 그리고 동시에 여러 가지 유형의 시스템을 사용하여 트레이딩에 임하는 것도 다양성을 충족시키는 하나의 방법이 된다. 이렇게 하면 미래 상황이 어떻게 전개되든 간에 그 상황에 맞는 시스템을 골라 트레이딩에 임할 수가 있다.

로버스트 시스템

시스템의 로버스트 수준을 향상시킬 수 있는 가장 기본적인 방법은 다양한 시장 조건에 적응할 수 있도록 적절한 규칙들을 추가하는 한편 시장 변화에 덜 민감하도록 시스템을 단순화하는 것이다.

변화하는 시장 조건에 대해 적응력을 키워줄수록 시스템의 로버스트 수준은 더 높아진다. 이와 같은 접근법은 우월한 적응성 덕분에 변화하는 환경 속에서도 살아남을 수 있는 복잡한 유기체의 생존 기제와 유사하다고 볼 수 있다. 복잡한 유기체의 한 예가 바로 인간이다. 인간이라는 생물종은 각기 다른 자연 환경에 적응할 수 있을 만큼의 뛰어난 지력을 보유한 덕분에 사하라 사막에서도 살아남을 수 있고 또 얼음으로 뒤덮인 북극에서도 살아남을 수 있다.

특정 시장 조건하에서 특히 좋은 성과를 내는 시스템이 있다. 시장 상태가 추세적이고 비변동적일 때는 추세추종 시스템이 더 좋은 성과를 내고 시장이 안정적이고 변동적일 때는 역추세 시스템이 더 잘 들어맞는다. 포트폴리오 필터는 특정 시스템에 유리하지 않은 시장 상태를 걸러낼 수 있기 때문에 시스템의 로버스트 수준을 한결 높여주는 규칙이다.

예를 들어 돈키언 추세 시스템에도 포트폴리오 필터가 존재한다. 이 시스템에서는 추세선의 하향 돌파가 일어날 시 트레이딩을 허용하지 않는다. 하향 돌파는 불리한 시장 상태의 하나이기 때문이다. 반면 상향 돌파에서는 트레이딩이 가능하다고 보는데 추세적 시장 상태일 때 보이는 특징 중 하나이기 때문이다.

이와 비슷한 맥락에서 단순한 규칙은 시스템의 로버스트 수준을 보다 높여준다. 규칙이 단순할수록 훨씬 더 다양한 환경에서 작동될 수 있다. 일반적으로 복잡한 시스템은 시스템이 개발되는 동안에 부각됐던 특정한 시장 행동이나 상황 조건을 최대한 이용하는 방향으로 설계되기 때문에 복잡해진다. 규칙들을 추가하면 할수록 시스템은 특정한 시장 조건이나 시장 행동과의 연관성이 더욱 높아진다.

보다 영속성 있는 개념을 토대로 수립된 단순한 규칙들은 특정 시장 행동에 맞춤화된 복잡한 규칙들보다 실제 트레이딩 환경에서 지속적으로 좋은 성적을 낼 것이다. 되도록 시스템을 단순하게 만들라. 그러면 시장에서 아주 오랫동안 살아남는 시스템이 될 수 있을 것이다.

시장의 분산

트레이딩의 전반적 로버스트 수준을 향상시킬 수 있는 가장 효과적인 방법 가운데 하나는 포트폴리오에 되도록 다양한 시장을 포함시키는 것이다. 더 많은 시장에서 트레이딩을 한다면 그 많은 시장 중에 자신의 트레이딩 시스템에 유리한 시장 조건을 적어도 한 번 정도는 접하게 될 것이다. 추세추종 시스템의 경우 다양한 시장에서 트레이딩을 한다면 일정 기간 동안 그 가운데 한곳에서는 자신이 원하는 추세가 나타날 가능성이 높아진다.

포트폴리오에 되도록 많은 시장을 포함시키는 이유가 바로 여기에 있다. 시장을 추가하되 그것으로 새로운 기회가 창출돼야 한다. 따라서 각 시장 간에 연관성이 높은 것은 바람직하지 않다. 예를 들어 거의 같은 방향의 가격 추세를 나타내는 단기 금리 상품이 몇 가지 있다고 하자. 그 상품 중 몇 가지를 선택하는 것은 분산이라 볼 수 없다.

세세한 모니터링을 요하지 않는 트레이딩 시스템을 사용하는 경우라면 외환시장을 한번 고려해봄직하다. 외환시장은 분산 요소를 가미하기가 쉽고 로버스트와 일관성 수준을 높이는 데 도움이 된다. 지금까지 소개한 시스템 가운데 전일 종가 자료를 기초로 매수에 나서는 시스템인 경우 상대적으로 전 세계 시장을 상대로 트레이딩을 하기가 쉽다. 시장의 종가와 시가에만 신경을 써도 되는 경우라면 시차가 그다지 중요하지 않기 때문이다.

트레이딩 시장 결정하기

시스템 검증 플랫폼 가운데 현재 가장 인기가 있는 것이 '트레이드스테이션TradeStation'인데 이 플랫폼은 한 번에 한 개 이상의 시장을 검증하지 못한다는 결정적인 한계가 있다. 이러한 한계점에서 노출되는 부작용 가운데 하나가 수많은 트레이더들이 포트폴리오가 아니라 시장의 관점에서 생각한다는 사실이다. 특정 시장이 수익성이 없다거나 다른 시장에 비해 성과가 낮다는 등의 이유를 들어 추세추종 포트폴리오에 포함시키면 안 된다는 식의 그릇된 믿음을 갖는다.

이런 식의 관점에는 문제가 있다. 예컨대 일부 시장의 경우 오랜 기간에 걸쳐 추세가 형성된다. 따라서 5년 혹은 10년 등 단기간의 자료를 대상으로 한 검증으로는 해당 시장의 성과를 제대로 예측하지 못할 수 있다. 4장에서 소개했던 코코아시장의 사례를 한번 생각해보자.

이 시장의 경우 아주 오랜 시간 동안 연속적으로 손실 트레이딩이 이루어진 연후에야 비로소 유리한 추세가 전개됐다. 이는 아주 일반적인 현상이다. 내가 터틀 시절에 겪었던 사례도 기억해두면 좋을 것이다. 1985년 초반에 데니스는 우리들에게 더 이상 커피 트레이딩을 하지 말라고 선언했다. 나의 생각으로는 데니스가 우리가 트레이딩에 나설 만큼 거래량이 충분치 않았고 커피 트레이딩으로 계속해서 손실을 봤다고 느낀 것이 아닌가 싶었다. 단일 트레이딩으로는 최대 규모의 수익을 냈을지도 모르는데 데니스의 이와 같은 결정으로 인해 결국 기회를 놓치고 말았다(그림 13-1 참고).

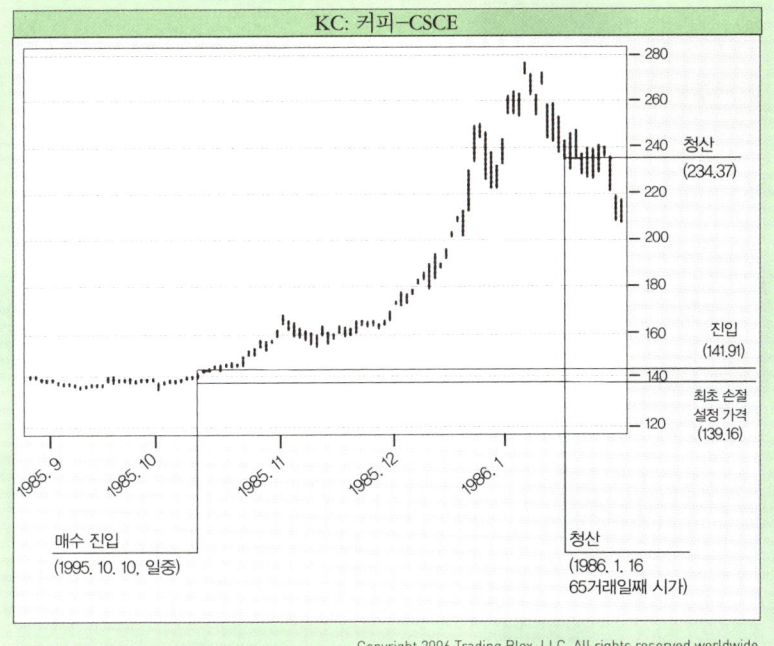

그림 13-1
우리가 놓쳤던 트레이딩 기회

당시 나는 커피 트레이딩을 하지 않았는데 만약 트레이딩을 했다면 정확히 얼마나 벌었을지는 알 수가 없다. 그래서 1986년 3월부터의 커피 트레이딩 계약 자료를 이용하여 검증 작업을 해보았다. 커피 시장에 진입 시 N값은 1.29센트였다. 1985년에 내가 운용한 자금은 500만 달러였다. 트레이딩에 참여했다면 412계약을 매수하여 계약당 약 3만 4,000달러의 수익을 거둘 수 있었으므로 전체로는 1,400만 달러, 즉 자금 대비 280%나 되는 수익을 낼 수 있는 기회였다. 터틀 트레이딩 역사상 이처럼 어마어마한 수익을 낼 기회를 놓쳐버린 예는 이 경우 외에는 없다.

그런데 이것이 모든 시장에서 트레이딩을 해야 한다는 사실을 알려주는 사례일까? 특정 시장을 시장 포트폴리오에서 제외시켜야 할 이유는 없는 것일까? 트레이딩 포트폴리오에 특정 시장을 제외시키는 가장 근본적인 이유는 바로 유동성의 문제와 관련이 있다. 거래량이 충분치 않고 또 트레이딩이 활기를 띠지 않는 시장에서는 트레이딩을 하기가 훨씬 더 어렵다. 성공적인 트레이딩을 하면 할수록 이 부분이 더 큰 한계 요소로 작용하게 된다. 데니스가 우리 터틀에게 커피 트레이딩을 중지하라고 했던 것도 바로 이러한 이유 때문이다.

터틀들이 커피시장에 진입했다가 포지션을 청산했을 당시의 트레이딩 규모를 살펴보자. 데니스를 포함한 터틀 그룹이 트레이딩한 커피 선물계약은 당시 수천 개에 달했다. 이는 트레이딩이 가능한 거래량의 한계점에 거의 다다른 수준이었다. 나로서는 앞서 말한 대로 커피 트레이딩에서 큰 수익을 올린 연후에 데니스가 트레이딩 중지 선언을 했더라면 하는 아쉬움은 남지만 어쨌거나 그가 이성적인 판단을 한 것만은 분명하다.

독자들 중에 자본계정의 크기가 작을 때는 비유동적인 시장에서도 트레이딩을 할 수 있다고 생각하는 사람도 있을 것이다. 자신이 어떤 시스템을 사용하고 있느냐에 따라 달라질 수도 있지만 결국 잘못된 생각이다. 비유동적인 시장의 문제는 진입과 청산이 용이하지 않다는 점이 아니다. 진짜 문제는 대량 주문을 낼 수 있는 조건이 형성됐는데 정작 이 주문을 성사시켜줄 상대편 트레이더가 없다는 데 있다.

비유동적인 시장이란 매수자와 매도자의 수가 적은 시장을 말한다. 200~500계약에 대한 매수 주문을 내려고 하는데 이만큼의 물량을 팔겠다는 매도자가 없는 것이다. 유동성이 좋은 시장에서는 이와 같은 현상은 그렇게 자주 발생하지 않는다.

또한 비유동적 시장은 가격 쇼크에 훨씬 민감하다. 일단 쌀, 목재, 프로판, 기타 일일 거래량이 2,000~3,000개도 안 되는 시장의 차트를 살펴보고, 유동성이 높은 다른 시장의 차트와 비교해보라. 비유동적인 시장에서는 예기치 못했던 가격 변동이 발생하는 일수가 훨씬 많다는 사실을 알 수 있을 것이다.

다양한 시장 유형

특정 시장을 트레이딩 포트폴리오에서 제외시켜야 하는 또 하나의 이유가 있다. 시뮬레이션 결과 다른 시장보다 수익이 적다고 해서 그 시장을 제외시켜야 한다고 생각지는 않지만, 시장의 펀더멘털상 차이가 있는 것은 사실이다. 이것은 어떤 시스템에서 특정 시장 전체를 제외시켜야 할 합당한 이유가 된다.

트레이더 중에는 개별 시장은 모두 다르며 따라서 그에 맞는 트레이딩이 이루어져야 한다고 생각하는 이들도 있다. 내 생각은 현실은 더 복잡하다는 것이다. 실제로 확실히 다른 움직임을 보이는 시장은 세 범주로 나눌 수 있으며, 각 시장 간 차이는 무작위 효과에 영향을 받는 정도가 어떠한가에 있다. 주요한 시장의 종류는 다음과 같다.

| **펀더멘털 주도형 시장** 통화나 금리시장 등이 여기에 해당한다. 이 경우

가격 변동을 일으키는 주요 동인은 트레이더 또는 트레이딩이 아니다. 이보다 범위가 넓은 거시경제적 사건이나 힘, 즉 연방준비제도이사회나 환율, 통화 정책 등이 가격에 더 큰 영향을 미친다. 이러한 유형의 시장은 유동성이 가장 높고 추세도 가장 분명하게 형성되므로 추세추종자들이 가장 쉽게 트레이딩에 임할 수 있다.

투기자 주도형 시장 커피, 금, 은, 원유 등을 트레이딩하는 선물시장과 주식시장 같이 정부나 대규모 헤저보다 투기자가 시장 가격에 더 큰 영향을 미치는 시장을 말한다. 이러한 유형의 시장에서는 참가자들의 시장관이나 인식 등에 의해 가격이 변동한다. 이러한 시장에서는 추세추종자들이 활동하기가 비교적 어렵다.

종합 파생상품시장 가격 변동의 주요 동인이 투기이지만 트레이딩 대상이 되는 상품이 다른 시장의 파생상품이기 때문에 투기의 효과가 반감된다. 그 좋은 예가 바로 e-미니 S&P 선물계약이다. 이 경우 계약물의 기초가 된 S&P500지수에 따라 가격의 변동폭이 결정된다. S&P지수는 투기자의 영향을 간접적으로밖에 받지 않는다. 주가지수는 수많은 주식종목의 투기적 동향을 종합한 것이기 때문에 주가의 평균화와 주가 모멘텀의 희석 현상이 나타나기 때문이다. 추세추종자가 트레이딩하기 가장 어려운 시장 유형이다.

내가 말하고자 하는 바의 핵심은 이것이다. 동일한 범주에 속한 시장에서는 동일한 방식으로 트레이딩이 이루어진다는 것이다. 그러므로 오로지 유동성과 시장 범주 요소만을 근거로 하여 트레이딩 여부를 결정해야 한다. 나는 세 번째 범주에 해당하는 시장에서는 트레이딩을 하지 않기로 결정했다. 그런데 다른 터틀 가운데는 이 시장 범주에서 트레이딩을 하기로 한 사람들이 많았다. 나는 우리 터틀이 사용하고 있는 트레이딩 시스템은 파생상품시장에는 적합하지 않다고 생각했다. 트레이딩이 불가능하지는 않겠지만 우리가 사용하는 중기 돌파 추세추종 시스템으로는 그다지 훌륭한 트레이딩을 하기가 힘들다는 얘기다. 그래서 나는 터틀로 있을 때 S&P 선물을 트레이딩한 적이 없다.

동일 범주에 속한 시장은 거의 동일한 방향으로 움직인다. 수년 또는 수십 년의 기간 안에서는 차이가 있는 것처럼 보일 수도 있겠지만 장기적으로 볼 때 이 차이는 큰 추세에 묻혀 트레이더의 기억에 그다지 흔적을 남기지 않는다.

트레이더의 기억

트레이더의 기억에 관한 좋은 예를 금과 은시장에서 찾아볼 수 있다. 내가 처음 트레이딩을 시작했을 당시 금시장에서는 수익을 낼 수 없었다. 1978년에 이 시장에서 나타났던 엄청난 규모의 추세(금은 온스당 900달러, 은은 온스당 50달러 이상으로 상승했다)가 수많은 트레이더의 기억 속에 생생히 남아 있었기 때문이다. 가격이 상승세를 타기 시작했다는 기미가 보이기만 하면 너도나도 금을 사들이기에 바빴다. 이 때문에 가격 변동이 극심했다. 가격이 치솟다가 어느 순간 곤두박질치는 등 급등과 급락을 반복했다. 한마디로 말해 추세추종자들이 트레이딩에 나서기 매우 어려운 상황이 전개된 것이다. 그로부터 20여 년이 지난 지금은 대다수 트레이더가 1978년의 대형 추세를 더 이상 기억하지 않는다. 그래서 2006년 봄의 가격 변동 상황에서는 그 이전에 비해 트레이딩에 나서기가 훨씬 쉬웠다. 차트를 살펴본 사람들이라면 금시장의 가격 특성에 변화가 생겼다고 생각할 수도 있을 것이다.

그러나 나는 향후 금시장에 변화가 올 것이라든가 코코아시장에 다시 추세가 형성될 것이라고 섣불리 예측할 수는 없다고 생각한다. 지난 20년 동안 큰 추세가 있었다고 해서 그 사실 때문에 해당 시장이 향후 트레이딩에 적합하지 않은 시장이 되는 것은 아니다. 나의 경우만 봐도 트레이딩하기에 충분할 만큼의 거래량이 있고 포트폴리오상의 다른 시장과 차이점을 나타내는 시장이라면, 그 시장은 트레이딩하기에 적합한 시장이 된다.

시장 분산의 걸림돌 가운데 하나는 바로 트레이딩 자본의 규모다. 수용 가능한 리스크 한도 내에서 되도록 많은 시장을 포트폴리오에 포함시킨다는 것이 그리 쉬운 일은 아니다. 성공적인 헤지펀드 매니저들이 개별 트레이더보다 더 유리한 입장에 있는 이유 그리고 대형 트레이더가 소형 트레이더에 비해 꾸준히 좋은 성과를 올리는 이유가 바로 여기에 있다. 단 10개 시장에서만 트레이딩을 해야 하는 경우는 동시에 50개 혹은 60개 시장에서 트레이딩을 하는 경우보다 성과 수준이 더 들쭉날쭉하게 된다. 합리적 수준으로 시장 분산이 이루어진 상태에서 장기 추세추종 시스템을 사용하여 선물계약 트레이딩에 임하려면 자본이 최소한 10만 달러는 있어야 한다. 이만한 자본에 따르는 리스크 수준도 대다수 트레이더에게는 수용하기 너무나 어려운 정도가 될 것이다.

시스템의 분산

트레이딩 시스템의 로버스트 수준을 향상시키려면 시장 분산 외에 시스템 분산에도 신경을 써야 한다. 동시에 한 가지 이상의 시스템을 사용하면 트레이딩 프로그램의 로버스트 수준이 훨씬 향상된다. 복수 시스템의 성격이 각기 다른 경우에 그 효과는 배가된다.

두 가지 시스템을 생각해보자. 두 시스템 가운데 성과가 좋은 쪽(편의상 'A'라고 하자)은 RAR%가 38.2%, R^4가 1.19이고 성과가 좋지 않은 쪽(편의상 'B'라고 하자)은 RAR%가 14.5%, R^4가 0.41이다. 검증 결과가 이렇게 나왔을 때 이 두 가지 가운데 어느 쪽을 선택하여 트레이딩에 임하겠는가? 성과가 좋았던 시스템만을 선택할 것인가? 아무래도 그렇게 하는 것이 더 현명한 선택인 것처럼 보일 것이다.

하지만 이러한 선택은 상호 연관성이 없는 시스템을 병용하는 이른바 시스템 분산의 이점을 도외시하는 처사에 다름 아니다. 각 시스템 간에 부적상관negatively correlated(예: 한쪽 시스템이 손실을 내고 있을 때 다른 시스템이 이익을 내고 있는 경우)이 있으면 시스템 분산의 효과는 훨씬 배가된다.

앞의 예에서 A와 B라는 두 시스템을 병용했을 때 더 좋은 성과를 내는 경우가 바로 여기에 해당한다. 병용의 결과 RAR%는 61.2%, R^4는 5.20을 나타냈다면 두말할 필요도 없이 이는 어느 한쪽 시스템만을 사용했을 때보다 훨씬 좋은 성과이다.

예로 들었던 두 시스템은 볼린저 돌파 시스템 범주에 속하는 것들이다. A 시스템은 장기 변동성 채널 돌파 규칙만을, 그리고 B 시스템은 단기 변동성 채널 돌파 규칙만을 사용하여 트레이딩에 임한다. 이 두 가지 시스템을 병용했을 때 더 좋은 성과가 나타나는 이유를 이해하는 것은 그리 어렵지 않을 것이다. 어쨌거나 병용했을 때의 성과가 크게 향상된다는 것만은 분명하다.

부적상관이 있는 시스템끼리 묶어 사용하는 것도 장점이 있지만 특정 시장 상태에 적합한 각각의 시스템을 함께 묶어 사용하는 것도 효과적이다. 말하자면 추세적 시장에 적합한 시스템과 안정적 시장에 적합한 시스템을 함께 묶어 사용하는 식이다. 이렇게 하면 한쪽 시스템에서 손실이 나고 있을 때 다른 시스템에서는 수익이 난다. 물론 이와 같은 분산이 기대했던 만큼의 효과를 내지 못하는 경우도 있지만, 프로그램의 로버스트 수준을 향상시켜 주는 것만은 분명하다.

시장 분산의 경우에서와 마찬가지로 시스템 분산에서 문제가 되는 것이 있다. 동시에 여러 시스템을 사용하기 때문에 그만큼 힘도 들고 자본도 많이 투여된다는 점이다. 이런 점에서도 헤지펀드 매니저가 개별 트레이더보다 더 유리한 입장에 있다고 볼 수 있다. 장기 추세추종 시스템을 사용할 때 20만 달러가 소요된다면, 4~5개 시스템을 병용할 때는 100만 달러는 족히 들어간다. 개별적으로 자산을 운용하기보다는 상품선물이나 헤지펀드를 운용하는 전문 트레이더에게 투자 자본을 맡기는 사람이 많은 것도 이런 이유 때문일 것이다.

한계의 극복

　로버스트 트레이딩 프로그램을 구축하는 일은 실제 트레이딩에 임하게 될 시장의 상황이 앞으로 어떻게 전개될지 정확히 예측할 수는 없다는 전제에서 출발한다. 적응성이 좋고 단순하며 특정 시장 조건에 의존하지 않는 이른바 로버스트 시스템이 존재하지 않으면 로버스트 트레이딩 또한 기대하기 어렵다. 소수의 시장 조건에 맞춰진 소수의 시스템을 사용하는 것보다 각기 다른 다수의 시장 조건하에서 역시 각기 다른 다수의 시스템을 사용하여 트레이딩에 임하는 것이야말로 로버스트 트레이딩 프로그램이 추구하는 방향이다.

WAY of the TURTLE

일반적으로 사람들은 복잡한 것이 단순한 것보다 더 좋은 것이라고 믿는 경향이 있다. 리처드 데니스가 몇 가지 단순한 규칙을 가지고 수억 달러를 벌어들였다는 사실에 고개를 갸우뚱하는 사람들이 많다. 그리고 데니스에게 다른 사람들이 모르는 어떤 비결이 있었을 것이라고 굳게 믿는다. 트레이딩 훈련을 받던 처음 몇 달 동안은 마음속에 뿌리를 틀고 앉은 이러한 '악마'(부정적 생각)와 싸우는 훈련생이 많았다. 일부 훈련생은 그렇게 단순한 원칙으로 트레이딩에 성공할 수는 없으며 다른 무언가가 분명히 있을 것이라는 생각을 버리지 못했다. 이러한 생각이 머릿속을 꽉 채우고 있었기 때문에 터틀 트레이딩 기법을 받아들이기 힘들었다. 결국 이들은 데니스가 알려준 단순 원칙들을 따를 수가 없었다.

chapter 14

터틀이 성공한 심리적인 이유

제14장
터틀이 성공한 심리적인 이유

시장은 당신의 감정 따위에는 아무런 관심이 없다. 시장이 당신의 자존심을 세워주는 것도 아니고 괴로울 때 위로를 해주는 것도 아니다. 그러므로 아무나 트레이딩을 하겠다고 나서는 것은 곤란하다. 시장의 속성을 파악하지 못하고 또 자신의 한계라든가 두려움, 실패 등에 관해 제대로 알고 있지 못하면 트레이더로 성공하기는 어렵다.

    내가 1982년에 처음으로 에드윈 르페브르의 『어느 투자자의 회상』을 읽고 전설적인 투기자 제시 리버모어한테서 영감을 얻었듯이 당신도 이 책을 읽고 그런 영감을 얻었으면 하는 바람이 있다. 이 책의 내용 중에는 리처드 데니스가 단 2주 동안 일단의 예비 트레이더를 교육시킨 다음 이들로 하여금 1억 달러를 벌어들이게 했다는 사실이 아마도 가장 흥미로운 부분이 아닐까 싶다. 이와 같은 '터틀 실험'이 성공을 거뒀다는 것은 꾸준히 따르기만 한다면 실제 트레이딩에서 수익을 올릴 수 있게 해주는 일련의 트레이딩 원칙을 데니스가 보유하고 있었고, 또한 이러한 원칙을 다른 사람들에게 얼마든지 전수해줄 수 있었다는 사실을 의미한다.

    흥미로운 점은 리처드 데니스가 우리에게 가르쳐주었던 원칙들 대부분이 전혀 새로운 것이 아니란 사실이다. 개중에는 다른 유명 트레이더들이 그가 태어나기 전부터 줄곧 주장했던 원칙들도 있다. 그런데 우리가 배웠던 원칙들이 너무 단순하다는 혹은 너무 평이하다는 이유 때문에 일부 터틀 훈련생들이 이 원칙을 쉽게 받아들이지 못한 측면이 있다.

일반적으로 사람들은 복잡한 것이 단순한 것보다 더 좋은 것이라고 믿는 경향이 있다. 리처드 데니스가 몇 가지 단순한 규칙을 가지고 수억 달러를 벌어들였다는 사실에 고개를 갸우뚱하는 사람들이 많다. 그리고 데니스에게 다른 사람들이 모르는 어떤 비결이 있었을 것이라고 굳게 믿는다. 트레이딩 훈련을 받던 처음 몇 달 동안은 마음속에 똬리를 틀고 앉은 이러한 '악마'(부정적 생각)와 싸우는 훈련생이 많았다. 일부 훈련생은 그렇게 단순한 원칙으로 트레이딩에 성공할 수는 없으며 다른 무언가가 분명히 있을 것이라는 생각을 버리지 못했다. 이러한 생각이 머릿속을 꽉 채우고 있었기 때문에 터틀 트레이딩 기법을 받아들이기 힘들었다. 결국 이들은 데니스가 알려준 단순 원칙들을 따를 수가 없었다.

나의 생각은 이렇다. 단순한 원칙보다 복잡한 원칙이 더 좋다거나 복잡한 원칙이 필요하다고 믿는 것은 불안함에서 비롯된 것이다. 그래서 이러한 불안함을 해소하기 위해서는 전문적이고 특별해 보이는 뭔가가 필요하다고 느끼는 것이 아닌가 생각된다. 이러한 느낌을 충족시켜주는 것이 바로 특별한 정보 혹은 지식의 습득이다. 단순한 지식 정도로는 뭔가 특별해 보이고자 하는 사람들의 욕구를 채워주지 못한다. 그래서 사람들은 자신이 전문 지식 혹은 특별한 정보를 갖고 있어야 다른 사람들보다 우월한 위치를 차지할 수 있다는 생각에 사로잡힌다. 너도 나도 다 알고 있는 평범한 정보를 입수하는 것은 자존심이 영 허락하지를 않는다. 비밀스러운 정보, 그것만이 사람들의 자존심을 세워준다.

자존심에 살고 자존심에 죽고

초보 트레이더들이 재량 트레이딩에 끌리는 가장 큰 이유가 바로 이것이다. 재량 트레이딩은 한 마디로 트레이더의 자아를 먹여 살리는 역할을 한다. 언제 그리고 어느 만큼을 사고, 팔 것인지를 정확하게 정의해놓은 규칙에 따라 트레이딩에 관한 결정을 내리는 시스템 트레이딩과 달리 재량 트레이딩은 전적으로 트레이더 자신의 판단에 따라 트레이딩에 임한다. 그 트레이딩이 성공을 거둔다면 이는 곧 자아가 거둔 성공이기도 하며 따라서 자존심도 함께 고양된다. 이렇게 되면 자신이 시장을 어떻게 '정복'했는지에 관해 친구들에게 한껏 자랑을 늘어놓을 수 있다.

온라인 트레이딩 포럼을 들여다보면 이런 사례를 얼마든지 찾아낼 수 있다. 트레이더의 신규 가입을 노리는 온라인 포럼의 경우는 그 정도가 특히나 심하다. 가격이 급등하기 직전에 매수를 하게 된 경위를 상세히 설명하는 내용의 글이 시도 때도 없이 올라온다. 이 외에도 시스템의 '성배聖杯'격인 완벽한 시스템을 발견했다는 등 90%의 정확성을 지닌 시스템이라는 둥 3개월 동안 트레이딩을 하여 200%의 수익률을 기록했다는 둥 허풍이 심하다 싶을 정도로 자랑에 찬 글들이 꾸준히 올라온다. 그런데 이런 글을 올린 사람들은 레버리지를 활용하여 성과를 올리는 경우가 많다. 5,000달러를 굴려 이내 1만 5,000달러를 만들어내지만 워낙 공격적인 접근법을 취하는지라 단숨에 1만 5,000달러를 모두 잃을 위험성이 크다. 몇 개월 전에 자랑 글을 올렸던 그 트레이더들이 결국 투자 자본금을 전부 날리고 빈털터리가 됐다는 이야기를 심심찮게 접할 수 있다. 이런 유형의 사람들은 자아의 배를 불려주는 식의 트레이딩을 한 것이다. 한마디로 자존심에 살고 자존심에 죽는 그런 부류인 셈이다.

재량 트레이딩 방식을 취하는 트레이더 가운데는 성공한 사람도 물론 많지만 실패한 사람이 훨씬 더 많다. 재량 트레이딩이 실패할 확률이 높은 가장 큰 이유는 '자존심은 트레이더의 친구가 아니기' 때문이다. 즉, 자존심을 세우는 것은 트레이더에게 하등 도움이 되지 않는다. 자존심이란 놈은 항상 옳기를 바라고, 미래를 예측하고 싶어하고, 비밀 정보를 알아내려고 한다. 그래서 자존심을 내세우면 트레이딩에 성공하기가 훨씬 더 어려워진다. 인지적 편향으로 인해 올바른 결정을 내리기가 힘들기 때문이다.

터틀 시절의 일화 한 가지를 소개하도록 하겠다.

탁구 시합

외부인의 눈에는 트레이딩이 매우 박진감 넘치고 흥미로운 작업으로 비쳐지기 때문에 우리가 트레이딩을 하던 시절에 거의 아무 일도 하지 않고 빈둥거렸다고 말하면 아마도 상당히 의아스럽다는 반응이 나올 것 같다. 당시 대부분의 기간 동안 시장은 비변동적인 상태를 유지하고 있었다. 그래서 우리 터틀들은 손 놓고 노는 시간이 많았다.

다행히 우리가 일하는 곳에 탁구대가 있어서 대부분의 시간을 탁구를 치며 소일했다. 누구나 적어도 하루에 한 번씩은 탁구를 쳤다. 어느 날은 옆 사무실을 사용하고 있던 대형 보험사 직원이 우리 사무실 문에 메모지를 붙여놓은 일까지도 있었다. 메모지에는 앞으로 탁구를 더 치면 가만두지 않겠다는 내용이 담겨 있었다. 자신들은 열나게 일을 해야 하는데 옆 사무실에서는 트레이더라는 사람들이 하루 종일 탁구나 치고 있는 것이 영 못마땅했던 모양이다(아마도 이 사람들은 자신들이 하는 일이 마음에 들지 않았나 보다).

어쨌든 탁구 얘기를 계속 하자면, 나도 전에는 그렇게 열심히 탁구를 쳐본 적이 없었다. 그러나 하도 자주 치다 보니 기술도 어느 정도 익히게 됐고 한 몇 개월 지나서는 전에 나보다 탁구를 잘 쳤던 사람들도 하나둘씩 이기기 시작했다. 나는 중국식 펜 홀드 그립(펜을 쥐는 것처럼 잡는 방식)을 선택했다. 이렇게 하면 포핸드와 백핸드 간의 전환이 좀더 쉬웠다. 또 이 그립이 평소 회전을 많이 넣는 나의 공격적 경기 스타일에도 적합했다.

그런데 동료 중에 탁구 실력이 아주 뛰어난 사람이 한 명 있었다. 우리 중에 그 사람을 이길 사람은 아무도 없다고들 생각했다. 이 사람은 아주 오래전부터 탁구를 쳤다고 한다. 그가 탁구 시합을 벌일 때면 우리는 존경 어린 시선으로 그 모습을 지켜보았다. 21 대 10 혹은 그 이상의 점수 차로 이기는 일도 많았다. 시합을 할 때면 마치 상대방을 가지고 노는 듯 힘 하나 들이지 않고 점수를 내 상대를 가볍게 물리쳤다.

몇 개월 후 동료 터틀 중에 한 명이 토너먼트(승자 진출) 방식으로 탁구 시합을 해보자고 제안했다. 실력이 다 거기서 거기기 때문에 만만치 않은 시합이 될 것이 뻔했다. 물론 이번 시합은 우승자를 가린다기보다는 두 번째로 잘 하는 사람이 누구인지를 가리는 경기라고 해도 과언이 아니었다. 탁구를 가장 잘 치는 사람이 누구인지는 이미 다 알고 있었기 때문이다. 그러면서도 우승자를 가리고 싶은 마음이 강했다.

결국 토너먼트는 시작됐고 시합이 진행되면서 실력이 낮은 사람들이 하나둘 탈락하고 최종적으로 여덟 명이 남게 됐다. 딱 한 사람을 제외하고는 실력이며 기술이 다 비슷비슷했다.

나는 이번 토너먼트에서는 경기 스타일을 좀 바꾸기로 했다. 평상시에는 기회가 왔을 때 결정구를 날려 상대를 꼼짝 못하게 하는 전략을 구사했었지만 이번에는 보다 안정적으로 나가기로 했다. 라켓을 잡는 방식도 펜 홀드에서 보다 정통의 방식(테니스 라켓을 쥐는 것처럼 잡는 방식)으로 바꾸었다. 그리고 공에 회전을 많이 먹이는 공격형 스펀지 라켓에서 방어에 더 용이한 사포 라켓으로 바꿨다. 사포 라켓 쪽이 회전이 많이 먹은 공을 더 수월하게 받아내기 때문이다. 나는 탁구를 제일 잘 치는 그 동료가 회전 기술을 많이 구사하고 있고 나의 회전구 정도는 수월하게 받아 넘길 수가 있다는 사실을 이미 알고 있었다. 그래서 어설프게 공격적으로 나가기보다는 상대방의 공격을 잘 막아내는 방법을 쓰는 편이 승산이 있겠다 싶었다. 상대방의 공격을 필사적으로 막아내다 보면 위력적인 회전 기술도 무력화시킬 수 있다는 생각이었다.

이 전략은 그대로 적중했고 결국 나는 여덟 명이 겨루었던 토너먼트에서 두 명을 차례로 물리쳤다. 이제 남은 사람은 단 두 명. 나는 모두가 우승 후보자로 꼽았던 그 동료와 결승전을 펼치게 됐다. 나를 비롯한 모든 사람들이 아마도 여기까지가 나의 한계일 것이고 상대방이 결국 우승을 하게 될 것이라는 사실을 믿어 의심치 않았다. 모두가 이 결승전을 지켜보았다. 이 시합에서 젊음과 패기가 이길 것인지 아니면 경험과 기술이 이길 것인지가 판가름 날 것이다.

경기가 시작되자마자 한 가지 사실을 분명하게 알 수 있었다. 상대방이 정말 이 경기를 이기고 싶어한다는 점이었다. 이 경기에서 우승하는 것을 매우 중요하게 생각하는 듯했다. 상대방이 꼭 이기고 싶어하는 이유도 짐작이 갔다. 상대방은 우리들 중에 탁구를 제일 잘 치는 사람으로 이미 알려져 있었고 사람들 모두가 이 사람의 우승을 당연시하고 있었기 때문에 만약 여기서 이기지 못하는 날에는 모든 것을 잃는 것이나 마찬가지가 된다. 하지만 나는 잃을 것이 아무것도 없었다. 나로서는 결승까지 올라온 것만으로도 충분히 잘한 것이다. 내가 여기까지 올라올 것이라 예상한 사람은 아무도 없었고 더구나 결승에서 이 탁구 1인자를 이기고 우승할 것이라고는 그 누구도 생각조차 하지 않았다.

처음에는 상대방이 점수를 땄다. 그것도 너무 쉽게 점수를 따서 이러다 영패를 당하는 것이 아닌지 슬슬 걱정이 되기 시작했다. 그러나 상대방의 공격 속도와 패턴에 점점 익숙해짐에 따라 적극적인 수비에 들어갔고 상대방은 점점 지쳐갔다. 상대방은 경기를 한시라도 빨리 끝내고 싶었던지 예전보다 훨씬 더 공격적으로 나왔다. 그러나 나로서는 안정적으로 나가는 것밖에 길이 없었기 때문에 수비에 더 신경을 썼다. 그러다 보니 랠리가 한참 이어진 후에야 상대방이 점수를 땄고 이 랠리 시간은 갈수록 길어졌다. 그러다가 나도 한두 점씩 점수를 따기 시작했다. 물론 처음에는 많은 점수를 따지는 못했지만 일단 영패는 면했고 경기를 계속 이어갈 수 있을 정도는 됐다. 그런데 내가 야금야금 점수를 딸수록 상대방은 더욱 힘들어하는 것 같았다. 자신보다 실력이 처지는 상대에게 자꾸 점수를 내주고 있다는 사실 때문에 스스로에게 화가 나는 모양이었다.

경기 분위기는 서서히 내 쪽으로 기울고 있었고 두 번째 게임부터는 내가 승기를 잡기 시작했다. 한점 한점 착실히 점수를 따가다 드디어 동점 상황을 만들었고 결국 두 번째 경기를 승리로 장식했다. 그래서 1:1 상황이 됐지만 마지막으로 남은 게임에서 유리한 쪽은 나였다.

마지막 게임은 그야말로 혈투였다. 수차례에 걸쳐 동점 상황이 전개됐고 오랜 랠리 끝에 서로 번갈아가며 점수를 올리는 식의 피 말리는 접전이 펼쳐졌다. 마침내 나는 회심의 일격을 날렸고 상대방이 이를 받아내지 못했다. 탁구의 1인자라는 사실을 사람들에게 보여주어야 한다는 압박감이 결국은 이 탁구 고수의 무릎을 꿇게 만든 것이다. 두 사람 중에 이 탁구 시합에서 승리를 하는 것이 더 중요한 쪽은 상대방이었고 이 사실이 경기 내용에 큰 영향을 미쳤다.

이 탁구 고수는 터틀 프로그램에서도 역시 성공을 거두지 못했다. 탁구 시합에서 이기지 못했던 것과 동일한 이유 때문에 그런 결과가 나타났다고 생각한다. 자존심이 너무 강한 탓에 자신이 트레이딩에서 저조한 성과를 냈을 때 그 이유를 제대로 분석하지 못했다. 이 탁구 고수 역시 데니스가 나에게만 트레이딩의 성공 비결을 알려주었다고 생각하는 부류였다. 이런 식의 사고는 탁구 고수가 손실을 볼 때 내가 수익을 낸 이유 혹은 내가 더 좋은 성과를 냈던 진짜 이유를 알아내는 데 큰 걸림돌이 됐다. 내가 좋은 성과를 낼 수 있었던 것은 자존심 따위는 쓰레기통에 던져버린 채 터틀 프로그램에서 배운 규칙을 그대로 따르는 데만 몰두했기 때문이다. 그런데 이 탁구 고수는 이러한 진실을 애써 외면했다.

🟢 트레이더에게 가장 유익한 자세는 바로 겸손

훌륭한 트레이더가 되고 싶다면 자존심은 버리고 더 겸손해져야 한다. 겸손한 마음이면 미지로 가득 찬 미래를 받아들이기가 더 쉬워진다. 겸손하면 미래를 섣불리 예측하려는 시도를 하지 않게 된다. 겸손하면 시장이 자신에게 불리하게 전개되는 바람에 손절매를 하게 된 상황에 대해 기분 상해하지 않는다. 겸손은 단순한 규칙을 토대로 한 트레이딩을 기꺼이 수용하게 만든다. 자신이 특별하다는 느낌을 갖기 위해 특수한 정보나 비밀을 알아야 할 필요가 없기 때문이다.

바보짓은 그만!

나의 트레이딩 성과가 다른 사람보다 좋았던 것은 분명한 사실이지만 그렇다고 내가 인지적 편향 따위에 한 번도 굴복한 적이 없다거나 감정을 완벽하게 다스렸다고 말하기는 쑥스럽다. 나 역시 그런 부분에서 그리 완벽하지는 못했기 때문이다. 나도 감정에 휘둘릴 때가 있었다는 사실을 드러내는 일화 한 가지를 소개하고자 한다.

터틀 2년차에 접어들었을 당시 시장에 큰 추세가 형성됐고 나에게는 또 다시 터틀 프로그램 규칙상의 최대 트레이딩 단위인 4단위가 배정됐다. 나는 다른 터틀 몇몇에게 할당된 포지션의 크기를 물었고 이들 중에는 4단위를 할당받지 못한 사람도 있었다. 최대 트레이딩 단위에 미치지 못했다는 것은 이전 트레이딩의 성과 수준이 기대치를 밑돌았다는 의미가 된다. 그러므로 내가 다른 사람들에게 각자의 포지션 크기를 물어보는 것은 그 사람들에게 창피를 주는 것으로 여겨질 소지가 있었기 때문에 상당히 실례되는 질문일 수 있었다.

그날 퇴근 무렵이었다. 나는 당시 일리노이 주 리버사이드에 살고 있었기 때문에 여느 때와 다름없이 통근 열차 시간에 맞춰 막 사무실을 나서던 참이었다. 터틀 중에는 나 외에도 통근 열차를 이용하는 사람이 몇 명 더 있었고 그래서 이들과 함께 퇴근을 하곤 했다. 사무실 문을 열고 복도로 막 나섰을 때 나보다 조금 먼저 나간 동료 한 명이 다른 동료에게 하는 말이 들렸다. "아까 걔가 하는 이야기 들었어? 완전 바보 아니야?"

이 사람들 말이 맞다. 나는 분명 바보였다. 자신이 바보라는 사실도 깨닫지 못하는 바보 중에서도 상 바보요, 우둔하기 이를 데 없는 얼뜨기였다. 그 순간 나는 자신의 행동이 다른 사람들에게 어떤 영향을 미쳤는지를 곰곰이 생각해봤다. 무신경하게도 다른 사람들이 해내지 못한 성과를 올렸다고 자랑삼아 떠들고 다닌다는 인상을 준 것만은 분명해 보였다. 다른 사람도 아니고 자신들에 비해 '가방끈'도 짧은 사람한테서 그런 말을 들었다는 사실이 이들을 더욱 비참하게 만들었을 것 같다.

동료들이 나누는 대화를 들은 이후 20여 년 동안 이때의 일을 수도 없이 떠올리곤 했다. 이날 나는 바보짓은 더 이상 하지 않기로 결심했다. 대신에 내가 하는 말과 행동이 다른 사람들에게 어떤 영향을 미칠지에 관해 좀더 심각하게 고민하기로 했다. 그리고 내가 좋은 성과를 올렸을 때도 상대방의 기분을 상하게 하는 말이나 행동은 되도록 삼가기로 했다.

단순하지만 가장 중요한 요소, 일관성

　인생에 있어 가장 중요한 교훈들은 의외로 단순하지만 이 단순한 것들을 실천하기는 참으로 어렵다. 트레이딩에서 가장 중요한 요소는 바로 '일관성'이다. 트레이딩의 성공 가능성과 만족도를 높이려면 시스템 트레이딩 접근법이나 시스템을 구축하는 데 사용되는 도구들의 한계를 명확히 이해해야만 한다. 하지만 그보다 더 중요한 것은 일관성 있는 트레이딩이다. 계획을 했으면 그 계획을 실행해야 한다. 실행하지 않으면 그 계획은 아무 의미가 없다.

　우리가 터틀로서 성공하는 데 결정적인 역할을 했던 요소를 한 가지만 고르라면 나는 전설적인 트레이더한테서 가르침을 받았다는 사실 그 자체를 꼽고 싶다. 이 부분에 대한 믿음이 있었기 때문에 데니스가 알려준 트레이딩 기법에 대해 깊이 신뢰할 수 있었고 또 이 사람이 말하는 트레이딩 규칙을 꾸준히 지켜갈 수 있었다. 전적으로 신뢰를 보낼 만한 유명한 트레이더를 찾아내지 못한다면 결국 자기 자신을 신뢰할 수밖에 없을 것이다. 자신이 사용하고 있는 방법에 신뢰를 보내야 하고 또 그와 같은 방법을 사용하여 꾸준히 수익을 낼 수 있는 능력에 대한 신뢰감도 높여야 한다.

　시스템 트레이딩 접근법에 대한 신뢰도를 높일 수 있는 가장 좋은 방법은 트레이딩 시뮬레이션 소프트웨어를 이용하여 몇 가지 시스템을 분석해보는 것이다. 이러한 소프트웨어는 실제 트레이딩이 이루어지는 것과 동일한 방식으로 과거의 트레이딩 과정과 결과를 보여준다. 이를 통해 다양한 트레이딩 시스템을 분석하여 실제 시장 자료와 일치하지 않는 가설을 잡아낼 수 있다. 실제 트레이딩에 임했을 때는 그것이 생각보다 훨씬 어렵다는 사실을 깨닫게 될 것이다. 실제로 돈이 왔다갔다하는 실전 트레이딩이 연습 트레이딩 혹은 모의 트레이딩과 같을 수는 없다.

트레이더로 성공하고 싶다면 이것 하나만은 명심하도록 하자. 즉, '나는 그렇게 특출한 사람이 아니다'는 점이다. 선천적으로 그런 것인지 후천적으로 그런 것인지는 분명치 않지만 어쨌거나 나는 일관성을 가지고 트레이딩에 임하는 것이 별로 어렵지 않았다. 심리적으로도 인지적 편향에 쉽게 휘둘리는 쪽은 아니었다. 그렇기 때문에 인지적 편향과 같은 심리적 측면의 방해 요소라든지 트레이더에게 도움이 안 되는 상황 등에 관해 설명은 하고 있지만 나 자신이 그러한 경험을 해본 적이 거의 없기 때문에 이를 극복하고자 하는 사람들에게 도움이 될 만한 좋은 카운슬러는 못된다.

또 나는 트레이딩 심리학 전문가가 아니라는 사실도 고백하고자 한다. 이러한 이유 때문에 내가 비록 트레이더에게 중요한 심리적 요건 등을 언급하기는 했지만 그 범주를 벗어나는 수준의 개별적 조언 같은 것은 해주기 어렵다. 그나마 다행인 것은 트레이딩 심리학 분야를 연구한 사람들이 있어서 이들이 실제 트레이딩에서 고전하고 있는 사람들 개개인에게 특별한 조언을 해줄 수 있다는 점이다. 반 타프, 브렛 스틴바거Brett Steenbarger, 아리 키에프Ari Kiev, 마크 더글라스Mark Douglas 등이 쓴 책들이, 트레이딩에 방해가 되는 여러 가지 심리적 장애를 극복하는 데 도움이 될 것이다. 이 사람들이 쓴 책이나 논문, 문헌들을 찾아보기 바란다.

마지막으로 나는 본질적으로 추세추종자의 관점에서 논의를 전개했다. 그런데 데이 트레이딩과 스윙 트레이딩을 포함한 기타 유형의 트레이딩 스타일을 분석해본 결과 이 책에 소개한 각종 규칙들은 다른 유형의 트레이딩에도 얼마든지 적용할 수 있다는 사실을 알게 됐다. 내가 추세추종 시스템에 초점을 맞췄다고 해서 이것이 가장 좋은 트레이딩 시스템이라는 의미는 아니다. 각 트레이딩 시스템에 따라 지향해야 할, 혹은 지양해야 할 심리적 요소가 각기 다르다. 자신의 성격에 부합되는 트레이딩 스타일을 찾는 것이 중요하며 이에 대해서는 상술한 전문가들이 더 유익한 조언을 해줄 수 있을 것이다.

터틀 트레이딩의 교훈

1. 우위가 있는 트레이딩 : 장기적으로 수익을 낼 것으로 기대되는 트레이딩 전략을 찾아라.
2. 리스크 관리 : 지속적으로 트레이딩에 임할 수 있도록 리스크를 관리하라. 그렇지 않으면 수익을 낼 수 있도록 설계된 시스템의 장점을 누리지 못할 수도 있다.
3. 일관성 : 시스템의 기대치를 달성하려면 자신의 트레이딩 계획을 일관성 있게 실행하라.
4. 단순성 : 단순한 시스템이 복잡한 시스템보다 수명이 더 길다.

계획을 세워도 이를 실행하지 않으면 아무 소용이 없다는 사실을 명심하라. 정말로 트레이더로 성공하고 싶다면 이 첫 단추를 잘 끼워야 한다. 나는 그렇게 했고 그렇게 한 것을 후회해본 적이 없다.

WAY of the TURTLE

트레이더가 트레이딩에 임하는 자세나 사람들이 인생을 살아가는 자세나 그 본질은 같다고 본다. 즉, 모험을 하지 않으면 아무것도 얻지 못한다. 리스크는 적이 아니라 친구다. 그러니 리스크를 두려워하지 말라. 그리고 그 본질을 파악하여 리스크를 관리하라. 트레이딩을 하다 보면 수익의 기회도 있지만 손실이 날 때도 분명 있다. 자신의 판단이 잘못됐을지 모른다는 두려움 때문에 선뜻 행동에 나서지 못하는 트레이더는 성공하기 힘들다. 성공한 트레이더는 자신이 선택한 길을 가면서 혹시 닥칠지 모를 실패를 두려워하지 않는다. 실패 또한 인생의 일부이고 실패의 본질을 이해하는 것이야말로 성공과 학습의 필수 요건임을 잘 알고 있기 때문이다.

chapter 15

모두가 선택한 길
그리고 내가 선택한 길

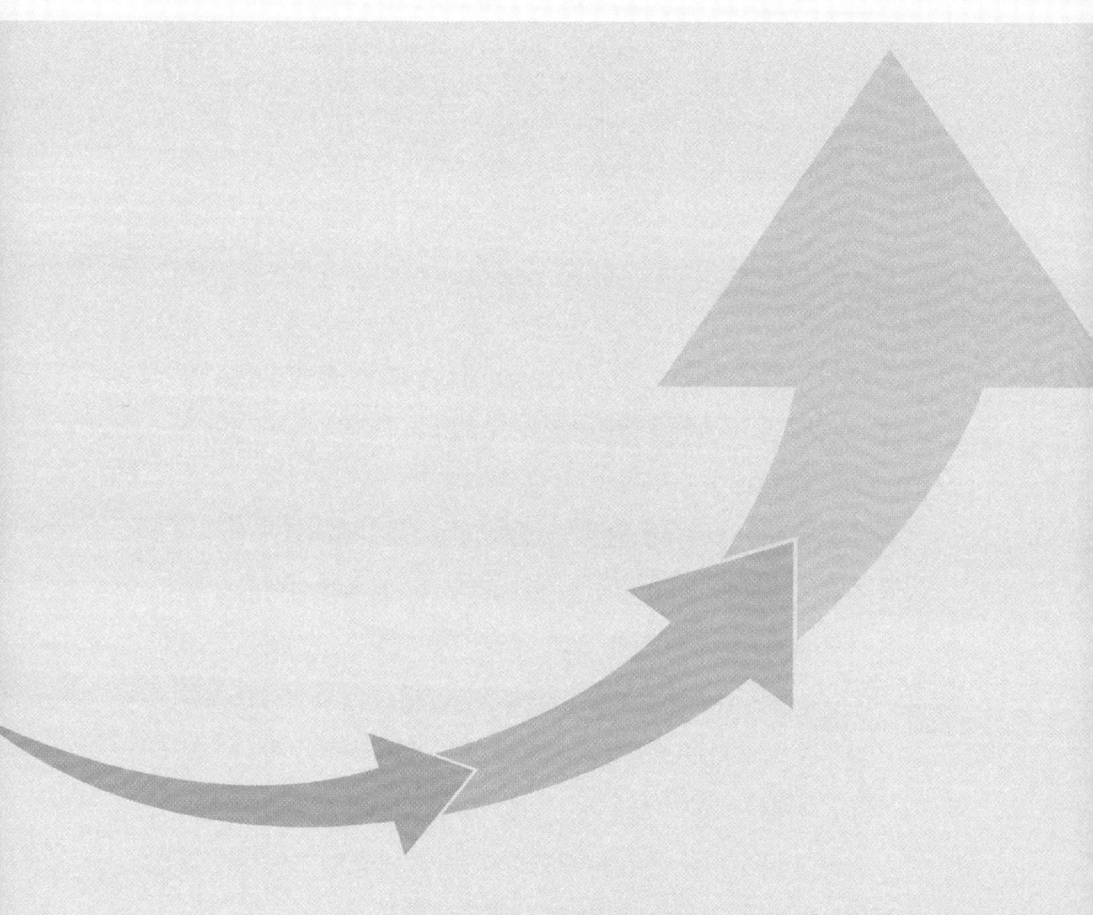

제15장
모두가 선택한 길 그리고 내가 선택한 길

나무 하나를 사이에 두고 길이 두 갈래로 갈려 있는데 나는 이 중에서 사람들이 많이 다니지 않는 길을 택했다. 그리고 이 선택은 내게 아주 많은 것을 안겨주었다 -로버트 프로스트

    지난 몇 개월 동안 나는 이전까지의 내용을 기술하는 데 정성을 들였다. 이것이 후기 부분과 자연스럽게 연결되기 때문이다. 여기가 내가 가장 공을 들인 부분이다.

    일단 트레이딩의 세계에 발을 들여놓으면 트레이더(터틀)의 철학이 인생의 나머지 부분을 지배하게 된다. 트레이딩 경험이 쌓이면서 인지적 편향의 존재를 인식하게 되고 실제 시장 자료를 반영하는 쪽으로 사고방식을 바꿔나가는 과정이 반복되다 보면 어느새 이러한 지향점이 자신의 삶의 다른 부분에도 영향을 미치기 시작한다. 성공한 트레이더가 실패한 트레이더와 다른 점이 있다. 성공한 트레이더는 남과 달라지는 것을 전혀 두려워하지 않으며 모든 이들이 하는 행동과는 다른 어떤 일을 하면서 자신만의 길을 찾아간다.

🌀 열아홉에 백만장자의 꿈을 가졌다

　내가 트레이더가 되기로 결심한 것은 열아홉 살 때였다. 나는 성공에 대한 확신이 있었고 그래서 친한 친구들에게 스물한 살이 되면 백만장자가 돼 있을 것이라고 호언장담을 했다. 사실 이것은 허풍이라기보다는 트레이더로 성공하겠다는 목표와 기대감이 그만큼 컸다는 의미가 더 강하다. 트레이딩은 나에게는 전혀 새로운 세계였고 그런 만큼 여기에 완전히 매혹돼버렸다. 본격적으로 트레이딩에 나서게 되면 학업을 중도에 포기해야 했다. 그런데도 나는 이에 굴하지 않았다. 대학을 나오지 않은 나의 부친은 학업을 계속해야 한다는 입장이었기 때문에 나의 결정을 탐탁해하지 않으셨다. 하지만 나는 개인주의자였고 내 의견을 말하는 데 주저하지 않았으며 권위에 맹목적으로 복종하는 취향도 아니었다. 그래서 다른 사람들이 어떻게 생각하는지에 대해서는 별로 신경을 쓰지 않았고 이것이 나에게는 옳은 결정이라는 것을 알고 있었다. 때로는 이처럼 과도한 독립성과 솔직성 때문에 곤경에 처하기도 했고 특히나 나의 모친이 골머리를 썩기도 했지만 나로서는 내 성격이 마음에 들었다.

　대부분의 사람들이 그런 것처럼 내가 트레이더가 되는 것을 포기했다면 어떻게 됐을지 정확하게 말하기는 어렵다. 그렇지만 만약 그랬다면 십중팔구 리처드 데니스가 낸 터틀 훈련생 모집 광고를 그냥 흘려보냈을 것이다.

　트레이더가 트레이딩에 임하는 자세나 사람들이 인생을 살아가는 자세나 그 본질은 같다고 본다. 즉, 모험을 하지 않으면 아무것도 얻지 못한다. 리스크는 적이 아니라 친구다. 그러니 리스크를 두려워하지 말라. 그리고 그 본질을 파악하여 리스크를 관리하라. 트레이딩을 하다 보면 수익의 기회도 있지만 손실이 날 때도 분명 있다. 자신의 판단이 잘못됐을지 모른다는 두려움 때문에 선뜻 행동에 나서지 못하는 트레이더는 성공하기 힘들다. 성공한 트레이더는 자신이 선택한 길을 가면서 혹시 닥칠지 모를 실패를 두려워하지 않는다. 실패 또한 인생의 일부이고 실패의 본질을 이해하는 것이야말로 성공과 학습의 필수 요건임을 잘 알고 있기 때문이다.

나는 항상 극단의 도전을 즐겼고 대다수 사람들이 어리석다, 비현실적이다, 불가능하다고 생각하는 것들을 하려고 했다. 나는 다른 사람들이 장애물이라고 판단한 것에서 가능성을 보았고 그래서 그 가능성을 실현하기 위해 노력했다. 실패도 수없이 했지만 실패의 경험을 통해 새로운 것을 알게 됐고 결국 그것이 성공의 발판이 됐다.

사람들이 나에게 목표가 무엇이냐고 물으면 '세상을 더 살기 좋은 곳으로 만드는 것'이라고 대답할 것이다. 세상을 더 좋은 곳으로 만드는 힘은 바로 우리 모두에게 있다고 생각한다. 이것이야말로 참으로 가치 있는 목표가 아닐는지. 지금까지 트레이딩 하나만을 고집하면서 다른 새로운 것에 도전하지 않았다면 지금쯤 더 큰 부자가 돼 있을 것이고 더 크게 성공을 했을 것이다. 터틀 가운데 이 길을 택한 사람도 있다. 그래서 지금은 성공한 헤지펀드 매니저로서 수억 혹은 수십억 달러 규모의 자산을 운용하며 성공가도를 달리는 사람도 적지 않다. 또 내가 소프트웨어 산업의 특정 틈새시장만을 계속 공략했다면 지금쯤 더 큰 성공을 거뒀을 것이다. 적어도 일반인들이 말하는 성공 잣대에 의하면 말이다.

그런데 나는 다른 사람들이 나의 성공 여부에 대해 어떤 판단을 내릴지에 관해 전혀 관심이 없다. 내 인생의 마지막에 이르러, 세상에 태어나 뭔가를 이뤘는지 삶을 멋지게 마음을 다해 살아왔는지 등을 생각할 사람은 그들이 아니고 바로 나이기 때문이다.

시도하지 않으면 성공은 절대 불가능하다

나의 오랜 친구들은 내가 일종의 '중년의 위기'를 겪고 있다고 생각한다. 이들의 눈에 나는 무책임하고 너무 자유롭게 지내는 것처럼 보일지도 모르겠다. 자신의 인생을 돌아본 후 이제 더 이상은 사회와 언론이 정해놓은 성공 잣대에 맞춰 살아가지 않겠다고 결정하는 것을 중년의 위기라고 한다면 그 말이 맞다. 이런 의미의 중년의 위기를 겪어보지 못한 사람이 있다면 한번 이 위기에 빠져보라고 강력히 권하고 싶다.

나는 공허한 목표를 추구하다 자기 자신을 잃고 만 사람을 여럿 봤다. 이들은 부모와 선생님을 기쁘게 해주기 위해, 좋은 직장을 구하기 위해, 돈을 많이 벌기 위해 등등의 이유로 자신이 선택한 길이 아니라 타인이 정해놓은 길을 따라갔다. 빠르게는 초등학교 때부터 정해진 길을 가는 사람도 있고 대학에 들어가면서 뒤늦게 그 길을 따라가는 사람도 있다. 개중에는 사회에 첫 발을 내딛고 처음 책임이라는 것을 짊어지기 시작하면서 들어서는 사람도 있다. 그런데 그 길은 대개 자신이 꿈꿔왔던 것 그리고 자신이 되고자 했던 것과는 전혀 다른 쪽으로 사람들을 안내한다. 사람들은 자신에게 선택권이 있다는 사실을 간과한다. 언제든 다른 것을 하기로 결정할 수 있다. 지금 가고 있는 그 길에서 벗어나 세상과 자기 자신을 되돌아볼 수 있다.

기업 차원에서 보면 '이런 정해진 길'에 해당하는 단어가 바로 경력 트랙career track이다. 이 트랙은 철도 노선과 유사한 측면이 있다. 열차를 몰고 가는 기관사는 정작 노선을 결정할 수 없고 이를 결정하는 것은 철도 노선을 설계하고 제어하는 사람들이다. 나는 이런 현상에 대해 고민하게 되면서 대다수 사람들이 자신의 꿈을 좇지 않는 이유가 실패를 두려워하기 때문이라는 생각이 갑자기 들었다. 이들은 스스로 길을 개척하며 앞으로 나아가는 것보다는 이미 정해져 있는 길을 따라가는 것이 더 좋다고 믿는다.

물론 처음부터 의식적으로 이러한 결정을 내린 것이라고 보지는 않는다. 다만 필요한 행동(예: 그 길에서 벗어나려는 행동)을 하지 않았을 뿐이다. 자기 자신에게 "평소에 아주 싫어했던 회사에 들어가 따분하기 이를 데 없는 일을 하는 것이 정말 좋아"라고 말하는 사람은 아무도 없을 것이다. 그저 어쩌다 보니 그 길을 가고 있는 것뿐이다.

사람들은 그러한 사실도 깨닫지 못한 채 트랙에 올라선 것이다. 일단 트랙에 올라선 후에는 의식적으로 노력을 하지 않으면 그 트랙에서 내려설 수가 없다. 의식적인 노력이 따르지 않는다면 결국 트랙의 종착역에 다다를 것이고, 종착역은 분명 자신이 애초에 원했던 목적지는 아닐 것이다. 처음부터 의식적으로 트랙에 올라선 것이 아니기 때문에 자신의 꿈과는 한참 차이가 나는 곳에 당도하게 될 터인데, 사실 당도하기 전까지는 자신이 트랙 위에 있다는 사실조차 깨닫지 못한다.

　객관적인 현실 자체보다는 불가능하다는 생각이 실패를 부른다. 요컨대 실패의 원인은 객관적 현실에 있는 것이 아니라 불가능하다는 생각 자체에 있는 것이다. 성공하지 못할 것이라는 생각 때문에 적극적인 행동을 하지 않는 것은 성공으로 가는 길목에 두꺼운 장벽을 치는 것이나 다름이 없다. 이 장벽은 냉혹하다고 느끼는 그 현실보다 훨씬 극복하기가 어렵다. 도전을 하면 실패를 할 수도 있지만 성공을 할 수도 있다. 하지만 아무것도 시도하지 않는다면 성공은 절대 불가능하다.

학습에는 실패가 필요하다

　실패도 그렇게 나쁜 것만은 아니다. 달라이 라마는 친구와 가족보다 적敵이 우리에게 가르쳐주는 것이 더 많기 때문에 적에게 감사해야 한다고 말했다. 실패는 바로 이런 적과 같으며 이런 의미에서 그 위력이 대단하다고 하겠다. 나는 실패도 여러 번 해봤고 다양한 분야에 도전도 해봤기 때문에 이와 같은 사실을 너무도 잘 알고 있다. 투기 분야에서 엄청난 성공을 거두기도 했다. 실패를 두려워하지 않고 기꺼이 리스크를 감수하려는 마음가짐이 없었다면 불가능한 일이었다.

　더 나아가 나는 성공보다는 실수와 실패를 통해 얻은 것이 더 많다고 생각한다. 실패를 두려워하면 학습은 일어나지 않을 것이며 따라서 아무것도 배울 수 없다. 내가 실패를 감수하고자 했던 이유가 바로 여기에 있다. 실패를 통해 새로운 사실을 배우는 것이 좋았다. 학습에는 실패가 필요하다. 실수나 실패를 감수하려 하지 않는다면 아무것도 배우지 못한다.

대다수 사람들은 나이가 들어갈수록 대뇌에 변화가 생기기 때문에 학습이 더 어려워진다고 생각한다. 그러면서 어린아이를 예로 든다. 어른들은 새로운 언어를 배우기가 참 힘이 드는 반면 아이들은 언어 습득 능력이 매우 뛰어나다고 주장하면서 말이다. 그런데 나의 생각으로는 어린이들이 새로운 언어를 쉽게 배우는 것은 단지 어려서가 아니라 다른 사람들에게 놀림감이 될까 봐 걱정하는 일이 없기 때문이다. 어른들을 한번 보라. 발음이나 문법이 틀릴까 봐 전전긍긍하다 정말 틀리면 굉장히 부끄러워하지 않는가.

나는 최근에 아르헨티나의 수도 부에노스아이레스에 간 적이 있는데 여기서 스페인어를 배우고 있는 사람들과 친하게 지냈다. 이들은 나이도 천차만별이고 국적도 다양했다. 그런데 한 가지 흥미로운 사실은 전에 스페인어를 접한 경험이 전혀 없는데도 몇 개월 혹은 몇 주일 만에 기초 수준의 대화가 가능한 사람들이 있었다는 점이다. 반면에 학교에서 오랫동안 스페인어를 공부했지만 몇 주에 걸친 집중 학습 과정이 다 끝난 후에도 대화가 불가능한 사람도 꽤 있었다.

이처럼 언어 학습 능력에 개인차가 나타나는 이유는 실수를 하지 않을까 혹은 발음이 우스꽝스럽지는 않을까 등에 대한 두려움의 정도에 차이가 있기 때문이다. 그런데 발음이 이상하든 말든 신경 쓰지 않은 채 대화에 임하려고 하는 사람들이 있다. 이들은 외국어를 배우는 사람들은 누구나 실수를 하게 마련이고 이것도 다 언어 학습 과정의 일부라는 사실을 잘 알고 있다. 그래서 실수를 두려워하지 않고 경험을 통해 실력이 향상되는 것을 즐긴다. 자신이 한 말을 듣고 상대방이 대체 무슨 소리냐는 표정으로 멍하니 바라볼 때마다 여기서 배우는 것이 있다. 또 식당에서 주문을 했는데 원래 생각하고 있던 음식이 아니라 엉뚱한 것이 나올 때에도 배우는 것이 있다. 이러한 부류에 속하는 학생들은 실수를 통해 학습하는 데 능하기 때문에 새로운 언어를 유창하게 구사할 수 있고 생활 무대가 바로 언어 연습의 장이니만큼 실력이 하루가 다르게 늘어갈 것이다.

● 길을 잘못 들었다는 생각이 든다면

길을 잘못 들었다는 생각이 든다면, 다시 말해 원치 않았던 곳으로 가는 트랙에 들어섰다는 생각이 든다면 매몰비용 효과 부분을 떠올려 보도록 하자. 현재 위치에 오르기까지 얼마나 많은 시간이 걸렸는지 지금 같은 관계를 형성하는 데 얼마나 많은 노력을 기울였는지 등은 생각하지 말라. 그것이 아까워서 경로를 변경하길 망설인다면 당신은 이후 더 많은 비용, 당신의 인생이라는 비용을 들여야 할지 모른다.

트레이딩에서도 마찬가지다. 길을 잘못 들었다는 생각이 든다면 서둘러 진로를 변경해야 한다. 그러기 위해서는 현실을 직시하는 것부터 배워야 한다. 트레이딩의 성과가 저조할 것 같은 시장 징후가 나타났다면 상황에 변화가 생기기를 기대하거나 현실은 다를 것이라고 애써 자위해야 할 시점이 아니라 포지션을 청산해야 할 시점이다.

우리가 무엇을 원하든 간에 현실은 변하지 않는 법이다. 터틀은 현실을 회피하기보다는 수용하는 쪽을 택한다. 현실을 인정해야만 원했던 혹은 기대했던 대로 상황이 전개되지 않는다는 사실을 알게 됐을 때 방향 전환을 하기가 더 쉽다. 우리 터틀은 불평을 하지 않고 걱정도 하지 않으며 기대도 하지 않는다. 단지 새로운 현실 인식에 따라 이에 적합한 행동을 할 뿐이다.

돈과 꿈에 대해 생각한다

돈에 너무 집착하지 않으면 더 쉽게 돈을 벌 수 있다. 트레이더의 경우는 더욱 그러하다. 한 트레이딩에서 큰 수익을 내겠다며 포지션 규모를 키웠던 동료가 있었다. 그런데 그 시장에서 급격한 가격 변동이 일어나면서 투자 자본에 엄청난 타격을 입게 됐다. 나는 그때 막 휴가를 끝내고 출근을 한 시점이었다. 그런데 이 친구가 전화기를 집어던져 박살을 내는 장면을 보게 됐다. 가격 변동이 영 불리하게 전개되자 화가 난 것이었다.

이런 상황이니 이 동료가 트레이딩 시스템을 실행하는 것에 문제가 생기는 것도 어찌 보면 당연한 일이었다. 나의 생각으로는 큰 수익을 내야 한다는 강박관념이 시스템을 일관성 있게 운용하는 것을 방해했다고 본다. 나는 적어도 돈에 크게 구애받지 않았기 때문에 어느 정도의 성공을 거둘 수 있었다. 돈보다는 트레이딩 행위 자체에 더 신경을 썼다. 데니스가 나의 트레이딩을 어떻게 평가하는지에 신경을 썼을 뿐 계정의 일일 손익 상태에 대해서는 신경 쓰지 않았다.

돈은 어떤 일을 하는 데 필요한 도구이자 수단일 뿐이다. 매우 유용한 것이기는 하지만 그 자체가 목적이 될 수는 없다. 돈이 많다고 더 행복해지는 것도 아니다. 돈에 관한 한 천국과 지옥을 다 경험해봤던 만큼 나는 그 누구보다도 이러한 사실을 잘 알고 있다.

내가 서른세 살 때였다. 창업하여 상장을 마친 내 회사의 주식 가격이 급락했다. 이 때문에 나의 유동자산이 하루아침에 바닥이 나버렸다. 당시 이혼을 한 지 얼마 안 되었던 때라 회사 주식 외에 다른 자산이 없었다. 이혼할 때 집도 아내에게 주었다.

내가 창업한 회사이기는 하지만 주식만 보유하고 있을 뿐 경영에서는 손을 뗀 상태였다. 그렇기 때문에 나는 이 회사에 관한 한 투자자가 아니라 트레이더의 입장이었다. 주가가 계속 하락하고 있을 때 트레이더로서 할 수 있는 최선책은 해당 주식을 매도하는 것뿐이다. 그런데 안타깝게도 이 주식이 거래되는 시장은 이른바 엷은 시장이었고 시장 조성자의 수준도 최상급은 아니었다. 더구나 내가 보유한 주식의 양이 너무 많아서 생각 없이 매도했다가는 주가가 '0'에 가까운 수준으로 급락할 위험성까지 있었다. 그래서 주가 급락을 막기 위해 수개월 동안 몇 주의 시차를 두고 한 번에 1만 주에서 2만 주씩 매도했다.

당시 나는 또 다른 창업사를 운영 중이었다. 창업 자금과 생활비는 이 주식을 팔아 마련한 돈으로 충당했었다. 그런데 주가가 폭락하여 이제는 그마저도 어렵게 됐다. 전에는 주식 매각 대금으로 수년간의 경비를 충당할 수 있었는데 이제는 두 달치 경비도 매우기 어려운 상황이 돼버렸다. 결국 돈을 벌 수 있는 다른 방법을 찾아야만 했다. 새로운 일자리를 구해야 한다는 의미였다. 그런데 나는 터틀 시절 이후로 다른 회사에 들어가 일을 해본 적이 없었다. 사실 리처드 데니스 밑에서 일한 것과 고등학교와 대학 시절 프로그래밍 일을 한 것 이외에 남의 밑에서 일해본 적이 없었다. 재미있을 것 같은 일자리를 찾아 몇 개월을 허비한 끝에 소규모 신생 인터넷 회사에 마케팅 프로젝트 담당 컨설턴트로 들어갔다. 당시에는 그야말로 현금이 바닥이 난 상태였고 첫 월급을 받기 전까지는 당시 머물고 있던 호텔의 숙박비를 지불하기도 빠듯한 형편이었다.

이런 상태를 보고 비참하다고 말하는 사람도 있겠지만 내 생각은 달랐다. 인생의 묘미와 참맛을 느끼게 해주는 진정 가치 있는 것들은 생활환경이나 조건의 변화에 크게 영향을 받지 않는다. 나는 친구들과 어울려 점심이나 저녁식사를 하고, 재미있는 사람들과 모여 토론을 하고, 마음 맞는 사람들끼리 새로운 일에 도전해보는 것에 관해 이야기를 나누는 것을 좋아한다. 사실 이런 일을 하는 데는 그렇게 많은 돈이 필요치 않으며 전에 있었던 타호 호나 리노에서보다 실리콘 밸리에 있는 이 작은 회사에 있을 때 이런 일을 하기가 더 쉬웠다. 내가 정말 좋아하는 일들을 할 수 있었기 때문에 이때가 수백만 달러를 갖고 있었던 예전만큼이나 아니 그보다 훨씬 더 즐겁고 행복했다.

나 스스로 곤궁한 상태를 경험해봤기 때문에 돈이 많지 않은 사람들을 이해할 수 있었고 가난이 무엇인지도 알게 됐다. 지금은 배가 고플 때 먹을 수 없다는 것이 어떤 것인지 또 하루 벌어 하루를 살아간다는 것이 어떤 것인지 잘 알고 있다.

그리고 이 기간 동안 새로운 사업이나 기업 운영에 대해 많은 것을 배웠다. 그전에는 이러한 부분들을 제대로 이해하지 못했다. 다른 사람 밑에서 일해본 경험이 없다는 것은 매우 불리한 조건이었다. 다른 사람의 관리를 받는 것이 어떤 것인지 모르는 사람은 다른 사람을 제대로 관리하지도 못한다. 작은 인터넷 회사에 컨설턴트로 입사한 나는 그 회사의 말단 직원에 불과했다. 직속 부하도 없었고 직원들에게 주어지는 특전은 쥐꼬리만큼도 받지 못했다. 실권도 없었다. 오로지 스스로의 영향력으로 이 상황을 이겨나가고 변화를 일으켜야만 했다. 나로서는 상당히 불리한 상황에 처해 있었던 것이 사실이지만 오히려 이런 불리함이 설득의 기술을 연마하는 데 도움이 됐다. 사람들이 나의 주장에 수긍하기 시작하면서부터 나의 위상에도 서서히 변화가 생겼다. 실권 없이 어떤 변화를 이루어낸다는 자체가 상당한 도전이기 때문에 그 도전이 소기의 성과를 나타내자 기쁨도 훨씬 컸다.

다른 사람들의 눈에 비참해 보였을 이 기간 동안에 내가 배웠던 교훈과 기술은 말로 헤아릴 수 없을 정도로 값진 것이며 앞으로의 삶을 살아가는 데도 계속해서 큰 도움이 돼줄 것이라 믿는다. 나는 많은 사람들이 두려워하는 것들을 경험했다. 그것들은 나 역시 두려워했던 대상이었다. 그런데 직접 겪어보니 대부분의 경우 실상은 그렇게 두려워할 만한 것들이 아니었다.

나는 당신에게 꿈을 좇으라고 말하고 싶다. 설사 중도에 포기하는 한이 있더라도 꿈을 좇는 것은 분명 가치 있는 일이다. 뭔가에 도전했다가 실패했다면 그 실패에서 교훈을 얻고 다시 한번 도전을 해보라.

그렇게 계속 도전을 하다 보면 어느 새 자신이 세웠던 목표에 한층 가까이 다가가게 되거나 그보다 훨씬 더 중요한 다른 목표를 발견하게 될 것이다.

bonus chapter

부록

오리지널 터틀의
트레이딩 규칙

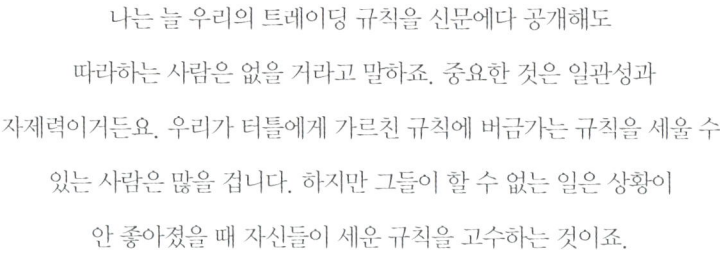

부록: 오리지널 터틀의 트레이딩 규칙

나는 늘 우리의 트레이딩 규칙을 신문에다 공개해도
따라하는 사람은 없을 거라고 말하죠. 중요한 것은 일관성과
자제력이거든요. 우리가 터틀에게 가르친 규칙에 버금가는 규칙을 세울 수
있는 사람은 많을 겁니다. 하지만 그들이 할 수 없는 일은 상황이
안 좋아졌을 때 자신들이 세운 규칙을 고수하는 것이죠.
― 리처드 데니스, 잭 슈웨거의 『시장의 마법사들Market Wizards』에 인용된 부분 ―

● 완벽한 트레이딩 시스템이 결정해야 하는 사항들

성공한 트레이더들 대다수는 기계적 트레이딩 시스템을 사용하는데 이는 결코 우연이 아니다. 훌륭한 기계적 트레이딩 시스템은 트레이딩의 전 과정을 자동화함으로써 트레이더가 트레이딩 과정에서 어떤 결정을 내려야 할 때마다 이에 대한 적절한 해답을 제시해준다. 기계적 트레이딩 시스템은 무엇을 해야 하는지를 규정하는 규칙들로 구성돼 있기 때문에 일관성을 가지고 트레이딩에 임하기가 훨씬 수월해진다. 또한 트레이더 자신의 판단에만 의존해야 할 때 느끼게 될 부담감에서 벗어날 수 있다.

자신이 사용하고 있는 시스템이 장기간 수익을 내고 있다는 사실을 안다면 이익이나 손실 신호를 포착하기가 더 쉽고 시장 상황이 좋지 않은 동안에도 그 시스템에 따라 일관성 있게 트레이딩에 임할 수가 있다. 자신의 판단에만 의존해야 하는 경우에는 언제 과감하게 행동해야 하는지 또 언제 신중하게 행동하는지에 관해 갈피를 잡기가 힘들어진다. 그러나 기계적 트레이딩 시스템을 꾸준히 따르고 있는 경우라면 연속적으로 손실이 날 때 혹은 연속적으로 수익이 날 때 감정적 동요가 일어나더라도 이에 관계없이 일관성 있게 트레이딩에 임할 수 있다. 철저히 검증된 기계적 시스템만이 제공할 수 있는 신뢰감에 트레이더 자신의 일관성, 자제심이 더해질 때 비로소 성공 트레이딩을 할 수 있다.

터틀 트레이딩 시스템은 완벽한 기계적 트레이딩 시스템이다. 이 시스템의 규칙은 트레이딩 전반을 아우르고 있고 트레이더의 주관적 결정이나 판단을 허용하지 않는다. 터틀 시스템은 완벽한 트레이딩 시스템이 갖춰야 할 모든 요소를 포함하고 있다. 즉, 성공적인 트레이딩에 필요한 결정 사항이 이 시스템 안에 망라돼 있다. 여기에 포함되는 결정 사항이란 다음과 같다.

- **시장** 무엇을 사고, 팔 것인가
- **포지션 크기 결정** 얼마나 사고, 팔 것인가
- **시장 진입** 언제 사고, 팔 것인가
- **손실제한** 언제 손실 포지션을 청산할 것인가
- **청산** 언제 이익 포지션을 청산할 것인가
- **전술** 어떻게 사고, 팔 것인가

시장 : 무엇을 사고, 팔 것인가

가장 먼저 결정해야 할 것이 무엇을 사고, 팔 것인가이다. 특히 어떤 시장에서 트레이딩을 할 것인지를 결정해야 한다. 트레이딩을 할 시장의 수가 너무 적으면 다양한 시장에서 형성되는 추세를 이용할 기회가 그만큼 줄어든다. 다만 거래량이 너무 적거나 추세가 충분히 형성되지 않은 시장은 피하는 것이 좋다.

포지션 크기 결정 : 얼마나 사고, 팔 것인가

트레이딩의 크기를 정하는 것 역시 매우 기본적인 결정 사항인데도 불구하고 대충 넘겨버리는 트레이더들이 의외로 많다. 포지션의 크기는 분산과 자금 관리 모두에 영향을 미친다. 분산은 다수 금융 상품에 리스크를 분산시켜 성공 트레이딩의 기회를 늘림으로써 수익을 증가시키고자 하는 방법이다. 각기 다른 여러 가지 금융 상품에 대한 포지션의 크기를 비슷하게(완전히 동일하지는 않더라도) 유지할 때 분산이 적절히 이루어졌다고 할 수 있다. 자금 관리는 좋은 추세가 형성되기 전에 투자 자금이 고갈되지 않도록 너무 많은 자금을 베팅하지 않음으로써 투자의 리스크를 관리하는 것을 말한다.

어떤 의미에서 보면 얼마나 사고, 팔 것인지를 결정하는 것이야말로 트레이딩에서 가장 중요한 결정 사항이다. 초보 트레이더 중에는 아주 좋은 트레이딩 시스템을 사용하면서도 포지션 크기를 너무 크게 잡는 바람에 자금이 고갈될 위험에 직면하는 이들이 꽤 많다.

시장 진입 : 언제 사고, 팔 것인가

언제 사고 언제 팔 것인가, 즉 어느 시점에 롱 포지션을 취하고 어느 시점에 숏 포지션을 취할 것인지를 정하는 것을 진입 결정이라고 한다. 자동화된 시스템에는 매수 혹은 공매도를 해야 할 가격 및 시장 조건이 정확히 규정돼 있어 적합한 시점에 진입 신호가 발효된다.

손실제한 : 언제 손실 포지션을 청산할 것인가

장기적으로 볼 때 손절매에 능하지 않은 트레이더는 성공하기 어렵다. 이와 관련한 가장 중요한 사항은 시장에 진입하기 전에 손절 가격을 먼저 정해두어야 한다는 것이다.

청산 : 언제 이익 포지션을 청산할 것인가

완벽한 시스템이라는 선전하에 판매되는 '트레이딩 시스템' 중에 이익 포지션 청산에 관한 설명이 없는 것이 꽤 많다. 하지만 언제 이익 포지션을 청산할 것인가를 결정하는 것이야말로 시스템의 수익성을 높이는 데 무척 중요한 요소가 된다. 그러므로 이익 포지션의 청산에 관한 부분이 없는 시스템은 완벽한 시스템이라고 하기 어렵다.

전술 : 어떻게 사고 ,팔 것인가

일단 진입 혹은 청산의 신호가 나타났다면 그 이후에는 신호에 따른 행동을 구체적으로 어떻게 할 것인지를 결정해야 한다. 투자 자금의 규모가 큰 경우에는 특히 더 그러하다. 자금의 규모가 크면 포지션을 취하거나 청산하는 행위가 불리한 가격 변동을 일으키거나 과도한 시장 충격을 야기할 수도 있기 때문이다.

일관성 있는 트레이딩을 통해 수익을 낼 수 있는 가장 좋은 방법은 기계적 시스템을 사용하는 것이다. 자신이 사용하고 있는 시스템이 장기간 수익을 내고 있다는 사실을 본인이 알고 있으면 시장 신호를 포착하기가 쉽고 또 손실이 발생하는 기간 동안에도 해당 시스템을 믿고 따르기가 더 쉬워진다. 앞에서도 잠깐 언급한 바와 같이 트레이딩을 할 때 트레이더 자신의 판단에만 의존해야 하는 경우에는 과감하게 행동할 때와 신중하게 행동할 때를 결정하는 것이 부담스러워 선뜻 결정을 내리지 못할 수가 있다.

그러나 수익을 내고 있는 기계적 시스템이 있다면 이 시스템을 철저히 따르는 것만으로 수익을 낼 수 있다. 연속적으로 손실이 날 때 혹은 연속적으로 수익이 날 때에도 감정적으로 동요하지 않고 일관성 있게 트레이딩에 임할 수 있게 된다.

터틀이 사용한 트레이딩 시스템은 완벽한 시스템이고 이 시스템이야말로 터틀이 성공할 수 있었던 결정적 요소였다. 터틀 시스템은 중요한 결정 사항을 트레이더에게 맡기지 않았기 때문에 일관성 있는 트레이딩 그리고 성공적인 트레이딩을 하는 데 도움이 됐다.

🐢 시장 : 터틀이 선택한 시장

　터틀은 선물 트레이더다. 물론 당시에는 선물 트레이더보다는 상품 트레이더가 더 일반적인 이름이었지만 말이다. 우리는 당시 가장 성했던 미국 상품거래소의 선물계약을 트레이딩 대상으로 삼았다. 터틀의 트레이딩 규모가 수백만 달러에 달했기 때문에 하루에 거래되는 계약의 수가 수백 개밖에 되지 않는 시장에서는 트레이딩을 할 수 없었다. 주문 규모가 워낙 커서 심한 가격 변동을 일으킬 수 있기 때문에 소규모 시장에서는 포지션을 취하거나 청산할 때 대량 손실을 감수해야만 한다. 그래서 터틀은 유동성이 가장 좋은 시장에서만 트레이딩을 했다. 사실 유동성은 리처드 데니스가 시장을 선택할 때 가장 중요시했던 선택 기준이었다.

　원칙적으로 터틀은 유동성이 높은 미국 시장이라면 어느 곳에서나 트레이딩을 했지만 곡물과 육류는 제외했다. 곡물은 데니스가 이미 자신의 계정으로 거래소 포지션 한도가 꽉 차게 트레이딩하고 있었기 때문에 터틀이 트레이딩에 임할 여지가 없었다. 육류를 트레이딩하지 않은 이유는 피트(트레이딩소)에서 활동하는 장내 트레이더들이 부정을 저지르고 있다는 의혹이 있었기 때문이다. 터틀이 해산되고 나서 몇 년이 지난 후 FBI가 시카고 육류 피트를 대상으로 수사를 벌였고, 그 결과 가격 조작 및 기타 부정 혐의로 수많은 트레이더가 기소됐다.

　터틀이 트레이딩 대상으로 삼았던 시장을 나열하면 다음과 같다.

시카고상품거래소(CBOT)
- 30년 만기 미 재무부채권
- 10년 만기 미 재무부채권

뉴욕 커피, 설탕, 코코아 선물거래소(CSCE)
- 커피
- 코코아
- 설탕
- 면화

시카고상업거래소(CME)
- 스위스 프랑
- 독일 마르크
- 영국 파운드
- 프랑스 프랑
- 일본 엔
- 캐나다 달러
- S&P500 주가지수
- 유로달러
- 90일 만기 미 재무부채권

뉴욕상품거래소(COMEX)
- 금
- 은
- 구리

뉴욕상업거래소(NYMEX)
- 원유
- 난방유
- 무연 휘발유

터틀에게는 이상의 시장 목록 가운데 특정 시장을 제외할 수 있는 재량권이 부여됐다. 하지만 일단 트레이딩을 하지 않기로 결정을 한 경우에는 그 시장에서는 절대 트레이딩을 할 수가 없다. 하나의 시장을 트레이딩 대상으로 했다 말았다 하는 식의 일관성 없는 행동은 허용되지 않는다.

포지션 크기 결정

터틀은 당시로서는 최첨단에 해당하는 알고리즘을 사용하여 포지션 크기를 결정했다. 해당 시장의 달러 가치 변동성을 기준으로 포지션의 크기를 조정하는 방법이었다. 이 경우 해당 시장의 기초 가격 변동성과는 관계없이 특정일의 달러 가치가 상승했느냐 하락했느냐에 따라 포지션의 크기가 증가하거나 감소된다. 달러 가치의 변동성이 큰 시장에서의 1계약이 변동성이 적은 시장에서의 다수 계약에 버금 가는 경우도 있다.

이처럼 변동성 개념을 표준화하는 것이 매우 중요한데 달러 가치를 기준으로 하는 이유는 각기 다른 시장에서 이루어지는 각각의 트레이딩에서 발생하는 손실과 이익의 규모를 동일하게 하기 위해서다. 변동성의 표준화 작업은 트레이딩의 분산 효율성을 높여준다.

특정 시장의 가격 변동성이 상대적으로 낮은 경우 해당 상품의 트레이딩 계약 수를 더 늘리면 되므로 유의미한 추세가 형성됐을 때 큰 수익을 낼 수 있다.

가격 변동성 : N의 의미

터틀은 N이라는 개념을 사용하여 특정 시장의 기초 가격 변동성을 나타냈다. N은 리처드 데니스와 빌 에크하르트가 고안한 개념이다. 간단히 말해 20일 지수이동평균값을 의미한다(앞서 언급했듯이 지금은 ATR로 더 잘 알려져 있다). 개념적으로 N은 특정 시장의 일일 평균 가격 변동폭을 나타내며 기초 계약과 동일한 포인트로 측정된다.

∷ 일일 가격 변동폭을 구하는 공식은 다음과 같다.

> 가격 변동폭 = 최대값(H−L, H−PDC, PDC−L)
> (H = 금일 고가, L = 금일 저가, PDC = 전일 종가)

∷ N을 구하는 공식은 다음과 같다.

$$N = \frac{19 \times PDN \times TR}{20}$$

(PDN=전일의 N, TR=금일의 가격 변동폭)
※ 이 공식을 이용하려면
전일의 N값이 필요하므로 일단은 20일 평균 가격 변동폭부터 구해야 한다.

달러 가치 변동성 조정

포지션 크기를 결정하는 첫 번째 단계는 달러 가치의 변동성을 결정하는 것이다. 여기서 달러 가치의 변동성은 특정 시장의 기초 가격 변동성(N으로 정의됨)을 나타낸다. 뭔가 상당히 복잡하다는 생각이 들 것이다. 그렇지만 이것은 아래와 같은 간단한 공식으로 구할 수 있다.

달러 가치 변동성 = N × 포인트당 달러 가치

가격 변동성이 조정된 후의 포지션 단위

터틀은 단위별로 포지션을 구성했다. 단위의 크기는 1N이 총 자본 계정의 1%가 되도록 결정한다.

따라서 특정 시장이나 상품의 단위 크기는 아래 공식을 이용하여 구할 수 있다.

$$단위\ 크기 = \frac{계정의\ 1\%}{시장의\ 달러가치변동성}$$

혹은

$$\text{단위 크기} = \frac{\text{계정의 1\%}}{N \times \text{포인트당달러가치}}$$

다음에 몇 가지 예를 들어보았다.

날짜	고가	저가	종가	가격변동	N
11/1/2002	0.7220	0.7124	0.7124	0.0096	0.0134
11/4/2002	0.7170	0.7073	0.7073	0.0097	0.0132
11/5/2002	0.7099	0.6923	0.6923	0.0176	0.0134
11/6/2002	0.6930	0.6800	0.6838	0.0130	0.0134
11/7/2002	0.6960	0.6836	0.6736	0.0224	0.0139
11/8/2002	0.6820	0.6706	0.6706	0.0114	0.0137
11/11/2002	0.6820	0.6710	0.6710	0.0114	0.0136

2002년 12월 4일의 N값 0.0141을 이용하여 2002년 12월 6일의 단위 크기를 구하는 방법은 다음과 같다.

N = 0.0141

자본계정의 크기 = 1,000,000달러

포인트당 달러 = 42,000 (달러로 환산한 42,000갤런 계약)

$$\text{단위 크기} = \frac{0.01 \times \$1{,}000{,}000}{0.0141 \times 42{,}000} = 16.88$$

부분 계약은 불가능하므로 결국 단위의 크기는 16이 된다.

여기서 이러한 질문이 나올 수도 있겠다. "그러면 매번 이렇게 N값과 단위 크기를 구해야 했나요?" 그렇지는 않다. 우리에게는 트레이딩할 선물계약의 단위 크기와 N값이 표시된 목록표가 매주 월요일에 제공됐기 때문이다.

포지션 크기 결정의 중요성

분산은 다수 금융 상품으로 리스크를 분산시켜 성공 트레이딩의 기회를 높임으로써 수익을 낼 가능성을 증가시키고자 하는 것이다. 적절한 분산이 이루어지려면 각기 다른 상품에 대한 베팅의 규모를 유사하게 정해야 한다.

터틀 시스템은 가격 변동성 개념을 사용하여 각 시장의 리스크 수준을 측정했다. 그런 다음 리스크의 일정량(또는 변동성)을 반영하여 포지션의 크기를 결정할 때 이 리스크 척도를 사용했다. 이렇게 하면 분산의 효과가 증대될 뿐 아니라 이익 트레이딩이 손실 트레이딩을 상쇄시켜줄 가능성도 높아진다.

자본의 양이 충분하지 않을 때는 적절한 분산을 이루어내기가 어려워진다는 사실을 기억하라. 앞의 사례에서 자본계정이 100만 달러가 아니라 10만 달러였다고 생각해보라. 그러면 단위의 크기는 1.688이 되고 여기서 1을 취해야 하기 때문에 1계약밖에 트레이딩을 할 수 없다. 요컨대 자본계정의 크기가 작을수록 분산의 효과는 감소된다.

리스크 척도로서의 단위

터틀은 포지션 크기의 기본 척도로서 '단위'를 사용했고 변동성 리스크 수준을 감안하여 단위 크기를 조정했다. 때문에 이 단위 자체가 포지션 및 전체 포지션 포트폴리오의 리스크 척도로서의 기능을 하게 된다.

 터틀 시스템에는 각기 다른 네 가지 수준별로 특정 시점에서 유지할 수 있는 단위의 수를 제한하는 특유의 리스크 관리 규칙이 존재한다. 이러한 규칙들이 트레이더가 감당할 수 있는 총 리스크 수준을 관리한다. 이에 의해 과도한 가격 변동이 발생한 기간 동안은 물론이고 오랫동안 지속된 손실 시기에도 전체 손실의 규모가 최소화된다.

 과도한 가격 변동의 사례는 1987년 10월 19일 주식시장 붕괴가 일어났던 상황에서 찾아볼 수 있다. 당시 연준은 주식시장과 미국에 대한 신뢰도 증진을 목적으로 단 하루 만에 금리를 대폭 인하했다. 유로달러, 재무부채권, 기타 채권 등 금리선물에 대한 매도 포지션을 취하고 있던 우리는 엄청난 손실을 볼 수밖에 없었다. 대부분 터틀의 계정에서 하루 만에 40%에서 60%의 자본감소가 발생했다. 만약 최대 포지션 한도 규칙이 없었다면 손실 규모는 이보다 훨씬 컸을 것이다.

 터틀 시스템의 포지션 한도는 아래와 같다.

수준	유형	최대 한도(단위)
1	단일 시장	4
2	상관성이 높은 시장	6
3	상관성이 낮은 시장	10
4	단일 방향	10

- **단일 시장** 시장당 최대 4단위
- **상관성이 높은 시장** 어느 쪽이든 한 방향으로 최대 한도 6단위(예: 매수 포지션 6단위 혹은 매도 포지션 6단위). 상호 연관성이 높은 시장 집단으로는 난방유와 원유, 금과 은, 각종 통화 그룹, 재무부채권과 유로달러 등의 금리선물 등을 들 수 있다.
- **상관성이 낮은 시장** 어느 쪽이든 한 방향으로 최대 한도 10단위. 이러한 시장으로는 금과 구리, 은과 구리, 각종 곡물시장(포지션 한도 때문에 터틀은 곡물시장에서는 트레이딩을 하지 않음) 등을 들 수 있다.
- **단일 방향** 매도 혹은 매수 등 한 방향당 최대 한도 12단위. 그러므로 이론적으로는 동시에 매수 포지션 12단위와 매도 포지션 12단위를 취할 수 있다.

터틀은 특정 리스크 수준에 대한 최대 단위를 보유할 때 '한도가 찼다'는 식으로 표현했다. 엔화 한도가 찼다는 것은 일본 엔화 선물계약의 최대 포지션인 4단위를 보유하고 있다는 의미이고 한도가 완전히 찼다는 것은 12단위를 보유하고 있다는 의미다.

트레이딩 크기의 조정

시장에 수개월 동안 추세가 형성되지 않는 때가 있다. 이런 시기에는 자본계정이 크게 감소할 가능성이 있다. 다른 한편으로, 큰 수익을 남긴 이른바 이익 트레이딩을 마무리 지은 후에는 포지션 크기를 구하는 데 사용하는 자본의 크기를 증가시키고 싶은 생각이 들 것이다. 하지만 이는 썩 바람직한 일이 아니다.

터틀은 초기 자본을 기준으로 운전 잔고가 들어 있는 실질계정을 가지고 트레이딩을 하는 것이 아니다. 초기 자본이 '0'인 명목계정과 특정한 계정 크기를 부여받는다. 예를 들어 우리는 1983년 2월에 처음으로 트레이딩에 나설 때 100만 달러 규모의 명목계정을 받았다. 이 계정의 크기는 매년 연초에 조정된다. 트레이딩에 성공한 정도에 따라 각 트레이더의 계정 크기가 증감된다. 물론 이때 성공의 정도는 데니스가 주관적으로 판단하는데 전년도 계정의 손실이나 이익 발생을 기준으로 한다.

우리는 원 계정의 10%가 감소할 때마다 명목계정의 크기를 20% 감소시키라는 지시를 받았다. 100만 달러 계정의 10%, 그러니까 10만 달러가 감소했다면 다시 그 자본계정이 100만 달러로 회복될 때까지는 80만 달러를 가지고 트레이딩에 임해야 한다. 여기서 다시 10%의 손실이 났다면(80만 달러의 10%니까 8만 달러의 손실이 난 것. 따라서 총 18만 달러의 자본이 감소한 셈) 명목계정의 크기가 다시 20% 감소되어 결국 명목계정은 64만 달러로 줄어든다.

자본계정의 증가 혹은 감소에 따라 투자 자본의 크기를 늘리거나 줄이는 데 사용할 수 있는 더 좋은 전략들이 있을 것이다. 이 예는 어디까지나 터틀이 사용했던 규칙일 따름이다.

🌱 시장 진입 규칙

트레이딩 시스템이라고 하면 대다수 트레이더는 우선 진입 신호라는 관점에서 이를 평가하려 한다. 이들은 트레이딩 시스템에서 가장 중요한 측면이 바로 시장 진입이라고 굳게 믿고 있다.

이런 사람들은 터틀이 채널 돌파 시스템(리처드 돈키언이 만든)을 토대로 한 매우 단순한 진입 시스템을 사용했다는 사실을 알면 상당히 놀랄 것이다.

터틀은 각기 다른 두 가지 규칙(그러나 이 두 가지가 서로 연관돼 있음)을 따랐으며 이를 각각 시스템 1과 시스템 2라고 불렀다. 터틀에게는 각자 원하는 시스템에 원하는 만큼의 자본을 할당할 수 있는 재량권이 부여돼 있었다. 투자 자본을 시스템 2에 전부 할당하는 사람도 있고 시스템 1과 2에 반반씩 할당하는 사람이 있는가 하면 또 다른 비율로 각 시스템에 할당하는 사람도 있었다. 두 가지 시스템이란 다음과 같다.

시스템 1 20일 돌파를 기준으로 한 단기 시스템

시스템 2 55일 돌파를 기준으로 한 단순한 장기 시스템

돌파

돌파는 가격이 특정 일수 동안의 고가 혹은 저가를 넘어서는 것을 말한다. 따라서 20일 돌파라고 하면 가격이 이전 20일 동안의 고가 혹은 저가 수준을 넘어선 것을 의미한다.

터틀은 당일 폐장이나 익일 개장 때까지 기다리지 않고 돌파가 일어나면 일중에 바로 트레이딩을 한다. 시가에 갭이 발생하는 경우, 즉 전일 종가와 금일 시가에 차이가 있는 경우에는 시장이 돌파 가격을

통과하여 시가를 형성할 때 시가에 포지션을 취한다.

시스템 1 진입

가격이 이전 20일의 고가 혹은 저가에서 1틱(최소 가격변동폭)을 넘어설 때 포지션 진입을 시도한다. 가격이 20일 고가를 넘어서면 1단위를 매수하여 해당 상품에 대해 매수 포지션을 개시한다. 가격이 20일 저가 밑으로 떨어지면 1단위를 공매도하여 매도 포지션을 개시한다.

이전의 돌파가 이익 트레이딩의 상태라면 이후에 나오는 시스템 1의 돌파 진입 신호는 무시할 수 있다. 하지만 이전의 돌파를 규칙에 따라 실제 활용했는지 제외시켰는지와는 무관하게, 10일 기준 이익 트레이딩 청산(이후 청산 규칙에서 설명) 전에 가격이 포지션의 역방향으로 2N만큼 움직였다면 이 돌파는 손실 돌파로 간주해야 한다. 2N의 손절 이후 새롭게 발생한 돌파는 다시 유효한 진입 신호가 된다.

그러나 이전 트레이딩에서 이익이 나고 있어서 시스템 1의 진입 돌파 신호를 건너뛴 경우에는 주요 추세를 놓치지 않기 위해서 55일 돌파 시점에서는 진입이 이뤄져야 한다. 여기서 55일 돌파는 돌파 시점에 대한 안전장치로서의 의미가 있다.

시스템 2 진입

가격이 이전 55일의 고가 혹은 저가에서 1틱을 넘어섰을 때 시장에 진입한다. 가격이 55일 고가를 넘어섰다면 1단위를 매수하여 해당 상품에 대한 매수 포지션을 개시한다. 가격이 55일 저가에서 1틱이 떨어졌다면 1단위를 매도하여 매도 포지션을 개시한다.

시스템 2에서는 이전 돌파가 이익 돌파이든 아니든 상관없이 모든 돌파를 취하는 것이 좋다.

단위 추가

돌파가 있을 때 1단위로 포지션을 개시한 후 포지션을 추가할 때에는 1/2N 간격으로 한다. 1/2N 간격은 이전의 실제 주문 가격을 기준으로 계산한다. 이 과정은 최대 한도인 4단위가 될 때까지 계속한다. 가격이 급격히 변동하는 경우에는 하루에 최대 한도까지 추가될 수도 있다. 예를 들어보자.

금

> N=2.50/55일 돌파 = 310
>
> 최초 단위 310.00
>
> 두 번째 단위 310.00+1/2 2.50 (311.25)
>
> 세 번째 단위 311.25+1/2 2.50 (312.50)
>
> 네 번째 단위 312.50+1/2 2.50 (313.75)

원유

> N=1.20/55일 돌파=28.30
>
> 최초 단위 28.30
>
> 두 번째 단위 28.30+1/2 1.20 (28.90)
>
> 세 번째 단위 28.90+1/2 1.20 (29.50)
>
> 네 번째 단위 29.50+1/2 1.20 (30.10)

일관성

터틀은 진입 신호를 받아들일 때 일관성을 유지하라는 가르침을 받았다. 한 해에 발생한 이익 가운데 대다수는 두세 번의 이익 트레이딩에서 나오기 때문이다. 진입 신호를 그냥 흘려보내거나 이를 포착하지 못하면 그해 수익 규모에 큰 영향이 미친다.

트레이딩 성과가 좋은 트레이더를 보면 누구나 예외 없이 진입 규칙을 일관성 있게 적용했다. 저조한 성과를 낸 사람 혹은 터틀 프로그램에서 탈락한 사람들은 터틀 규칙이 지시하는 바에 따라 포지션에 진입하는 데 실패한 경우가 많았다.

손실제한 규칙

이런 말이 있다. "노련한 트레이더가 있고 무모한 트레이더가 있다. 그러나 노련하면서 무모한 트레이더는 없다." 손실제한 규칙을 사용하지 않는 트레이더는 대다수가 파산에 이른다. 터틀은 항상 손실제한 규칙을 사용해왔다.

대부분의 사람들은 손실이 나고 있을 때 그것이 손실 트레이딩이라는 사실을 인정하고 포지션을 청산하기보다는 상황이 바뀌어 이익 트레이딩으로 돌변하기를 기대한다.

이 부분을 보다 명확하게 설명하자면 이렇다. 자신이 사용하고 있는 시스템의 규칙들이 포지션 청산 신호를 보낼 때 손실 상태라 할지라도 시스템을 따르는 것이 매우 중요하다. 장기적으로 볼 때 손절매를 하지 않는 트레이더는 성공하기 어렵다. 베어링 은행이나 롱텀 캐피털 매니지먼트와 같은 금융사들이 재정적으로 통제 불능 상태에 빠지거나 파산에 이르렀던 것은 소속 트레이더들이 아직 손실 규모가 크지 않았을 때 서둘러 손절매를 하지 못한 데 근본적인 원인이 있다.

손실제한에서 가장 중요한 것은 포지션에 진입하기 전에 손절 가격을 미리 정해놓는 일이다. 시장의 가격 변동이 자신에게 불리하게 전개된다면 예외 없이 포지션을 청산해야 한다. 망설이다가 손절 시점을 놓쳐버리면 감당하기 어려운 재앙에 맞닥뜨리고 만다.

※주의 : 독자들은 내가 지금 말하는 내용과 10장에서 말했던 내용이 모순된다는 사실을 알아챘을 것이다. 10장에서는 분명 손실제한 규칙을 적용하는 것이 때로는 시스템의 성과를 낮추는 결과를 낳을 수 있고 또 손실제한 규칙이 항상 필요한 것도 아니라고 말했다. 앞서 언급했던 시스템들, 즉 손실제한 규칙 없이도 좋은 성과를 낸다고 했던 시스템에는 사실 암묵적 손실제한 규칙이 내재돼 있다. 가격 변동이 자신의 포지션에 불리한 방향으로 전개되면 이동평균선을 붕괴하는 시점이 나올 것이고 이 시점이 사실상 손실 제한점이 될 것이기 때문이다. 따라서 어떤 의미에서 보면 단지 트레이더의 눈에 띄지 않거나 트레이더가 그 존재를 잘 모르는 것일 뿐 실질적인 손실제한 규칙은 존재하는 셈이다. 그러나 대부분의 사람들은 손실 포지션을 청산하는 시점이 명확히 정해져 있어야 심리적으로 안정감을 느끼는 경향이 있다. 초보 트레이더의 경우에는 특히 더 그렇다. 언제 청산을 해야 할지 그 시점을 정확히 모르는 상태에서 손실 포지션을 그대로 유지하고 있다면 심리적으로 상당히 불안할 것이다.

터틀 손실제한 규칙

손실제한 규칙이 있다고 해서 터틀이 브로커에게 항상 손실제한 주문을 미리 내놓는 것은 아니다. 터틀은 대개 큰 포지션을 취하기 때문에 손실제한 주문을 냄으로써 포지션 규모나 트레이딩 전략이 브로커에게 알려지는 것을 원치 않는다. 그래서 손실제한 주문을 내는 대신 특정 가격이 됐을 때 지정가나 시장가로 주문을 냄으로써 포지션을 청산하는 방법을 쓴다. 이때의 손절매는 절대 타협이 불가능하다. 포지션을 취하고 있는 거래가 손절매 가격에 이르면 예외 없이 즉각 청산해야 한다.

손실제한 수준

손실제한 수준은 포지션의 리스크 수준을 기준으로 정해진다. 터틀은 2% 이상의 리스크 수준으로는 절대 트레이딩을 하지 않는다. 2%는 2N만큼의 가격 변동을 의미한다. 그러므로 터틀의 손실제한 시점은 매수 포지션 진입 가격보다 2N이 낮거나 매도 포지션 진입 가격보다 2N이 높을 때다.

단위를 추가한 경우 손실제한 수준은 이전 단위의 손실제한 수준에서 1/2N만큼 상승한다. 전체 포지션의 리스크 크기를 이미 최대치로 해놓았기 때문에 이 값에 영향을 주지 않기 위해서다. 결과적으로 가장 최근에 추가된 단위의 포지션에서 2N이 되는 지점이 바로 전체 포지션의 손실제한 수준이 된다. 그러나 급속시장이라거나 시가 격차가 크다는 이유로 단위 추가 시점에 간극이 벌어지는 경우에는 손절매 가격에도 차이가 생긴다.

예를 하나 들어보겠다.

:: **원유**

> N=1.20
>
> 55일 돌파=28.30

	진입가격	손절매 가격
첫 번째 단위	28.30	25.90

	진입가격	손절매 가격
첫 번째 단위	28.30	26.50
두 번째 단위	28.90	26.50

	진입가격	손절매 가격
첫 번째 단위	28.30	27.10
두 번째 단위	28.90	27.10
세 번째 단위	29.50	27.10

	진입가격	손절매 가격
첫 번째 단위	28.30	27.70
두 번째 단위	28.90	27.70
세 번째 단위	29.50	27.70
네 번째 단위	30.10	27.70

다음은 시가가 30.80으로 갭을 이루며 상승하는 바람에 더 높은 가격으로 네 번째 단위가 추가됐을 때의 경우다.

	진입가격	손절매 가격
첫 번째 단위	28.30	27.70
두 번째 단위	28.90	27.70
세 번째 단위	29.50	27.70
네 번째 단위	30.80	28.40

다른 손실제한 전략 : 휩소

시스템의 수익성을 높여준다는 또 다른 손실제한 전략도 있다. 하지만 이러한 전략의 경우 손실 트레이딩 빈도가 높아서 '손실 트레이딩 대비 이익 트레이딩의 비율'이 낮기 때문에 실행하기가 어려운 점이 있다. 이와 같은 것을 휩소^{Whipsaw*}라고 한다.

이 경우 각 트레이딩에 대한 리스크 허용 수준을 2%로 하는 대신 계정 리스크 수준 1/2%에 대해 1/2N을 손실제한 수준으로 잡는다. 이 기준에 따라 특정 단위의 포지션이 청산된 경우에는 가격이 다시 원래의 진입 가격 수준을 회복했을 때 시장에 재진입하게 된다.

휩소는 새로 단위가 추가될 때마다 이전 단위의 손실제한 수준을 조정하지 않아도 된다는 장점이 있다. 최대 4단위의 총 리스크 수준이 2%를 초과하지 않기 때문이다.

---

*휩소 기술적 속임수 혹은 잘못된 신호—옮긴이

예를 들어 휩소 손실제한 전략을 사용했을 때 원유의 진입 및 손절매 가격은 다음과 같다.

:: 원유

N=1.20

55일 돌파=28.30

	진입가격	손절매 가격
첫 번째 단위	28.30	27.70

	진입가격	손절매 가격
첫 번째 단위	28.30	27.70
두 번째 단위	28.90	28.30

	진입가격	손절매 가격
첫 번째 단위	28.30	27.70
두 번째 단위	28.90	28.30
세 번째 단위	29.50	28.90

	진입가격	손절매 가격
첫 번째 단위	28.30	27.70
두 번째 단위	28.90	28.30
세 번째 단위	29.50	28.90
네 번째 단위	30.10	29.50

터틀 손실제한 전략의 이점

터틀의 손실제한 전략은 N을 기준으로 하기 때문에 시장 변동성에 따라 손실제한 수준이 조정된다. 변동성이 큰 시장일수록 가격 지정폭이 넓어지겠지만 이 경우에는 단위당 계약의 수도 줄어든다. 따라서 모든 진입 포지션에 대한 리스크 수준이 표준화되고 이것이 분산 수준과 리스크 관리의 로버스트 수준을 높여주는 역할을 한다.

청산 규칙

또 이런 말이 있다. "이익이 나는 한 절대 파산할 염려는 없다." 그러나 터틀은 이 말에 동의하지 않는다. 너무 일찍 이익 포지션을 청산하는 것, 즉 너무 일찍 이익을 수령하는 것이야말로 추세추종 시스템을 운용할 때 나타날 수 있는 가장 흔한 실수다.

상승 추세라고 해서 가격이 계속해서 오르기만 하는 것은 아니다. 그러므로 현재 추세를 타고 있는 경우라면 가격이 자신의 포지션에 불리하게 전개되더라도 얼마간은 좀 두고 지켜볼 필요가 있다. 추세가 형성된 초기라면 수익이 10%에서 30% 정도 감소하는 것까지는 허용할 수 있다. 추세 중기에는 80% 혹은 100%의 수익이 나던 것이 30%에서 40%로 감소해도 참아볼 수 있다. 현재의 이익을 보전하기 위해 포지션 크기를 줄이고픈 마음이 굴뚝같겠지만 말이다.

터틀은 현재 수익이 나고 있을 때 종국적으로 손실 트레이딩과 이익 트레이딩을 가르는 분기점이 어디인지를 알고 있다. 터틀 시스템은 돌파를 기준으로 포지션 진입을 시도한다. 그런데 돌파 가운데 대다수가 추세를 형성하지 않는다. 따라서 터틀이 행한 트레이딩의 대부분이 손실 트레이딩으로 귀결된다. 이익 트레이딩을 통해 손실 트레이딩에서 발생한 손실을 상쇄시켜줄 만큼 큰 수익을 올리지 못하면 결국 그 트레이더는 손실을 볼 수밖에 없다. 수익성이 좋은 트레이딩 시스템에는 대개 최적의 청산 시점이 포함돼 있다.

터틀 시스템을 한번 예로 들어보자. 1N 수익에서 이익 포지션을 청산하고 2N 손실에서 손실 포지션을 청산한다면 손실 트레이딩의 손실을 상쇄하기 위해서는 2배 이상의 이익 트레이딩 횟수가 필요할 것이다.

트레이딩 시스템을 구성하는 각 요소 간에는 상당히 복잡한 관계성이 존재한다. 따라서 진입, 자금 관리, 기타 요인 등을 고려하지 않고는 이익 포지션의 청산 부분을 논하기 어렵다.

이익 포지션을 청산하는 문제는 트레이딩의 가장 중요한 부분임에도 불구하고 여기에 별다른 관심을 기울이지 않고 있는 것이 현실이다. 하지만 이익 포지션의 청산이야말로 이익 트레이딩과 손실 트레이딩을 가르는 분수령이라 할 것이다.

터틀의 이익 트레이딩 청산 전략

이익 트레이딩의 청산은 시스템 1의 경우 매수 포지션은 10일 저가, 매도 포지션은 10일 고가에서 이루어진다. 가격이 10일 돌파 포지션에 불리한 방향으로 움직일 때는 해당 포지션을 구성하고 있는 모든 단위를 청산한다.

시스템 2의 경우 매수 포지션은 20일 저가에서, 매도 포지션은 20일 고가에서 청산이 이루어진다. 가격이 20일 돌파 포지션에 불리한 방향으로 움직일 때는 해당 포지션을 구성하고 있는 모든 단위를 청산한다.

진입 때와 마찬가지로 터틀은 청산 시에도 미리 역지정가 주문을 내지 않는다. 당일의 가격 변동을 지켜보고 있다가 청산 가격에 이르렀다 싶으면 바로 전화를 걸어 주문을 낸다.

실행하기 어려운 청산 규칙

대다수 트레이더에게 터틀 청산 규칙은 터틀 시스템 규칙 가운데 가장 실행하기 어려운 부분일 것이다. 10일 혹은 20일 신저가가 형성되기까지 기다린다는 것은 수익의 20% 혹은 40% 심지어 100%가 사라져버리는 것을 눈뜨고 지켜본다는 것과 같은 말이다.

그래서 더 이상 지켜보지 못하고 너무 일찍 이익 포지션을 청산하는 경우가 많다. 수익이 사라지는 것을 지켜보려면 극도의 인내심이 필요하다. 그렇지만 그러한 인내심이 있어야만 진짜 큰 추세가 형성될 때까지 느긋이 기다릴 수 있고 또 그래야만 더 큰 수익의 기회를 잡을 수 있다. 이익 트레이딩이 이루어지고 있는 동안에 극도의 자제심을 유지하면서 규칙을 준수하는 것이야말로 성공 트레이딩의 핵심 요소다.

전술 : 수익률을 좌우하는 세부적인 사항들

유명한 건축가 미스 반 데어 로에Mies van der Rohe는 건축 설계의 핵심을 묻는 말에 이런 명언을 남겼다. "신은 세세한 부분에 깃들어 있다." 세부적인 것 혹은 섬세한 것의 중요성을 강조한 말이리라. 그런데 이는 건축뿐만이 아니라 트레이딩 시스템에도 적용되는 말이다. 터틀 트레이딩 규칙에도 수익성을 좌우하는 세부적인 사항들이 존재한다.

주문 내기

앞서 언급한 바와 같이 리처드 데니스와 빌 에크하르트는 터틀 훈련생에게 주문을 낼 때 손실제한 주문을 내지 말라고 가르쳤다. 시장 상황을 지켜보고 있다가 가격이 우리가 정한 손실제한 수준에 이르렀을 때 주문을 내라고 지시했다. 또한 시장가 주문보다는 지정가 주문이 더 좋다고도 했다. 시장가 주문은 주문을 낸 가격과 체결 가격 간에 격차가 생길 가능성이 있기 때문이다.

어떤 시장에든 매수호가와 매도호가가 항상 존재한다. 매수호가는 매수자가 매수하겠다는 가격이며 매도호가는 매도자가 매도하겠다는 가격이다. 매수 주문의 경우 매도호가보다 높으면 트레이딩이 성사된다. 이때 시장가 주문의 경우는 거래량이 충분할 때는 항상 매수호가(매도 시) 혹은 매도호가(매수 시) 수준에서 주문이 체결되고 대량 주문인 경우에는 더 낮거나(매도 시) 높은(매수 시) 가격으로도 주문이 체결된다.

시장에는 상대적으로 무작위적인 가격 변동이 일어날 때가 있는데 일반적으로 이를 가격 반발이라고 한다. 지정가 주문을 사용하는 것은 단순히 주문을 성사시키겠다는 것이 아니라 반발의 하한에서 주문을 내겠다는 것이다. 지정가 주문의 경우 주문량이 많지 않으면 시장에 큰 변동을 초래하지 않으며 주문량이 많다 해도 시장 변동폭이 그렇게 크지 않다.

지정가 주문의 최적가를 결정하는 데는 약간의 기술이 필요하다. 그렇지만 연습을 많이 하면 시장가 주문보다는 시장가에 근접한 지정가 주문으로 주문을 체결할 수 있는 능력이 향상될 것이다.

급속시장

시장은 때때로 급속히 변동하기 때문에 지정가 주문을 낸다고 주문이 다 체결되는 것은 아니다. 급속시장 조건하에서는 단 몇 분 만에 계약당 가격이 수천 달러씩 상승하거나 하락할 수 있다.

이런 시기 터틀은 공황 상태에 빠지지 않고 시장이 안정을 되찾아 트레이딩을 재개할 수 있는 상태까지 기다렸다가 주문을 낸다. 그런데 초보자들은 이렇게 하기가 참 힘들다. 그래서 이들은 당황해하면서 시장가 주문을 내기에 바쁘다. 그것도 하필이면 가능한 시기 중 최악의 시기에 이런 행동을 하고 결국 최악의 가격 수준에서, 즉 매수의 경우 당일의 고가 혹은 매도의 경우 당일 최저가로 트레이딩을 하고 만다.

급속시장에서는 유동성이 일시적으로 고갈된다. 시장이 급속히 상승하는 경우 매도자들은 매도를 중지하고 가격이 더 오를 때까지 기다린다. 이들은 가격 상승세가 멈출 때까지 매도를 재개하지 않을 것이다. 이에 따라 매도호가는 계속해서 올라가고 매수호가와 매도호가의 격차는 더욱더 벌어진다.

매도자 측에서 매도호가를 계속 올리기 때문에 매수하려는 측에서는 더 높은 가격을 지불할 수밖에 없고 결국 가격은 더 빠르게 그리고 더 높이 올라간다. 이렇게 되면 새로운 매도자들이 시장에 진입하게 된다. 그러면 치솟던 가격이 점차 안정 상태에 접어들면서 급속한 가격 반전이 일어난다. 이러다 가격 폭락으로까지 이어지기도 한다.

급속시장에서 시장가 주문을 내는 경우에는 가격이 천장을 쳤을 때, 즉 새로운 매도자들이 시장에 진입함에 따라 가격이 정체된 직후의 최고가 수준에서 주문이 체결되는 경우가 많다.

그렇지만 터틀은 최소한 일시적으로라도 가격 반전의 기미가 있을 때까지 기다렸다가 주문을 낸다. 이렇게 하면 시장가 주문을 냈을 때보다 좋은 가격 조건으로 트레이딩이 성사될 가능성이 높다. 그리고 가격이 터틀이 생각한 이전 손실제한 수준에서 정체됐을 때 시장에서 발을 뺀다. 이때도 당황하거나 허둥대지 않고 침착하게 포지션을 청산한다.

동시다발적 진입 신호

여러 날이 지나도록 가격 변동의 기미가 없어서 기존의 포지션을 검토하는 일 외에 달리 할 일이 없었던 때도 꽤 있었다. 며칠 동안 주문 한 건 내지 못하는 경우도 있었다. 그러다가 두세 시간에 한 번씩 그야말로 간헐적으로 진입 신호가 나오는 바람에 적당히 바빴던 적도 있었다. 이런 경우에는 해당 시장의 포지션 한도 내에서 진입 신호가 나올 때마다 트레이딩을 했다.

포지션이 전혀 없다가 하루 이틀 새에 최대 한도를 다 채우는 경우도 있었다. 상관성이 높은 여러 시장에서 동시다발적으로 진입 신호가 나오는 시기에는 이러한 널뛰기의 강도가 훨씬 높아진다.

전일 종가와 금일 시가의 격차가 큰 데서 오는 진입 신호일 때는 특히 더 그러하다. 원유, 난방유, 무연 휘발유 모두가 같은 날 진입 신호를 낼 수가 있다. 선물계약에서는 동일 상품의 각기 다른 월물에서 동시에 진입 신호가 나오는 일이 다반사다. 이럴 때에는 냉정을 찾으려고 노력하는 한편 서둘러 시장가 주문을 내는 일은 되도록 삼가면서 효율적으로 그리고 신속하게 행동하는 것이 중요하다. 이렇게 하지 못하면 더 나쁜 가격 조건에서 트레이딩이 성립될 가능성이 높기 때문이다.

강세장은 매수하고 약세장은 공매도한다

신호가 동시에 나올 때는 동일 집단 내에서 가장 활발한 시장을 선택해 강세장에서는 매수 포지션을, 약세장에서는 매도 포지션을 취한다. 단일 월물에서 한 번에 1단위에 대해서만 포지션 진입을 하는 것도 한 방법이다. 예를 들어 난방유의 경우 2월물, 3월물, 4월물 등을 동시에 매수하는 대신에 이 가운데 가격, 거래량, 유동성 등에서 가장 강세를 나타내는 월물만 선택한다.

이것은 매우 중요한 일이다. 상관성이 높은 시장 집단 내에서는 초강세 시장이 가장 좋은 매수 포지션이라 할 수 있다(동일 집단 내에서 대체로 약세 시장보다 더 나은 성과를 나타낸다). 이와는 정반대로 초약세 시장에서는 매도 포지션을 취하는 것이 최선이다.

터틀은 강세인지 약세인지를 판단하기 위해 다양한 척도를 사용했다. 이 가운데 가장 간단하면서도 가장 널리 사용되는 방법이 바로 차트를 살펴보는 것이다. 그저 눈으로 차트를 쭉 훑어보면서 어느 쪽이 더 강세인지 약세인지를 판단한다.

돌파 이후의 N값을 보고 가격 변동량을 가늠한 다음 매수 포지션을 취할 시장을 선택하는 경우도 있다. 현재 가격에서 이전 3개월 동안의 평균 가격을 뺀 다음 이를 현 N값으로 나누어 각 시장의 가격 변동 수준을 표준화시키는 방법도 있다. 초강세 시장은 이러한 값이 가장 크고 초약세 시장은 가장 작게 나타난다.

상술한 방법 중 어떤 것을 사용해도 무방하다. 중요한 것은 강세장에서 매수 포지션을 취하고 약세장에서 매도 포지션을 취해야 한다는 사실이다.

계약 만료가 다가오는 상품에 대한 처리

선물계약 만기일이 다가왔을 때 새로운 월물로 포지션 갱신을 하기 전에 반드시 고려해야 할 사항이 두 가지 있다.

첫째, 만기가 가까운 월물은 추세를 형성하기 쉽지만 만기가 보다 먼 월물은 이와 유사한 가격 변동을 나타내지 않는 경우가 많다. 그러므로 가격 변동이 기존 포지션과 유사하게 전개되지 않는다면 새로운 월물로 포지션을 갱신하는 일은 삼가는 것이 좋다.

둘째, 포지션 갱신을 하려면 만기가 다가온 계약물의 거래량과 미결제약정의 규모가 너무 작아지기 전에 해야 한다. 이 규모는 단위의 크기와 밀접한 관련이 있다. 대개 터틀은 기존 포지션에서와 유사한 가격 변동이 당분간 이어질 것이라는 판단이 서는 경우 만기일을 2, 3주 정도 앞두고 신규 계약물로 포지션을 갱신했다.

| 에필로그 |

당신도 이제는 터틀 시스템이라는 것이 그렇게 복잡하고 어려운 것은 아니라는 생각이 들지도 모르겠다. 하지만 터틀 트레이딩 규칙을 안다고 다 부자가 될 수 있는 것은 아니다. 아는 것보다 더 중요한 것은 실천하는 것이다. 그러므로 투자로 돈을 벌고 싶다면 이 규칙을 준수해야만 한다. 리더드 데니스가 했던 말을 다시 한번 상기해보라.

"나는 늘 우리의 트레이딩 규칙을 신문에다 공개해도 따라하는 사람은 없을 거라고 말하죠. 중요한 것은 일관성과 자제력이거든요. 우리가 터틀에게 가르친 규칙에 버금가는 규칙을 세울 수 있는 사람은 많을 겁니다. 하지만 그들이 할 수 없는 일은 상황이 안 좋아졌을 때 자신들이 세운 규칙을 고수하는 것이죠."

트레이딩 성과를 살펴보면 이 말에 수긍이 갈 것이다. 터틀 중에 큰 재미를 보지 못한 사람이 많다. 그것은 이들이 사용했던 터틀 시스템에 문제가 있었기 때문이 아니라 이들이 이 시스템의 규칙을 준수할 수 없었고 또 준수하려고도 하지 않았기 때문이다.

터틀 시스템 규칙은 상대적으로 드물게 나타나는 큰 추세(대세)를 포착하는 일과 밀접한 관련이 있기 때문에 따르기가 매우 어렵다. 몇 개월이 지나도 수익을 기대할 만한 좋은 시기가 좀처럼 오지 않을 때가 많다. 경우에 따라서는 1년 혹은 2년을 기다려도 그러한 호시절이 올까말까 할 때도 있다. 이럴 때면 시스템의 성능에 회의를 품으면서 그 시스템의 규칙을 따르지 않게 되는 경우가 허다하다.

"이 규칙들이 더 이상 효과가 없으면 어떻게 하지?"

"시장 상황에 변화가 생겼으면 어쩌지?"

"이 규칙에 중요한 뭔가가 빠져 있는 것이면 어쩌나?"

"이 시스템이 제대로 작동할 것이라는 사실을 어떻게 확신할 수 있지?"

터틀 1기 훈련생 가운데 터틀 훈련 프로그램을 다 마치지 못하고 중도에 탈락한 사람이 있었다. 이 사람은 프로그램 초반부터 일부러 훈련생에게 알려주지 않은 중요한 정보가 있지 않을까를 의심했고 급기야 데니스만이 알고 있는 터틀 트레이딩 비법이 분명이 있을 것이라 확신하게 되었다. 이 사람은 자신의 트레이딩 성과가 저조한 것은 터틀 시스템의 효과에 대한 불신과 의심 탓에 시스템을 따르지 않았기 때문이라는 아주 단순한 사실을 받아들이지 않았다.

규칙을 마음대로 바꾸려는 것도 문제가 된다. 터틀 중에는 시스템 트레이딩의 위험성을 줄이기 위해 아주 교묘한 방법으로 규칙을 수정하는 사람들이 많았는데 이것이 이들이 바라던 것과는 정반대 효과를 내는 경우가 종종 있었다.

규칙이 지시하는 대로(1/2N마다 1단위씩) 신속하게 포지션 진입을 해야 하는데 그렇게 하지 못하는 트레이더도 있었다. 이를 두고 안정성을 원하는 보수적인 접근법이라고 볼 수도 있겠지만 터틀 시스템의 진입 규칙을 사용하는 트레이더라면 결코 바람직한 행동이 아니다. 규칙에 따라 신속하게 포지션을 추가하지 못하면 되돌림 현상으로 인해 가격이 손실제한 수준에 다다를 가능성이 높아지고 결국 이로 인해 손실이 발생할 수 있기 때문이다. 포지션 추가 신호에 신속하게 반응했더라면 손실제한 수준에 도달하는 일 없이 되돌림의 파고를 무사히 넘겼을 텐데 말이다. 특정 시장 조건하에서는 이러한 미묘한 변화가 시스템의 수익성에 큰 영향을 미친다.

무엇보다 중요한 것은 트레이딩 시스템의 규칙을 준수할 필요가 있다는 사실을 스스로 느끼는 것이다. 터틀 시스템이나 이와 유사한 시스템 더 나아가 이와 완전히 다른 시스템이라도 마찬가지다. 과거 트레이딩 자료를 가지고 스스로 조사하고 검증을 해보는 것이 중요하다. 특정 시스템이 좋다는 말을 다른 사람한테서 듣는 것만으로는 충분치 않다. 또 다른 사람이 수행한 조사 결과를 그냥 앉아서 읽어보는 것만으로도 부족하다. 이 모든 일을 자신이 직접 해야 한다.

직접 내 손으로, 내 눈으로, 내 머리로 해야 한다. 트레이딩에 관한 공부를 하라. 일일 자본 운용 기록을 살펴보라. 그리고 시스템 트레이딩의 방식과 손실의 강도 및 빈도를 숙지하라.

지난 20년 동안 6개월 정도 계속해서 손실이 났던 적이 수도 없이 많았다는 사실을 알고 있다면 현재 8개월 동안 손실 시기가 지속되고 있다 하더라도 참고 견디기가 한결 수월할 것이다. 또한 규칙이 내보내는 신호에 신속하게 대응하는 것이 시스템의 수익성에 지대한 영향을 미친다는 사실을 알고 있다면 신속하게 포지션에 단위를 추가하는 일이 더 쉬워질 것이다.

참고 문헌

인터넷 정보원

트레이딩 및 트레이딩 시스템의 개발에 관해 더 상세히 알고 싶은 사람은 아래 사이트를 활용하기 바란다.

- www.wayoftheturtle.com : 나의 개인 블로그 겸 토론 사이트

- www.tradingblox.com/forum : 나의 소프트웨어 회사에서 운영하는 트레이딩 포럼

- www.modustrading.com/turtle : 나의 친구 데이비드 브롬니(David Bromley)가 운영하는 트레이딩 교육 사이트. 트레이딩 및 트레이딩 시스템 개발에 관심이 많은 사람들에게 유용한 정보를 제공한다. 나는 이곳의 초기 교육 커리큘럼을 짜는 데 도움을 준 바 있다. 이 과정을 이수한 사람들이 의견을 수렴하는 시스템도 구축돼 있다.

권장 도서

이 책을 집필하는 동안 트레이딩 및 트레이딩 시스템 개발에 관한 나의 의견에 문제가 없는지를 확인할 필요가 있었고 그 과정에서 지인들이 권해준 서적을 많이 참고했다. 이 가운데 특히 유용하다고 생각되는 몇 가지를 소개하면 다음과 같다.

- 마크 콘웨이와 애런 벨(Mark R. Conway and Aaron N. Behle). 『전문적인 주식 트레이딩(Professional Stock Trading)』매사추세츠 주 월섬: 애크미 트레이더, 2003
- 알렉산더 엘더(Alexander Elder). 『주식시장에서 살아남는 심리투자법칙(Trading for a Living: Psychology, Trading Tactics, Money Management)』(번역본). 뉴욕: 와일리, 1993
- 찰스 르보와 데이비드 루카스(Charles LeBeau and David W. Lucas). 『기술적 접근법을 취하는 트레이더를 위한 선물시장 분석 안내서(Technical Traders Guide to Computer Analysis of the Futures Market)』. 뉴욕: 맥그로힐, 1992
- 반 타프(Van K. Tharp). 『경제적 자유를 위한 나만의 트레이딩 기법(Trade Your Way to Financial Freedom)』. 뉴욕: 맥그로힐, 2006
- 리처드 와이즈만(Richard L. Weissman). 『기계적 트레이딩 시스템(Mechanical Trading systems: Pairing Trader Psychology with Technical Analysis)』. 뉴저지 주 호보켄: 와일리, 2004

투자 고수들의 경험담 엿보기

진정한 투자 고수들의 이야기를 알고 싶다면 아래 서적이 도움이 될 것이다.

- 에드윈 르페브르(Edwin Lefèvre).『어느 투자자의 회상(Reminiscences of a Stock Operator)』(번역본). 뉴욕: 와일리, 1994

- 잭 슈웨거(Jack D. Schwager).『시장의 마법사들(Market Wizards: Interviews with Top Traders)』(번역본). 뉴욕: 하퍼콜린스, 1993

- 잭 슈웨거.『시장의 새로운 마법사들(The New Market Wizards: Interviews with Top Traders)』. 뉴욕: 하퍼콜린스, 1993

기타 참고 문헌

- J. 배런과 J. C. 허쉬(J. Baron and J. C. Hershey). '의사결정 평가에 있어서의 결과 편향(Outcome Bias in Decision Evaluation)'.《성격 및 사회 심리학 저널(Journal of Personality and Social Psychology)》1988

- 피터 번스타인(Peter L. Bernstein).『리스크(Against the Gods: The Remarkable Story of Risk)』(번역본). 뉴욕: 와일리, 1996

- 케이스 블랙(Keith Black).『헤지펀드 관리(Managing a Hedge Fund: A Complete Guide to Trading, Business Strategies, Operations, and Regulations)』. 뉴욕: 맥그로힐, 2004

- 토비 크라벨(Toby Crabel).『데이 트레이딩(Day Trading with Short Term Price Patterns and Opening Range Breakout)』사우스캐롤라이나 주 그린우드: 트레이더스 프레스, 1990

- 리처드 파인만(Richard Feynman). 『파인만 씨, 농담도 잘 하시네(Surely You're Joking Mr. Feynman!)』(번역본). 뉴욕: 노튼앤컴퍼니, 1997

- 토마스 길로비치(Thomas Gilovich). 『인간 그 속기 쉬운 동물(How We Know What Isn't So)』(번역본). 뉴욕: 프리 프레스, 1993

- 페리 카우프만(Perry J. Kaufman). 『새로운 트레이딩 시스템과 방법(New Trading systems and Methods)』. 뉴욕: 와일리, 2005

- 데이비드 케어시와 메릴린 베이츠(David Keirsey and Marilyn Bates). 『나의 모습 나의 얼굴(Please Understand Me: Character and Temperament Types)』(번역본). 캘리포니아 주 델마: 프로메테우스 네메시스 북컴퍼니, 1984

- 아리 키에프(Ari Kiev). 『성공 트레이딩(Trading to Win: The Psychology of Mastering the Market)』. 뉴욕: 와일리, 1998

- 로버트 파르도(Robert Pardo). 『트레이딩 시스템의 설계, 검증, 최적화(Design, Testing, and Optimization of Trading systems)』. 뉴욕: 와일리, 1992

- 사비 플래나(Sabi Pllana). '몬테카를로 방법의 역사(History of Monte Carlo Method)'. http://www.geocities.com/CollegePark/Quad/2435/history.html

- 스콧 플라우스(Scott Plous). 『판단과 의사결정의 심리(The Psychology of Judgement and Decision Making)』(번역본). 뉴욕: 맥그로힐, 1993

- 매튜 라빈(Matthew Rabin). '소수의 법칙에 따른 추론(Inference by Believers in the Law of Small Numbers)'. 캘리포니아 대학 버클리 캠퍼스 경제학과 워킹페이퍼 E00-282. http://www.repositories.cdlib.org/iber/econ/E00-282, 2000

- 에릭 로스턴(Eric Roston). '헤징 코스트(Hedging Their Costs)'《타임》, 2005

- 토마스 스트리즈만(Thomas Stridsman). 『잘 들어맞는 트레이딩 시스템(Trading Systems That Work: Building and Evaluating Effective Trading Systems)』. 뉴욕: 맥그로힐, 2000

- 웰레스 윌더(Welles J. Wilder). 『기술적 트레이딩 시스템의 신개념(New Concepts in Technical Trading Systems)』. 노스캐롤라이나 주 그린즈버러: 트렌드리서치, 1978

- 로버트 라이트(Robert Wright). 『도덕적 동물(The Moral Animal: The New Science of Evolutionary Psychology)』(번역본). 뉴욕: 판테온, 1994

옮긴이 | 이은주

이화여자대학교 법학과를 졸업하였으며 현재 번역가 에이전시 하니브릿지에서 전문 번역가로 활동하고 있다. 역서로는 『윌리엄 오닐의 성장주 투자기술』, 『현명한 채권투자자』, 『골드(GOLD)』, 『신성한 소 죽이기』, 『워런 버핏 투자 노트』 등이 있다.

터틀의 방식 : 터틀 원년 멤버가 직접 공개하는 터틀 트레이딩 기법

초판 1쇄	2010년 6월 1일
초판 14쇄	2024년 5월 17일
지은이	커티스 M. 페이스
옮긴이	이은주
펴낸곳	(주)이레미디어
전 화	031-908-8516(편집부), 031-919-8511(주문 및 관리)
팩 스	0303-0515-8907
주 소	경기도 파주시 문예로 21, 2층
홈페이지	www.iremedia.co.kr
이메일	ireme@iremedia.co.kr
등 록	제396-2004-35호
기획편집	공순례
디자인	정유정
마케팅	김하경

저작권자ⓒ2010, 커티스 M. 페이스

이 책의 저작권은 저작권자에게 있습니다. 서면에 의한 허락 없이 내용의 전부 혹은 일부를 인용하거나 발췌하는 것을 금합니다.

ISBN 978-89-91998-39-1 03320
가격 25,000원

이 도서의 국립중앙도서관의 출판시도서목록(CIP)은 e-cip 홈페이지에서 이용하실 수 있습니다.